Minerva Shobo Librairie

働く人のための社会保障入門

君を守る社会の仕組み

藤本健太郎/藤本真理/玉川 淳

[著]

ミネルヴァ書房

まえがき

　社会に出てから何か困ったことがあった時，自己責任だから自分で何とかするしかないと思いますか？　それとも社会が助けてくれると思いますか？　最近，大学で学生たちと話していると，自己責任だと考える人が増えているように感じます。

　しかし，働いているうちに病気やケガをしたり，育児や介護のために思うように働けなくなったり，職場で長時間の残業をさせられたりするなど，自分一人ではどうしようもない困ったことに直面することもあります。そのような時，社会に助けを求めてはいけないのでしょうか？　社会は助けてくれないのでしょうか。

　この本は，困った時に助けてもらえないと思っている学生や働いている人たちに，社会に助ける仕組みがあることを伝えたいと思って書きました。

　日本には，困った人を助けるために年金や医療保険，介護保険など世界の中でもよく整備された社会保障の仕組みがあります。そして，働く人を守る労働法も整備されています。

　ただし，助ける仕組みが社会にあっても気を付けなければいけないのは，誰がどんなふうに困っているかは本人しか分からないことが多く，助けを得るには本人がどんなふうに困っているかを書類に書くなどして申請する必要があることです。申請をしないと，せっかく社会保障や労働法などの仕組みが整備されていても機能しません。正しい窓口に正しく申請するためには，どんな場合にどんな給付や支援が受けられるか知っておく必要があります。

　しかし，必要な知識を持って社会に出る人はどれくらいいるのだろうかと不安に思います。知識がなくて正しい申請ができないために，本当なら受けられる給付や支援を受けられない人も少なくないのではないかと思います。

　このため，働いているうちにどんな困ったことが起きたら，どのような社会保障の給付や支援が受けられるのか，また仕事で困った時に労働法はどのよう

に助けてくれる仕組みになっているのか，社会に出る前に基本的な知識を知っておくことが大切だと思います。また，知らずに社会に出た人には，なるべく早く知ってもらいたいと思います。基本的な知識があれば，今の仕組みでは何が不足しているのか，あるいはどんな支援は削減されると困るのかといったことも見えてきます。そうなれば，選挙のときに各党の公約をチェックして，自分の考えを投票で示すことがよりできるようになります。

　ここで問題になるのは，年金や医療保険，介護保険や労働法などの仕組みを聞いたことはあっても，複雑で難しいと思い，理解することをあきらめている人も多いことです。

　そこで，この本は分かりやすさを最優先して，できるだけ固い言葉遣いではなく普通の言葉で書くようにしました。

　そして，実際に社会保障や労働法がどんなふうに機能するのかを理解してもらうために，それぞれの章の終わりには会話形式によるケーススタディを付けました。これらは，物知りのフクロウ先生に学生の雪子さんと蓮くんが自分や家族，親しい人たちが遭遇したトラブルを相談して，どんな給付や支援が得られるのかを知るという構成になっています。また，実際には一つの困りごとに複数の制度が関わることが多いので，ケーススタディでは他のどの章の内容が関連するのかについても書いています。ケーススタディの全体を通して読んでもらうことで，社会保障や労働法の様々な仕組みをどんなふうに組み合わせて利用すれば良いのかイメージできることを狙っています。

　専門知識のない大学生などでも無理なく理解できるように，さらに市民講座や高校生のテキストとしても利用できるように，基本的な仕組みをできる限り分かりやすく解説するよう努力しました。このため，社会福祉士や看護師などを目指して社会保障を勉強する人の最初の入門書としても役に立てばと思います。

　この本をつくる上で，共著者である3人のほかにもご協力いただいた方々がいます。国立社会保障・人口問題研究所副所長や早稲田大学教授などを歴任された植村尚史先生には全体をお目通し頂き，いくつもの貴重なコメントを頂きました。また，同様に厚生省時代の大先輩であり，山口県立大学教授や放送大学客員教授などを歴任された田中耕太郎先生には，やはり全体をお目通し頂き，

本書のコンセプトを含めて貴重なアドバイスを頂戴しました。さらに，全国健康保険協会静岡支部の企画総務部長の海野陽之さんには，実務家の視点からこの本の内容をチェックしてもらいました。

　社会保障や労働法の基本的な知識を身に付けることは，いってみれば，社会に出てから自分の身を守るための知識の鎧をまとうことです。
　困ったことがあっても一人で抱え込んで苦しんでいる人を減らすために，この本が少しでも役に立てば嬉しく思います。

2023年2月

藤本健太郎

目　　次

<table>
<tr><td>序　章</td><td>社会保障とはどのような仕組みだろうか</td></tr>
</table>

　この本では，社会保障の仕組みを年金，医療保険，雇用保険などの分野ごとに説明していきます。序章では，いろいろな社会保障の分野に共通する概念をできるだけ分かりやすく説明します。そして，社会保障とはどんな仕組みなのかイメージできるように，その歴史や全体像を大まかに説明し，働く人を守る基本的な仕組みについて解説します。

1　日本の社会保障は社会保険が中心

　社会保障の仕組みによって困っている人に給付をしたり，支援を行うにはお金が必要です。そのお金は，税金でまかなう場合と社会保険料でまかなう場合とがあります。国によって，税金にするのか社会保険料にするのかは違っており，日本では社会保険が中心です。それでは，社会保険とはどのような仕組みなのでしょう。税金なら所得税や消費税など身近だから分かるけど，社会保険と聞くと難しそうだと思う人もいるかもしれません。まず，社会保険の仕組みはどのようなものか，解説します。

（1）社会保険とはどのような仕組みだろうか

　保険と聞くと，皆さんは何を連想しますか？　生命保険や自動車保険でしょうか？　それらの保険は民間保険と呼ばれます。社会保険は民間保険と似ていますが，違うところもあります。どんな仕組みなのか，医療保険を例にとって，みていきましょう。

　医療保険も，自動車保険や生命保険と同じように保険の原理に基づいています。保険の原理というと，難しそうな気がしますか？　実は，簡単にいえばサイコロと同じなのです。サイコロを振ると，どの目が出るか分かりません（も

し分かったら，それはイカサマですね）。しかし何万回もサイコロを振れば，１から６の目が出る確率は，どれも６分の１だと予測できます。

　それと同じように，一人ひとりがいつどんな病気になるかは分かりませんが，何万人もの人が集まれば，その中の何人がいつどんな病気になるか，言い換えれば集団の中で病気になる確率は予測できるようになります。このように多くの人が集まってリスクを一緒にまとめることを「リスクプール」と呼びます。そして，リスクをプールした集団では病気などの起きる確率が収束する（予測できる）ことを「大数の法則」と呼びます。このリスクプールと大数の法則が，保険の原理です。

　まだイメージしづらいでしょうか？　それでは具体的な例を挙げてみましょう。もし胃がんになったら，治療費が100万円かかるとします。そして，一人ひとりが胃がんにかかる確率は分かりませんが，多くの人が集まると胃がんにかかる確率は１万分の１だとします。

　すると，みんなが100円ずつ出し合えば，肺がんの治療費100万円に備えることができます。このことを簡単な式で表すと次のようになります。

$$100万円 \times 0.0001 = 100円$$

この時，100万円が保険給付であり，100円が保険料になります。また，胃がんにかかって治療費がかかることをリスク（保険事故）と呼びます。もし一人ひとりで胃がんの治療費がかかるリスクに備えようとすると，100万円を貯めないといけません。しかし，みんなが100円ずつ保険料を払うと，胃がんになった時に100万円の保険給付が得られます。

　実際には胃がんだけではなく，いろいろな病気にかかるリスクがありますから，個人で備えようとすると，いくら貯金をしても安心できないでしょう。医療保険は，個人では備えることが難しい，病気やケガになって治療費がかかるというリスクに備える仕組みです。

（2）社会保険と民間保険の違い

　社会保険も保険の一種です。それでは生命保険などの会社が販売する民間保険とは何が違うのでしょうか？　大きな違いは，低所得者への保険料減免措置

と強制加入という点です。それぞれ，どのようなことなのか解説していきます。

1）強制加入

民間保険は加入するかどうかは自分自身が決めます。これを任意加入といいます。一方，社会保険は義務として加入する場合が多いのが特徴です。これを強制加入といいます。どうして社会保険は自分で加入するかどうか選ぶ任意加入ではいけないのでしょうか。その理由として，逆選択とチェリーピッキングが挙げられます。

逆選択というのは，リスクの高い人だけが保険加入を選ぶことで，保険が成立しなくなる現象です。先ほどの例は胃がんでしたが，肺がんについて考えてみましょう。肺がんも，一人ひとりでは肺がんにかかる確率は分かりませんが，多くの人が集まると確率は分かります。ところが，肺がんになる確率は，タバコを吸う人の方が高くなります。仮に，肺がんにかかる確率はタバコを吸う人は5000分の1，吸わない人は2万分の1だとしましょう。治療費は100万円だとします。すると，1人当たりの保険料は100円です。しかし，タバコを吸う人の本当のリスクに見合う保険料は100万円×0.0002＝200円であり，タバコを吸わない人の本当のリスクに見合う保険料は100万円×0.00005＝50円です。このように考えると，保険料100円はタバコを吸う人にとっては低い保険料ですし，タバコを吸わない人にとっては高い保険料です。ですから，任意加入だとタバコを吸う人しか保険に加入せず，保険料100円だと保険は赤字になってしまい成立しません。

チェリーピッキングは逆選択とは反対に，保険会社が病気になるリスクが低い人だけを加入させようとするために保険に加入できない人が出るという現象です。タバコの場合は自分で吸わないことができますが，たとえば遺伝的にがんになりやすい人や，これまでに病気になったことがある人など，本人ではどうしようもない理由で病気になるリスクが高い人もいます。

このような事態を避けるために，社会保険は強制加入になっています。しかし，必ずしもすべての国民が強制加入の対象になるわけではありませんが，多くの制度では会社などに雇われて働く労働者は強制加入の対象となっています。雇われて働く労働者が加入する社会保険は被用者保険と呼ばれ，年金保険と医療保険の一部，雇用保険と労災保険のすべては被用者保険です。なぜ雇われて

働く労働者のための保険があるかといえば，労働者は相対的に弱い立場にあるからです。

労働者は，本人が働き続けようと思っても定年に達すると働けません。また，会社が倒産したり，会社から解雇されれば失業します。そして，病気やケガをすると働けなくなり，貧困に陥ることもあります。被用者保険はこうしたリスクに対応するものです。世界最古の社会保険であるドイツの医療保険は，被用者を対象にしたものでした。しかし，身体や心をこわしかねない長時間の残業を防いだり，職場でハラスメントの被害に遭わないようにすることは，被用者保険では対応できません。こうしたことから労働者を守る仕組みが労働法です。

2）低所得者への保険料減免措置

先ほど胃がんの治療費を例にとって，保険料がどのような考え方で計算されるかを見ました。ところが，お金がなくて保険料を払えない人もいます。保険料が払えないなら保険に加入できないというのが普通の感覚だと思います。しかし，社会保険では多くの人が保険に加入できるようにするために，収入が少ない場合，保険料が減額されます。さらに収入が非常に少なかったり，収入が無い場合，保険料は免除されます。もし保険に加入できないと，かかった医療費をすべて自己負担することになりますので，病気になってもなかなか受診できません。まして貧困のために保険料を負担できない人なら，なおさらです。

2　日本の社会保障の全体像

（1）5つの社会保険

日本には年金，医療，介護，雇用，労災の5つの社会保険があります。その詳しい内容は第1章から順番に説明していきますが，大まかにいえば，次の通りです。

> 年金保険：年をとったり，障害になったり，養ってくれる人が亡くなったりすることで収入がなくなるリスクに備えた保険
>
> 医療保険：病気やケガのために治療費が多くかかるリスクに備えた保険
>
> 介護保険：年をとることに伴って介護が必要になるリスクに備えた保険
>
> 雇用保険：会社が倒産したり，会社に解雇されたりして失業するリスクに

備えた保険

　　労災保険：工場爆発や通勤時の災害など，雇われて働くことに伴って生じ
　　　　　　　る様々な災害に備えた保険

　他の先進諸国をみると，年金は多くの国で社会保険によって運営されていま
す。医療は，ドイツやフランスでは社会保険方式ですが，北欧諸国やイギリス
では税方式で運営されています。アメリカには高齢者と所得の低い人には税方
式の保障がありますが，その他の人の医療保障は市場に委ねられてきて，オバ
マケアが導入されるまでは多くの無保険者がいました。介護は，社会保険方式
で運営されているのはドイツやオランダなど一部の国だけです。他の多くの国
では税方式で運営され，アメリカなど介護を保障する特別な仕組みのない国も
あります。雇用保険は，アメリカを含む多くの先進国で整備されています。労
災保険も同じように多くの先進国で整備されていますが，アメリカでは州政府
が保険を運営する場合もあれば，州によっては民間保険会社が運営する労働災
害補償保険制度への加入を義務づけている場合もあります。

　社会保障制度を全体としてみると，他の先進諸国と比べると，日本は社会保
険方式が中心だといえます。また，日本の社会保障給付費は年間で120兆円を
超えますが，そのうち年金給付が55兆円くらい，医療給付が40兆円くらい，介
護給付が10兆円くらいです。この３つの分野が社会保険方式で運営されている
ことから，給付費の面からも日本は社会保険方式が中心だといえます。

（2）国民皆保険・国民皆年金

　国民皆保険とは，国民の誰もが公的な医療保険に加入していることです。公
的な医療保険にはいくつかの種類がありますが，そのうちのどれかに加入する
ことが法律で義務づけられています。国民皆保険は1961年から実施されていて，
日本の社会保障の特徴の一つです。国民皆年金は国民皆保険と似ていて，20歳
以上の国民はすべて公的年金制度に加入していることを意味します。公的年金
制度にもいくつかの種類があり，そのうちのどれかに加入することが法律で義
務付けられています。国民皆年金も1961年から実施されていますが，実際には，
学生とサラリーマンの妻の専業主婦は任意加入でした。1985年の制度改正に
よって，今は学生も専業主婦も国民年金への強制加入の対象に含まれています。

（3）社会福祉と公的扶助

　社会保障の財源には保険料のほかに税もあります。社会福祉や公的扶助は税が財源となっていて，国や地方公共団体の活動の一環として，国民や住民に対して現金または現物（主にサービス）が提供されています。社会保険方式と税方式の詳しい比較は，第1章で解説します。

　歴史的には，公的扶助から様々な社会福祉が派生していきました。公的扶助は貧しさに苦しんでいる人たちにお金やサービスを給付する仕組みです。日本の制度でいえば，生活保護が該当します。社会福祉はお年寄りや子ども，身体的に障害のある人，知的に障害のある人など，対象者ごとに制度がつくられてきました。制度の根拠となる法律も，高齢者福祉法，児童福祉法，身体障害者福祉法，知的障害者福祉法など，対象者ごとに制定されています。社会福祉は，当初は所得の低い貧しい人たちを援護する仕組みでした。しかし，今では貧しい人だけが対象ではありません。たとえば児童福祉法に基づく保育所は，両親が共働きである場合などに利用される仕組みですが，所得が低いほど利用料は低く設定されるものの，貧しい人だけが利用するわけではありません。同じように，高齢者福祉法に基づく特別養護老人ホームやデイサービスも，貧しい人だけが利用する仕組みではなくなりました。そして，高齢者福祉から独立して介護保険によって提供されるサービスになりました。そのあたりの歴史は第3章で詳しく説明します。

（4）現金給付と現物給付

　社会保障の給付は，大きく分けると現金給付と現物給付があります。現金給付はお金を給付するので分かりやすいのですが，現物給付とは物を給付するのでしょうか？

　現物給付は，医療でいえば治療，介護でいえば特別養護老人ホームなどの入所ケアやデイサービスなどの在宅ケア，福祉でいえば保育サービスなどが該当します。物という言葉で表現されていますが，サービスだと考えた方がしっくりくるかもしれません。

（5）社会保障には法律上の定義はない
──時代により国により変わる社会保障のかたち

　社会保障の全体像をざっとみてきましたが，このほかにも安全な食べ物や水を確保する公衆衛生もありますし，住宅に関する補助を含めることもあります。実は社会保障の範囲はどこまでなのか，日本では法律上の定義はありません。また，日本国憲法第25条２項の条文に社会保障という言葉は使われていますが，その定義もはっきりとしません。社会保障とはどういう仕組みなのかは，時代によって，国によって異なります。社会保障は変化を続けている仕組みなので，法律で定義することが難しいのではないかと考えられます。

　社会保障に期待される役割は時代によって違います。また，どこまでを社会保障の範囲とするのか，国によっても違います。社会保障の仕組みでどこまで保障すべきかは，政府と市場の役割分担をどう考えるかとも関連していて，国によってあり方が随分違います。社会保障のかたちは国のかたちであるともいえます。たとえば，北欧諸国では社会保障の給付が手厚い代わりに保険料や税の負担が重くなっていますが，反対にアメリカでは保険料や税の負担が軽い代わりに社会保障の給付は非常に限定的です。

　重要なのは，社会保障のあり方に絶対的な正解はないことです。どのような社会保障の仕組みにするかは，それぞれの国の人たちが選択することになります。ヨーロッパは共通通貨ユーロを導入するなど，以前はそれぞれの国で行っていた政策をなるべく一緒にしようとしています。しかし，社会保障については国によって考え方が大きく違うことから，従来どおり，それぞれの国の考えで行うこととされています。たとえば医療保険は北欧諸国やイギリスでは税方式ですが，ドイツやフランスでは社会保険方式で運営されています。

　このように，社会保障とは何か定義することは難しいのですが，給付費の規模でみると年金，医療，介護が中心ですので，この３つの分野はそれぞれ章を立てて説明します。また，この本は，これから社会に出て働く人に知っておいてほしいことを分かりやすく解説することを目的としますので，雇用保険と労災保険に加えて働く人を守る労働法の仕組みを取り上げます。さらに，大学で社会保障論を学ぶ人の基礎的なテキストになることも目的としていますので，社会福祉と公的扶助についても章を立てて説明します。

3　働く人を守る基本的な仕組み

（1）「働いて給与を得る」とはどういうことか

　人が現代社会で生きていくためには，お金が必要です。そのお金を得るには，宝くじに当たるか莫大な財産を相続でもしない限り働かなければなりません。

　働き方にはいろいろな種類があり，家業を継いだり，自分で起業する人もいますが，一番多いのは「企業などに雇われて従業員として働き，給料をもらう」という働き方です。

　「従業員として雇われて働き，給料をもらう」とは，言い換えると，労働力とお金を交換することです。何かをお金と交換するという点では，自分の持ち物をフリマサイトで売ったりするのと変わりません。しかし，労働力とお金の交換には，物の売買などにはない特徴があり，その特徴ゆえのリスクがいくつか潜んでいます。

　1つ目の特徴は，労働力という「商品」は売り手の心身と切り離すことができないため，売り手の心身の健康を害するおそれがある，ということです。

　正社員であれアルバイトであれ，会社に雇われて働く人は，決まった曜日の決まった時間に出勤して，指示された仕事をします。つまり，働く人がお金と交換している労働力とは「時間と労力」です。これらは，働く人が働く場所に行って作業することでしか提供できず，作業内容や作業環境によっては，ケガや病気になるおそれがあります。

　たとえば，高層ビルの建築作業をする人は，高所から落下するリスクにさらされます。有害物質を扱う仕事なら，きちんとした防護具がなければ病気になってしまいます。ロボットを売るのなら，買った人がロボットをどれだけ雑に扱っても，売り手に危害は及びませんが，労働力とお金の交換の場合はそうではないのです。

　2つ目の特徴は，労働力は保存することができないので，売る側（つまり働く人）が不利になりやすい，ということです。

　世の中の商品の価格は，需要と供給のバランスで決まります。保存できる「物」なら，売り惜しみをして供給を減らし，値段を上げることもできます。

　しかし，先ほど説明したように，労働力とは時間と労力です。時間は消えてなくなってしまいますから，働く人は，自分の労働力を高く売る手段が限られるのです。

　また，歴史的には，製品や製造工程の高度化につれて，資金力のある大企業が大型の設備投資をし，多くの従業員を雇って事業を展開することが主流になり，その結果，自前の生産手段を持たない，雇われる以外に稼げない人が増えていきました。

　企業に雇われないことには食べていけないわけですから，労働力をより多く，より安く提供する競争が過熱しやすくなります。つまり，労働力という商品はどうしても安売りに傾きやすく，その結果，思うように生活費を稼げなかったり，働きすぎて命を失ってしまったりといった問題が発生します。

　さらに，働き口がなくて生活に困っている人の弱みに付け込んで，非常に高い手数料を取る職業あっせん業者や，お金を貸す条件として過酷な労働をさせ，しかも借金を返し終わるまで辞めさせない業者などが社会問題になった時代もありました。

（2）働く人と社会の仕組みの考え方

　そこで，働く人の健康を法で保護するという考え方が生まれました。働いてよい年齢の下限や労働時間の上限などを法で定め，それより働く人に不利な扱いを認めないというものです。この考え方に立つ法律は，19世紀後半から世界各国で制定され，日本でも1911年に工場法が成立しました。

　しかし，産業界からの強い抵抗もあり，これらの初期の工場法は働く人を十分には保護できていませんでした。日本の場合も，女性と子どもの健康保持が中心で，青年期以降の男性にも適用されるルールは限られていましたし，小規模な会社にはそもそも法律を守る義務がなかったりしました。

　当時の働く人たちは，交渉力を補うために団体（労働組合）を作り，雇い主と集団で交渉したり，ストライキや工場占拠などで雇い主に圧力をかけるという戦術を生み出しましたが，雇い主が組合の中心メンバーをクビにしたり，要求を無視したりすることも多く，法律で結成が禁止されることさえありました。

（3）現在の労働法制

　日本で働く人を守る法律の本格的な整備は，1947年の労働基準法と1948年の労働組合法に始まります。労働基準法が戦前の工場法と大きく違うのは，年齢・性別といった本人の属性や雇い主の企業規模に関係なく，企業などに雇われて働くすべての人を保護の対象としていることです。勤め先がどんな小さな会社でも，短時間の学生アルバイトでも，並外れて頑強な人でも，企業に雇われて働き賃金を得ている人はみんな，労働基準法の保護対象です。さらに，表面上はフリーランスとして働いている人も，その働き方の実態がサラリーマン同然ならば，労働基準法による保護を受けられます。

　また保護の内容も，労働時間の規制などだけでなく，賃金の最低額や支払方法の規制，妊娠中や出産前後の女性労働者の保護，職場の安全対策，一定の理由による差別の禁止，雇い主によるピンハネの禁止など，大幅に拡大されました。

　そして，保護内容を実現するために，労働基準法は2つの強力な手段を備えています。

　1つは，労働基準法の定めよりも不利な条件で働かせた場合に，雇い主に科せられる懲役や罰金といった罰則です。労働基準法違反は，詐欺や強盗と同じように刑事事件として扱われます。

　もう1つは，労働基準法の定める水準よりも悪い契約条件を強制的に修正する力です。たとえ働く人が本心から納得していたとしても，労働基準法より働く人に不利なものである限り，その契約条件は否定され，労働基準法の定める水準に書き換えられます。

　このように，労働基準法は働く人を幅広く強力に守る法律です。また，労働基準法より後に制定された働く人を守る法律の多くも，労働基準法と同じく，企業に雇われて働いている人を無条件で保護対象とし，法律違反を許さない手段を備えています。

　その代わり，小さな会社にも義務を課す以上，大企業並みの高い水準は定められません。法が定めるのは最低水準で，法律を守った上で具体的に賃金額や勤務時間をどうするかは，働く人と雇い主の交渉に委ねられています。

　とはいえ，働く人の交渉力が弱いことに変わりはありません。そこで，働く

人たちが実質的に雇い主と互角に交渉できるよう，労働組合法によって，働く人が組合を作って活動することを積極的に保護することになったのです。雇い主が労働組合メンバーを不当に扱ったり，交渉要求を無視したり，組合つぶし工作をしたりすることは禁止され，これらの行為があった時に介入する特別の機関が設置されました。

　さらに，労働組合と雇い主の交渉結果を書面にしたもの（労働協約）は，その内容に反する契約内容を否定して，労働協約の内容どおりに書き換える力も与えられています。20世紀後半から，労働基準法による最低労働条件の保障と，労働組合法による組合活動のサポートは，働く人の健康と人間らしい暮らしを守る二本柱として機能してきました。

　それなのに，21世紀になっても，過労死やワーキングプアの問題，仕事と暮らしとの両立など，働く人をめぐる問題が山積みなのはなぜでしょうか。

　その理由の一つは，産業構造や働き方の変化によって，法律の想定外の事態が生じるようになったことです。たとえば，1990年代前半までは一家の大黒柱は正社員が多く，非正規雇用といえば「主婦パート」や学生バイトで，正規と非正規の待遇格差などは，政策的にもあまり問題視されていませんでした。しかし，企業が人件費抑制のために正社員を減らしはじめると，非正規雇用で生計を立てる人が増え，時給が安いがゆえに長時間労働に追い込まれたり，正社員と同等の責任を負わされるストレスから健康を損なうなどの問題が生じました。こうした問題は，法改正や新しい制度の設計が必要なことも多く，解決に時間がかかることもあるのです。

　もう１つの理由は，就業規則があります。就業規則とは，賃金の計算方法や支払い日，始終業時刻，転勤の有無や懲戒規定など，雇い主が定める社内ワークルールです。労働基準法は，就業規則よりも働く人に不利な契約内容は，その部分が就業規則の定めに書き換えられるとしています。この点では，就業規則も働く人を守るルールの一つといえますが，その一方で，雇い主の都合に働く人が振り回される原因にもなります。

　就職活動時に見る求人情報では，具体的な説明は入社時点での基本給や勤務時間・休日くらいで，その他の事項は「弊社規定による」とだけ記載されているのをよく見かけます。この「弊社規定」が就業規則で，多くの人は入社後の

待遇について交渉することなく，就業規則に従って働いています。つまり，働く人の契約内容は，雇い主が一方的に決められる就業規則に丸投げされていて，雇い主は労働基準法に違反しない範囲で，都合の良いように労働条件を変えたり，様々な命令権（たとえば転勤命令権や残業命令権）を作り出したりすることができてしまうのです。

この雇い主の自由をいかに適切に制約するかに，法律家は頭を悩ませ，裁判などを通じてルールが形成されていきました。そして，現在は労働契約法という法律の内容の一部になっています。

こうして，長い時間をかけて，様々な角度から働く人を守る制度が作り上げられてきました。ただし，どんなに優れた制度も，働く人が使わないことには力を発揮できません。したがって，働く人が自分や仲間を守ってくれるルールを知ること，そして泣き寝入りせずにルールを使って自分を守ることが，とても重要なのです。

ふくろう先生のケーススタディ 1

遺族保障——友達のお父さんが亡くなった！

ふくろう先生：雪子さん，元気がないね。どうしたの？

雪子さん：実は，親友のお父さんが亡くなったんです。

ふくろう先生：あなたのお友達のお父さんというと，まだお若いでしょうに。お友達も
　　　　　　　ずいぶん落ち込んでいるでしょう。

雪子さん：そうなんです。お父さんが亡くなっただけでもすごいショックだと思うんで
　　　　　すけど……。

ふくろう先生：けど？

雪子さん：学校辞めなきゃいけないかもって，言ってました。友達には妹と弟がいるん
　　　　　ですけど，生命保険も大して掛けてなかったみたいで。友達のお母さん，長
　　　　　いこと専業主婦だったから，急に就職先は見つからないだろうしって。

ふくろう先生：そうですか，雪子さんはお友達のことが心配なんだね。ところで，お友
　　　　　　　達のお父さんは会社に勤めていましたか？　それとも自分でお店か会社
　　　　　　　を経営していましたか？

雪子さん：確か，〇×工務店の営業さんだったと思いますけど……。そんなの，今関係
　　　　　ありますか？

ふくろう先生：ありますよ，とっても。もう少し質問しますね。お友達のお父さんが亡
　　　　　　　くなったのは，仕事中や通勤中のことですか？

雪子さん：いいえ，昨年がんが見つかって，最近まで仕事しながら治療してたみたいで
　　　　　す。

ふくろう先生：なるほどね。雪子さん，お友達は学校を辞めなくてよさそうですよ。

雪子さん：え，ほんとですか！？

ふくろう先生：ほんとうです。お友達のお父さんはサラリーマンなので，厚生年金に
　　　　　　　入っていたはずです。

雪子さん：厚生年金って，定年退職した後でもらうやつですよね？

ふくろう先生：それは老齢厚生年金のことですね。厚生年金は，障害を負って働けなく
　　　　　　　なった時（障害厚生年金）や，家族を養っていた人が亡くなった時（遺
　　　　　　　族厚生年金）にももらえるんですよ。

雪子さん：知りませんでした。じゃあ，友達の家は，遺族厚生年金がもらえるんです
　　　　　か？

ふくろう先生：そのとおりです。亡くなった人に養われていた妻，子，祖父母などの中
　　　　　　　から一人が受給できます。年金の額は報酬比例部分の３／４ですが，あ

まり低い額にならないよう，加入期間が短い場合は300カ月とみなす措置もあります。

雪子さん：先生，さっき「仕事中や通勤中だったか」って質問ありましたよね。それは？

ふくろう先生：仕事中や通勤中に事故で亡くなった時や，仕事が原因の病気で亡くなった時は，厚生年金ではなく，労災保険という制度が適用されます。労災保険にも遺族年金がありますし，年金額にもよりますが，遺されたお子さんのために労災就学援護費というものも支給されますよ。

雪子さん：そうなんだー。

ふくろう先生：がんの中には，ある特定の物質を使うこととそのがんの発症との関係性が高いものもありますね。

雪子さん：そういえば，私の小学校の倉庫にアスベストが使われていて，がんになるんじゃないかって大騒ぎになったことがあります。

ふくろう先生：アスベストと肺がんの関係は有名ですね。がん以外にも「この物質を扱うと，この病気にかかりやすくなる」ということが医学的に明らかなものはいろいろあります。そうした物質を仕事で扱っていた人が，退職後にその病気になった場合も労災保険の対象です。

雪子さん：同じ病気で亡くなった場合も，仕事のせいで病気になったのか，そうでないのかで，遺族を守ってくれる制度が違うってことですか。

ふくろう先生：そのとおりです。

雪子さん：その，「仕事のせいだと認めてもらえる病気」かどうかは，どうしたら分かりますか？

ふくろう先生：労働基準監督署という役所に相談に行ってもいいですし，「労働基準法施行規則　別表第1の2」という検索ワードで調べたら，すぐに一覧が出てきますよ。

雪子さん：ほんとうだー。いっぱいありますね。うーん，覚えきれない。

ふくろう先生：どこに相談すればいいか，どう調べたらいいかが分かっていれば大丈夫ですよ。医学の進歩で病気の原因が解明されたりすると，この一覧も変更されますからね。

注　遺族年金は第1章，労災保険は第5章で説明しています。

<table>
<tr><td>第1章</td><td>年金の仕組み
——年をとるなどして働けなくなったとき</td></tr>
</table>

　年金というと，皆さんはどんな印象を持っているでしょうか？　若いうちに保険料を積み立てておいて，年をとったら受け取る仕組みと思っている人も多いかもしれません。「若いうちに払った保険料の分は，ちゃんと老後に受け取れるでしょうか」という質問を受けることがあります。

　しかし，この質問は2つの誤解に基づいています。公的年金は身近な制度なのに，誤解されていることの多い仕組みだと思います（毎回「公的年金」というと堅い印象になるので，本章では，私的年金の説明をする第5節を除いて「年金」と呼ぶことにします）。

　1つ目の誤解は，年金は老後に受け取るものだけではないことです。若くても病気やケガのために，収入を得られにくい障害の状態になれば，障害年金を受け取ることができます。さらに，自分を養ってくれる親や祖父母が亡くなった時，残された家族は子どもでも遺族年金を受け取れる場合があります。

　もう1つの誤解は，年金は貯蓄ではなく，若いうちに払った保険料を後で受け取るものではないことです。年金は貯金ではなく，保険です。交通事故や火災などのリスクに備える保険と年金は印象が違うかもしれませんが，基本的な仕組みは同じです。

　それでは，年金はどんなリスクに備えた保険なのでしょうか？　本章では，年金とはどんな仕組みなのかについて，できるだけ分かりやすく解説します。

1　年金は貯金ではなく保険

（1）年金はどのようなリスクに備えた保険なのか

　年金は，老後のために積み立てる貯金のようなものだと誤解されることが多いのですが，実際には社会保険の一つです。それでは，年金はどんなリスク

（保険事故）に備えているのでしょうか？　まず，病気やケガのために障害の状態になり，収入が得られにくくなるリスクです。このリスクに対応するのが障害年金です。次に，家計の柱となっている人が亡くなった時，その人に生活を支えられていた家族が生活に困るリスクです。このリスクに対応するのが遺族年金です。障害年金は20歳から受給できます。遺族年金では，親がいない場合は子どもが受給する場合もあります。

　このように，年金は年をとった時に受け取るだけではありません。ただし，年金を受け取っている人数でいえば，圧倒的に多いのは年をとってから受け取る年金（老齢年金）です。そのために，年金は老後に受け取るものだという思い込みが生じるのだと思います。それでは，老齢年金はどんなリスクに備えているのでしょう。

（2）老齢年金はどのようなリスクに備えているのだろうか

　老齢年金も保険の仕組みに基づいています。しかし，病気やケガをした時の保障である医療保険に比べると，老齢年金が備えているリスク（保険事故）は分かりにくいので，貯蓄と誤解されやすいのだろうと思います。老齢年金が保障するリスクは，専門用語を使わないで書くと「長生きして生活費が足りなくなるリスク」です。長生きは良いことだから，病気やケガと違ってリスクではないと思う人もいるかもしれません。確かに長生きすること自体は良いことですが，会社などに雇われているサラリーマンの場合，元気で働く意欲があっても定年があり，同じ職場で働いて収入を得ることはできなくなります。自営業には定年はありませんが，年をとって体力も落ちたから引退するという話はよく聞かれるところです。年をとって定年を迎えたり，自営業を引退すると，その後の生活費をどうするかという問題が生じます。貯金しておけば良いと思いますか？

　それでは，収入が無くなった老後のために，どれぐらい貯めておけば大丈夫でしょうか。1年当たりの生活費は見当が付くとして，何年分の生活費を貯めれば良いでしょうか？　そのことを分かる人はいないはずです。なぜなら，人は何歳まで生きるか分からないからです。収入が無くなった後の生活費がいくらか分からないというリスクは，個人では上手く対応できないリスクです。そ

こで，保険の仕組みを活用することになります。

（3）老齢年金では何年間ぐらい・どれぐらいの金額を受給できるだろうか

　一人ひとりの寿命は分からなくても，日本人全体の平均寿命なら予測ができます。序章で説明した大数の法則です。そして定年などで収入が無くなる年齢から老齢年金を受け取ることにすれば（「支給開始年齢」といいます），支給開始年齢から平均寿命まで何年あるのか予測できます。支給開始年齢は平均寿命が伸びたことなどから引き上げられ，現在は65歳です。

　次に，老後の生活費として，年どれぐらいのお金が必要なのかを考えます。ライフスタイルは人によって違いますが，現役世代の頃の生活費が基本になってくると思われます。このため，サラリーマンなどが加入する厚生年金では，保険料を収めていた現役時代の平均賃金の何割ぐらいを年金として給付するかという考え方をします。老齢厚生年金の給付水準は，平均的な賃金で40年間働いた人の受け取る年金額が平均賃金の何％になるかが基準になります。

　65歳以上の人が受け取る老齢厚生年金は基本的に報酬比例部分と呼ばれます。この部分の年金額は現役時代に払った保険料に応じて変わるのですが，厚生年金の保険料は収入に一定の比率をかけて計算するので，結果的に収入に応じて年金額が変わるため，報酬比例部分と呼ばれます[(1)]。ところで，経済が成長すれば，賃金も上がります。若い頃の賃金水準をもとに給付水準が50％あっても，今の賃金水準と比べると低くなることも考えられます。このため，過去に払った保険料を賃金の上昇に合わせて再評価する（賃金が上昇した分，実際に払った保険料より高い保険料を払ったとみなす）仕組みが組み込まれています。これを「賃金スライド」と呼びます。2020年度の老齢厚生年金の平均月額は約14万6,000円です[(2)]。

　一方，国民年金は自営業者などが加入しますが，自営業はサラリーマンのように収入が一定ではありません。そこで，現役時代の収入の何割という考え方ではなく，基本になる金額が決められています。具体的には，満額の老齢基礎年金は年間78万900円が基本になり，実際の年金額はこれに改定率をかけたものになります。改定率は，物価の上昇率などによって毎年少しずつ違います。たとえば物価が5％上がれば，同じ生活をしようとすれば支出が5％増えます。

逆に物価が下がれば支出額は少なくて済みます。ですから，年金には物価に応じて給付額が上がったり下がったりする仕組みが組み込まれています。これを「物価スライド」といいます。

　また2016年の制度改正によって，少子高齢化が進む中で年金制度が持続可能なように現役世代の負担能力に応じた給付にするためにマクロ経済スライドが導入されています。マクロ経済スライドの詳しい内容は本章第6節で説明します。満額の老齢基礎年金額は年によって変わりますので，いくらなのかを知るには，厚生労働省や日本年金機構のホームページを見てください。

　さらに，加入期間が短いなどの理由で誰もが満額の年金を受け取るわけではありませんから，実際に給付されている年金の平均額をみると，2020年度の老齢基礎年金の平均年金月額は約5万6,000円です。この金額では暮らせないと思う人も多いでしょう。その点について，年金の給付設計は世帯ベースで考えられていて，夫婦の老齢基礎年金を合わせれば，11万円強になります。ただし，最近では結婚しない人も増えています。50歳時点の未婚率は2020年には男性で28.25％，女性で17.81％に達しています。ライフスタイルや働き方の変化にどのように社会保障は対応すべきなのかは，これからの課題です。詳しくは終章で説明します。

　このようにして，どれぐらいの年数，どれぐらいの額の年金を給付するのかを決めれば，あとはそのために必要な保険料が計算できます。医療保険より分かりにくいですが，これが社会保険の一つである老齢年金の基本的な仕組みです。こうして保険の仕組みを活用することで，老齢年金は終身年金になっています。終身年金というのは，生きている限り受け取ることのできる仕組みですから，平均寿命が伸びて老後の生活費が増加するというリスクをカバーできます。終身年金に対して，5年や10年など年金を受け取れる期間が決まっているものを有期年金と呼びます。私的年金の多くは有期年金です。

2　どのような時に年金を受け取れるのだろうか

　前節では，主に老齢年金について説明をしました。ここでは，障害年金と遺族年金について，どのような時にどのぐらいの年金を受け取ることができるの

かを説明します。

（1）障害年金が備えるリスクとは何だろうか

　障害年金は，病気やケガのために障害の状態になり，収入を得られにくくなるリスクに備えた仕組みです。病気やケガをすると治療をしますが，治療が終わった時，視力や聴覚が以前の状態に戻らなかったり，手や足にハンディキャップが生じていることがあります。このような状態は障害と呼ばれます。2014年に日本も障害者の権利に関する条約を批准して，障害者が働くことの支援は進みつつあります。それでも，重い障害の状態になると，健常者と同じような収入を得ることは容易ではありません。このために所得を保障する仕組みが障害年金です。

（2）障害年金が対象とする障害の種類と程度

　それでは，具体的にはどのような障害になったら障害年金が給付されるのでしょう。障害の種類は次のように，外部障害，精神障害，内部障害の3種類に区分されます。

① 外部障害：眼，聴覚，肢体（手足など）の障害など
② 精神障害：統合失調症，うつ病，認知障害，てんかん，知的障害，発達障害など
③ 内部障害：呼吸器疾患，心疾患，腎疾患，肝疾患，血液・造血器疾患，糖尿病，がんなど

この3種類の中でイメージしやすいのは外部障害ですが，うつ病などの精神障害，糖尿病やがんなどの慢性の病気による内部障害も障害年金の対象になります。

　それでは，どのぐらい重い障害になったら障害年金を受け取れるのでしょう。障害の種類別に障害の程度は重い順に1級・2級・3級に分けられていて，国民年金の障害基礎年金なら2級以上，厚生年金の障害厚生年金なら3級以上の状態が対象になります。具体的には，たとえば視力であれば次の通りです。ここでいう視力は，眼鏡やコンタクトレンズで矯正した視力です。

　「1級」両眼の視力の和が0.04以下のもの。

「2級」両眼の視力の和が0.05以上0.08以下のもの。

「3級」両眼の視力が0.1以下に減じたもの。

　視力の他にも聴覚や平衡機能など，障害の種類別に障害の程度は決められています。1級と2級の状態は国民年金法施行令別表に定められ，3級の状態は厚生年金保険法施行令別表第1に定められています。どのような状態なら障害年金を受け取ることができるかは，「国民年金・厚生年金保険　障害認定基準」に詳しく説明されています。この障害認定基準は日本年金機構ホームページ⁽⁴⁾からダウンロードできます。

　障害年金を受け取るには，医師の診断書を付けて申請する必要があります。障害年金が受け取れる可能性がある場合でも，障害者本人が気付かないことがあります。このため，障害者を支援する人が障害年金のことを知っていることが大切です。たとえばソーシャルワーカーにはぜひ知っておいてほしいと思います。

（3）障害年金の給付額

　障害年金の給付額はどれぐらいなのでしょうか？　国民年金の障害基礎年金では，年間給付額は次のようになります。

　　1級：78万900円×改定率×1.25

　　2級：78万900円×改定率

　78万900円という金額は，前の節で説明した満額の老齢基礎年金の給付額と同じ金額です。なお，高校生以下の子どもや未成年の障害児がいるような場合，1人目と2人目は1人当たり22万4,700円×改定率，3人目以降は1人当たり74万900円×改定率が加算されます。

　障害厚生年金の年間給付額は，次のようになります。

　　1級（報酬比例の年金額）×1.25

　　2級（報酬比例の年金額）

　　3級（報酬比例の年金額）最低保障額：58万5,700円

　1級と2級については，その人に生計を維持されている65歳未満の配偶者がいる時に22万4,700円が加算されます。報酬比例の年金額は，前の節で説明した老齢厚生年金の報酬比例部分に相当します。

（4）遺族年金が備えるリスクとは何だろうか

　遺族年金が備えるリスクは，老齢年金や障害年金とは性質が違います。老齢年金も障害年金も，被保険者本人が年を取ることや障害の状態になることによって，収入がなくなるリスクに備える仕組みです。しかし，遺族年金は被保険者本人ではなく，被保険者が亡くなることによって，被保険者が養っていた家族の収入が無くなるリスクに備える仕組みです。このように年金は本人だけではなく，その家族のための保険でもあるのです。遺族年金を受け取るための条件は厚生年金と国民年金で大きく異なります。

（5）遺族基礎年金の受給者と給付額

　国民年金の遺族基礎年金を受給する要件は，以下の①から④のいずれかに該当することです。なお，死亡の原因には自殺も含まれます（日本年金機構ホームページ〔https://www.nenkin.go.jp/service/jukyu/izokunenkin/jukyu-yoken/20150401-04.html，2022年12月26日アクセス〕）。

　①　国民年金の被保険者である間に死亡したとき

　②　国民年金の被保険者であった60歳以上65歳未満の方で，日本国内に住所を有していた方が死亡したとき

　③　老齢基礎年金の受給権者であった方が死亡したとき

　④　老齢基礎年金の受給資格を満たした方が死亡したとき

　ただし①と②の場合は，亡くなる前の日の時点で保険料を納めた期間（免除期間も含みます）が国民年金加入期間の3分の2以上であること[5]が必要です。

　また③と④の場合は，保険料を納めた期間，保険料を免除された期間と合算対象期間（国民年金に任意加入できる人が任意加入しなかった期間など）の合計が25年以上あることが必要です。

　そして受給の対象者は，亡くなった人によって生計を維持されていた「子のある配偶者」または「子」に限られます。ここでいう「子」とは，18歳になった年度の3月31日までの間にあるか，20歳未満で，障害等級1級または2級の障害状態にある子どもです。また，婚姻していないことが条件になります。分かりやすく言い換えると，「未婚の高校生以下の子どもか，未婚で未成年の障害のある子ども」です。そして遺族基礎年金の給付額は，満額の老齢基礎年金

に子の加算額を足した額になります。子の加算額は，第1子と第2子について
それぞれ年額22万4,700円×改定率，第3子以降はそれぞれ年額7万4,900円×
改定率となります。

（6）遺族厚生年金の受給者と給付額

　受給する要件は，以下の①から⑤のいずれかに該当することです（日本年金
機構ホームページ〔https://www.nenkin.go.jp/service/jukyu/izokunenkin/jukyu-yoken
/20150401-04.html，2022年12月26日アクセス〕）。

　　①　厚生年金保険の被保険者である間に死亡したとき
　　②　厚生年金の被保険者期間に初診日がある病気やケガが原因で初診日か
　　　ら5年以内に死亡したとき
　　③　1級・2級の障害厚生（共済）年金を受けとっている方が死亡したと
　　　き
　　④　老齢厚生年金の受給権者であった方が死亡したとき
　　⑤　老齢厚生年金の受給資格を満たした方が死亡したとき

　ただし①と②の場合は，遺族基礎年金と同じように，亡くなる前の日の時点
で保険料を納めた期間（免除期間も含みます）が国民年金加入期間の3分の2以
上であること⁽⁶⁾が必要です。

　また④と⑤の場合は，やはり遺族基礎年金と同じように，保険料を納めた期
間，保険料を免除された期間と合算対象期間（国民年金に任意加入できる人が任
意加入しなかった期間など）の合計が25年以上あることが必要です。

　②の5年以内という要件は，病気やケガが原因で会社などを辞めて厚生年金
の加入者ではなくなり，たとえば国民年金の加入者になったとしても，会社員
だったときの病気やケガが原因で亡くなったときは遺族厚生年金を受給できる
ようにするために付けられています。なぜなら，遺族厚生年金のほうが遺族基
礎年金よりも受給者の範囲が広く，年金額も高いので，そのほうが遺族の生活
がよりよく保障できるからです。

　そして受給の対象者は，亡くなった人によって生計を維持されていた妻・
子・孫（18歳到達年度の年度末を経過していない者または20歳未満で障害年金の障害等
級1・2級の者）または55歳以上の夫・父母・祖父母（支給開始は60歳から。ただ

し，夫は遺族基礎年金を受給中の場合に限り，遺族厚生年金も合わせて受給できる）です。対象者が複数いる場合は順位の最も高い人が受給します。2人以上が受給することはできません。

　遺族厚生年金の給付額は，報酬比例部分の年金額に3／4をかけた金額になります。ただし，被保険者期間が300月（25年）未満の場合は，300月とみなして計算します。これは，不幸にも若くして亡くなった場合にも，遺族が生活できるような年金額にするためです。

3　誰がどのような種類の年金制度に加入するのだろうか

（1）皆年金とは

　日本の年金制度の特徴は「皆年金」です。皆年金というのは，国民の誰もが何らかの公的な年金制度に加入していることを意味します。もう少し詳しく説明すれば，日本国内に住所を有する20歳以上60歳未満のすべての人は国民年金に加入します。このため，国民年金は基礎年金とも呼ばれます。国民年金の被保険者には「第1号被保険者」「第2号被保険者」「第3号被保険者」の3種類があり，保険料の納め方が次のように異なります。

　　第1号被保険者：自営業者，学生，フリーター，無職の人など。保険料は
　　　　　　　　　　納付書による納付や口座振替などで，自分で納めます。
　　第2号被保険者：サラリーマンや公務員など厚生年金の被保険者。保険料
　　　　　　　　　　は本人と会社など事業主が半分ずつ負担します（労使折
　　　　　　　　　　半）。保険料は本人分も含めて事業主が納めます。本人
　　　　　　　　　　負担分は，給与から天引きされます。
　　第3号被保険者：専業主婦など第2号被保険者に養われている配偶者。第
　　　　　　　　　　3号被保険者の国民年金保険料は配偶者が加入する年金
　　　　　　　　　　制度が一括負担します。

（2）非正規雇用の年金の課題——厚生年金の適用拡大

　第1号被保険者は自営業者など誰にも雇われていない人を想定しているので，保険料は労使折半ではなく全額を自分で納めます。しかし，フリーターやパー

図1-1　非正規雇用の増加

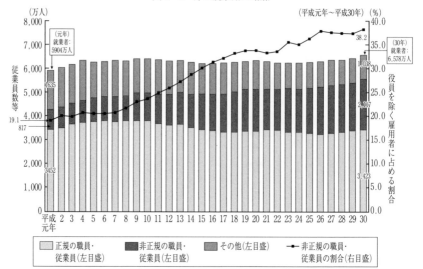

出所：総務省統計局ホームページ（https://www.stat.go.jp/data/topics/topi1192.html，2022年8月29日アクセス）。

トなどの非正規雇用のうち，正規雇用並みに働いているとみなされず，サラリーマンなどの第2号被保険者に扶養されていない場合，第1号被保険者になります。家計を補助するために少し働くのならば問題にはなりませんが，経済の低成長が続く中で人件費を減らそうとする会社が増えて，非正規雇用に関する規制緩和が行われたこともあり，家計の柱になる人も含めて非正規雇用の人は急速に増加しました。その推移を図にしたものが図1-1です。

　第1号被保険者が受け取る年金は老齢基礎年金になり，前節で見たように平均年金月額は5万6,049円です。老齢厚生年金の平均年金月額が14万6,162円であることに比べると1/3程度の金額にとどまり，定年のある被用者の老後保障として十分なのかという問題があります。また，これまでに説明したように，遺族基礎年金の受給者の範囲は遺族厚生年金の受給者の範囲よりも狭く，家族の保障という点でも厚生年金の方が手厚くなっています。

　このため，非正規雇用の人がもっと厚生年金に加入できるように，最近の年金制度改正では，厚生年金の適用拡大が行われています。具体的には，従来は非正規雇用のうち週30時間以上働く人が厚生年金の対象になっていましたが，

2016年の年金制度改正によって，週20時間以上働き，月額賃金が8万8,000円以上（年収106万円以上）であり，1年以上勤務している場合には厚生年金の対象になることになりました。ただし，学生は適用除外となり，また従業員501人以上の企業に適用されました。さらに2020年の年金制度改正によって，さらに適用の対象は広がり，2022年10月に従業員100人を超える規模の企業が対象となり，2024年10月には従業員50人を超える規模の企業が対象となることにされました。

　なお，医療保険についても年金と同じように非正規雇用の人が被用者保険に加入できない問題があります。厚生年金と同じ基準で健保組合や協会けんぽといった被用者保険に加入できるようになっていますので，厚生年金の適用拡大と同時に医療保険の被用者保険の適用も拡大されつつあります。

（3）第3号被保険者の課題——女性の就労促進

　サラリーマンの夫の扶養家族としてパートで働いているような専業主婦は，第3号被保険者となり，自分で保険料を納めることなく老齢基礎年金を受け取ることができます。以前は女性に限られていましたが，今は専業主夫も対象になります。この第3号被保険者の仕組みは，女性の老後保障という点で一定の役割を果たしてきたと思われますが，税制上の配偶者控除と同様に，女性の就労促進の妨げになっているのではないかという議論があります。たとえばパートで働いている主婦が第3号被保険者から外れないように収入が一定以上にならないように調整しているケースも少なくないと思われます。

　また，被用者年金の加入者に扶養されている配偶者だけが第3号被保険者になりますので，夫が非正規雇用で被用者保険に加入していない場合には，専業主婦であっても第3号被保険者になれません。主な稼得者が非正規雇用で働いていて十分な収入が得られない場合，夫婦共働きをすることが多いと考えられますが，育児や介護のために仕事を続けられなくて専業主婦になった場合，第3号被保険者になることはできません。

　さらに，本章の後で説明しますが，働く人の人口が大幅に減少することによって保険料収入が減少することは，年金をはじめとする社会保障制度の財政上の懸念事項になっています。女性の就労を促進することは年金制度の財政を

安定させるためにも望ましいと考えられます。

4　保険料はどれぐらいの負担になるのだろうか

年金の主な財源は保険料です。ここでは，まず社会保険方式と税方式の違いについて説明します。次に年金の保険料を説明しますが，年金の保険料には大きく分けて定額の保険料と定率の保険料があります。定額の保険料は，毎月いくら負担すると金額が決まっています。定率の保険料は，給料の何％を負担するという比率が決まっています。国民年金は定額の保険料で，厚生年金は定率の保険料です。また，年金の財政方式は修正賦課方式であることを説明します。

（1）社会保険の長所

年金をはじめ医療も高齢者介護も，日本では税方式ではなく社会保険方式が採用されています。それは社会保険方式には「強い権利性」「スティグマを伴わないこと」「給付と負担の関係が明確であること」という長所があるからです。

1）強い権利性

社会保険に加入している人は，保険料を負担する見返りとして保険給付を受けます。別の言い方をすると，保険に加入する人は保険料を負担する義務を果たす代わりに保険給付を受ける権利があります。そして視点を変えると，保険を運営する者は，保険料を徴収する権利がある代わりに保険給付を行う義務があります。このようにお互いに義務を負う関係を「双務関係」といいます。義務の裏返しとして権利があり，社会保障の給付を受ける権利は強いといえます。

これに対して，税方式の社会保障では何か特定の税を納めることが給付を受ける条件にはなりません。どのような場合にどれぐらいの給付を行うかは税方式でも決まっていますが，社会保険のように保険給付のために必要な保険料を計算して集める仕組みではなく，税の収入に応じた予算の範囲内で行うことになります。別の言い方をすると，行政機関は事前に決められたルールに従って給付をする義務がありますが，給付を受ける側は義務を負いません。このように一方だけが義務を負う関係を「片務関係」といいます。義務の裏返しとして

の権利ではありませんので，税方式では給付を受ける権利は社会保険に比べると弱くなります。

2）スティグマを伴わないこと

税方式の場合，他人の払う税金によって支えられるというイメージから，スティグマ（恥辱感）が生じることがあります。本当は給付や支援の必要な人が，スティグマのために申請をためらってしまうことがあり，給付や支援が届かなくなることが短所だといえます。これに対して，社会保険の給付を受けることは保険料を負担した見返りの権利ですから，スティグマを伴いません。たとえば，年金を受け取ることを恥ずかしいと感じる人はいないでしょう。

また税方式の場合，所得の少ない人に限定して給付が行われることがよくあります。限られた財源で給付をする以上，生活に困っている人だけが対象となることが多いのです。その場合，申請した人が本当に生活に困っているのかどうか調べることになります。これを「ミーンズテスト（資力調査）」と呼びます。ミーンズテストの代表例として，生活保護の審査があります。生活保護の審査では，貯金がないことの確認や贅沢品を持っていないかなどプライバシーに踏み込んだ調査が行われます。生活保護の不正受給を許せないという声もよく聞かれますが，この調査は一般に思われているよりも厳しいものです。たとえばクーラーを持つことが認められたのは比較的最近です。

3）給付と負担の関係が明確であること

社会保険料は，どんな給付のために必要なのか明確です。税金は何に使われるかはっきり分からないから増税は嫌だという人も，たとえば高齢化するから年金保険料を引き上げる必要があることは理解する場合があります。国民に負担を求める時に税よりも理解が得られやすいことも社会保険の長所の一つだと考えられています。

（2）社会保険の短所

一方，社会保険には短所もあります。未納が生じやすいことです。税と同じように保険料も納める義務が法律で決められているのですが，保険料を納めないケースもあります。これに対して，税を納めないことはいわゆる脱税になりますから，きちんと納めなくてはいけないという意識が強くなります。保険料

の未納も違法ですが，残念ながら脱税に比べると悪いことではないと思われている印象があります。

　特に未納が生じやすいのは，保険に加入している人が自分で保険料を納める必要のある社会保険です。会社など雇う側に保険料を納める義務がある被用者保険では，保険料の未納は生じにくくなります。本来，雇われた働く人は被用者保険に加入するのですが，非正規雇用のかなりの部分は自営業者などを対象とした制度に加入していました。

（3）国民年金の定額の保険料と厚生年金の定率の保険料

　国民年金の保険料は，2021年度は月額1万6,610円です。2004年の年金制度改正によって，国民年金の保険料は2017年度まで毎年280円ずつ引き上げられました。毎年の引き上げは終わり，今後は賃金の変動に応じて毎年度の保険料は決まります。[8]

　厚生年金の保険料率は，18.3％です。2004年の年金制度改正によって，厚生年金の保険料は段階的に引き上げられましたが，2017年9月に引き上げが終わり，18.3％で固定されています。18.3％の厚生年金保険料率は働く人と会社が半分ずつ負担します。労働者と使用者が折半で負担することから，これを「労使折半」と呼びます。ですから，実際に給与明細から天引きされる厚生年金保険料は賃金に9.15％をかけたものになります。

　ところで，実際の賃金に18.3％をかけると，保険料は人によって異なり，事務的な作業が大変です。このため，賃金を32のグループに分け，1等級から32等級と呼びます。1等級は賃金が月額8万8,000円以上9万3,000円未満の場合で，賃金は8万8,000円とみなします。この8万8,000円を1等級の「標準報酬」と呼びます。そして保険料は1万6,104円（本人負担は8,052円）になります。2等級は賃金が9万3,000円以上10万1,000円未満の場合で，2等級の標準報酬は9万8,000円です。3等級，4等級と少しずつ標準報酬は上がっていきます。32等級は賃金が月額63万5,000円以上の場合で，賃金は65万円とみなします。この65万円を32等級の標準報酬と呼びます。保険料は11万8,950円（本人負担は5万9,475円）になります。

（4）低所得者への保険料の減免

　日本の年金は20歳以上60歳未満のすべての人が何らかの公的年金制度に加入する「皆年金」が特徴だと説明しました。ところで，皆年金であるためには，所得が少なかったり，所得が無くて保険料を負担できない人も年金に加入することになります。このため，低所得者の保険料を減額したり免除にしたりすること（これを「保険料の減免」と呼びます）が行われています。厚生年金に加入する被用者は月額賃金が8万8,000円以上の人なので対象にならず，年金保険料の減免の対象になるのは，国民年金に加入している自営業や非正規雇用，無職の人のうち，所得が一定水準より低い人になります。

　保険料の減免を受けるためには，本人が申請書を提出し，承認を受ける必要があります。保険料の減免には，前年の所得に応じて，保険料の全額，3/4，半額，1/4の4段階があります。[9] 保険料を減免された期間の長さと，どの程度減免されたかによって年金額は減額されます。具体的には，保険料を全額免除された期間の年金額は1/2，3/4減額された期間の年金額は5/8，半額減額された期間の年金額は6/8，1/4減額された期間の年金額は7/8に減額されます。保険料を全額免除された場合にも半額の年金を受け取ることができるのは，基礎年金（国民年金）の財源の半分は税財源であることが理由とされています。また，収入の無い学生も20歳になると年金制度に強制加入になりますが，申請すれば，保険料の支払いを猶予されます。免除とは違い，収入を得るようになってから後で保険料を負担する仕組みです。

（5）年金の財政方式——日本は修正賦課方式

　年金の財政方式には，「賦課方式」と「積立方式」があります。

　　賦課方式：現役世代の保険料を主な財源として，年金を給付します。インフレリスクに強い代わりに，少子高齢化により財政が悪化します。

　　積立方式：それぞれの世代が負担する保険料を積み立て，積立金とその運用収益を財源として年金を給付します（同一世代内扶養ともいわれます）。少子高齢化の影響は小さい代わりに，インフレが起きると積立金の価値が下がるリスクがあります。

表1-1　年金積立金の資金運用の基本ポートフォリオ

		国内債券	外国債券	国内株式	外国株式
資産構成割合		25%	25%	25%	25%
乖離許容幅	各資産	±7%	±6%	±8%	±7%
	債券・株式	±11%		±11%	

出所：年金積立金管理運用独立行政法人ホームページ（https://www.gpif.go.jp/gpif/portfolio.html，2021年10月14日アクセス）。

　多くの国の年金は賦課方式を採用しています。しかし，日本の年金制度は積立方式でスタートしました。現在は賦課方式を基本としながら，数年分の年金給付が行えるぐらいの積立金も保有する方式（修正賦課方式）となっています。

（6）年金の保険料以外の財源

　年金の主な財源は保険料ですが，税と積立金の運用収入も財源となっています。基礎年金に必要な財源の半分は税によってまかなわれています。そして，厚生年金と国民年金も積立金を保有していて，年金積立金管理運用独立行政法人が国債や株式に投資をして運用されています。年金の財源のうち約1割は積立金とその運用収入によってまかなわれます。

　年金の積立金をどのように運用するかについては，表1-1のような基本ポートフォリオが定められています。以前はリスクの低い投資が優先されて国内債券中心に運用されていましたが，現在では株式に多く投資されるようになっています。

5　年金制度は全体としてどのような仕組みなのだろうか

（1）年金制度は3階建ての仕組み

　ここまで国民年金と厚生年金の説明をしてきました。この2つの公的年金が年金制度の中心ですが，この他に企業年金，個人年金もあり，私的年金と呼ばれます。公的年金は本人の意思にかかわらず加入する仕組み（強制加入）であるのに対して，私的年金は自分で加入できるかどうか決める仕組み（任意加入）です。私的年金も含めて，年金制度の全体像は3階建ての家にたとえられます。

図1-2　3階建ての年金制度

○現役世代は全て国民年金の被保険者となり，高齢期となれば，基礎年金の給付を受けとる。
　（1階部分）
○民間サラリーマンや公務員等は，これに加え，厚生年金保険に加入し，基礎年金の上乗せ
　として報酬比例年金の給付を受ける。（2階部分）
○また，希望する者は，iDeCo（個人型確定拠出年金）等の私的年金に任意で加入し，さらに
　上乗せの給付を受けることができる。（3階部分）

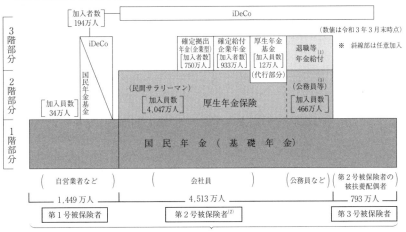

注：(1)　2015年10月から公務員や私学教職員も厚生年金に加入。また，共済年金の職域加算部分は廃止さ
　　　　れ，新たに年金払い退職給付が創設。ただし，それまでの共済年金に加入していた期間分について
　　　　は，2015年10月以降においても，加入期間に応じた職域加算部分を支給。
　　(2)　第2号被保険者等とは，厚生年金被保険者のことをいう（第2号被保険者のほか，65歳以上で老
　　　　齢，または，退職を支給事由とする年金給付の受給権を有する者を含む）。
出所：厚生労働省「年金制度のポイント2022年度版」。

1階はすべての国民が加入する基礎年金であり，年金制度の土台になっていま
す。その上に職業や個人の状況に応じて2階・3階と積み上げられていくイ
メージです（図1-2）。

（2）　1階は誰もが加入する基礎年金・2階は厚生年金が中心

　1階部分は国民の誰もが加入する国民年金（基礎年金）です。2階部分はサ
ラリーマンが加入する厚生年金が中心です。以前は公務員や私立学校の教職員
は共済組合という別の年金制度に加入していましたが，今は厚生年金に統合さ
れています（これを「被用者年金の一元化」と呼びます）。国民年金と厚生年金は

加入が義務づけられていて，日本の年金制度の背骨となっています。

　この他の２階部分には，自営業者など厚生年金に加入しない人たちが加入できる国民年金基金と iDeCo もあります。自営業者はサラリーマンに比べると定年がなく，老後保障の必要性が比較的低いと思われますが，国民年金では老後の保障が足りないと考えた場合，自分の判断で追加できるようになっている仕組みです。国民年金基金は口数制になっていて，何口加入するかは自分で選択できます。選択できるプランには終身年金と有期年金があります。iDeCo は，自分で掛金の額を決めて積み立て，積立金を保険商品や投資信託，預金などで運用し，積立金と運用収益を原資として老齢給付金を受け取る仕組みです。個人型確定拠出年金とも呼ばれます。

（３）３階部分は任意加入の企業年金と個人年金

　３階部分はすべて任意加入の年金です。２階までの給付水準では足りないと思った場合に職場や個人の単位で上乗せしていく部分です。３階部分の年金の種類には，企業年金といわれるものに厚生年金に上乗せされる企業年金の確定拠出年金（企業型），確定給付企業年金，厚生年金基金があります。ここまでは職場ごとに加入する企業年金です。さらに２階部分と同じく自営業者などが加入する国民年金基金と iDeCo もあります。また，以前の共済組合には職域加算という民間企業の企業年金に相当する部分がありましたが，厚生年金と統合された時に廃止されたので，退職等年金給付と呼ばれる仕組みに受け継がれています。

　確定拠出年金は，毎月いくら年金のために拠出するかが決まっていて，年金額は運用の結果によって変動する仕組みです。iDeCo は個人単位で運営されるのに対し，企業単位で運営されるものを確定拠出年金（企業型）と呼びます。これに対して確定給付年金は，どれぐらい拠出すればどれぐらいの額の年金になるかが決まっていて，運用の結果によって年金額は変動しない仕組みです。厚生年金基金は確定給付年金の一種ですが，国の厚生年金の一部を国に代わって給付するのが特徴です。

　企業型確定拠出年金や iDeCo は貯蓄に近い性格を持っていますが，原則と

して60歳になるまで引き出すことができないため，老後の生活を保障するものとして税制上の優遇措置があり，年金制度の一翼を担っています。

6　少子高齢化の影響を受ける年金財政

人口の少子高齢化は私たちの社会に様々な影響を及ぼしています。そして，年金は社会保障の中でも，少子高齢化の影響を大きく受けます。年金の収入面を考えると，年金の主な財源である厚生年金の保険料は，働いている世代の賃金に課されるので，長く続く少子化の結果として現役世代が減少することから，保険料を負担する人口が減少します。次に年金の支出面を考えると，障害年金は20歳から受給する可能性があり，遺族年金は子どもが受給する場合もありますが，老齢年金は高齢者だけが受給します。年金受給者全体をみると，やはり高齢者が中心です。

日本の年金は，現役世代が高齢世代を支えるかたちになっているので，「世代間扶養」や「世代と世代の助け合い」とも呼ばれます。このため，少子高齢化が進むことは年金財政に大きなマイナスの影響を及ぼします。

（1）将来の人口はどのようになるのだろうか

2017年に公表された国立社会保障・人口問題研究所の将来人口推計（出生中位仮定，死亡中位仮定）によれば，65歳以上人口が総人口に占める比率である高齢化率は26.6％から38.4％に上昇します。これに対して14歳以下の年少人口が総人口に占める比率は低下を続け，2065年には約1割にまで低下します。言い換えれば，日本人10人のうち子どもは1人，4人は高齢者という超少子高齢社会の到来が予測されています。そして2015年には1億2,709万人だった日本の総人口は，2065年には8,808万人にまで減少すると予測されています。2015年からの50年間で総人口は約3割減少することになります。将来人口推計では毎回，出生動向を高めに仮定した推計と低めに仮定した推計も行われています。それらも含めた2017年の将来人口推計の概要は，表1-2の通りです。

表1-2 日本の将来人口推計（2017年推計）「結果および仮定の要約」

推計結果の要約（死亡中位推計）

出生率仮定 ［長期の合計特殊 出生率］		中位仮定 ［1.44］	高位仮定 ［1.65］	低位仮定 ［1.25］	平成24年推計 中位仮定 ［1.35］
死亡率仮定 ［長期の平均寿命］		死亡中位仮定 ［男＝84.95年］　　　［女＝91.35年］			男＝84.19年 女＝90.93年
総人口	平成27（2015）年	12,709万人 ↓	12,709万人 ↓	12,709万人 ↓	12,660万人 ↓
	平成52（2040）年	11,092万人 ↓	11,374万人 ↓	10,833万人 ↓	10,728万人 ↓
	平成72（2060）年	9,284万人	9,877万人	8,763万人	8,674万人
	平成77（2065）年	8,808万人	9,490万人	8,213万人	（8,135万人）
年少（0〜14歳）人口	平成27（2015）年	1,595万人 12.5% ↓	1,595万人 12.5% ↓	1,595万人 12.5% ↓	1,583万人 12.5% ↓
	平成52（2040）年	1,194万人 10.8% ↓	1,372万人 12.1% ↓	1,027万人 9.5% ↓	1,073万人 10.0% ↓
	平成72（2060）年	951万人 10.2%	1,195万人 12.1%	750万人 8.6%	791万人 9.1%
	平成77（2065）年	898万人 10.2%	1,159万人 12.2%	684万人 8.3%	（735万人 9.0%）
生産年齢（15〜64歳）人口	平成27（2015）年	7,728万人 60.8% ↓	7,728万人 60.8% ↓	7,728万人 60.8% ↓	7,682万人 60.7% ↓
	平成52（2040）年	5,978万人 53.9% ↓	6,081万人 53.5% ↓	5,885万人 54.3% ↓	5,787万人 53.9% ↓
	平成72（2060）年	4,793万人 51.6%	5,142万人 52.1%	4,472万人 51.0%	4,418万人 50.9%
	平成77（2065）年	4,529万人 51.4%	4,950万人 52.2%	4,147万人 50.5%	（4,113万人 50.6%）
老年（65歳以上）人口	平成27（2015）年	3,387万人 26.6% ↓	3,387万人 26.6% ↓	3,387万人 26.6% ↓	3,395万人 26.8% ↓
	平成52（2040）年	3,921万人 35.3% ↓	3,921万人 34.5% ↓	3,921万人 36.2% ↓	3,868万人 36.1% ↓
	平成72（2060）年	3,540万人 38.1%	3,540万人 35.8%	3,540万人 40.4%	3,464万人 39.9%
	平成77（2065）年	3,381万人 38.4%	3,381万人 35.6%	3,381万人 41.2%	（3,287万人 40.4%）

注：平成24年推計の平成77（2065）年の数値（括弧内）は長期参考推計結果による。
出所：国立社会保障・人口問題研究所「日本の将来人口推計」（平成29年推計）。

（2）社会保険料を負担する現役世代は大幅に減少する

　将来人口推計では，これまでは高齢化の数値が注目されてきました。社会保障の視点からみても，高齢人口が増えて老齢年金の給付や高齢者医療費が増大することは大きな影響があります。しかし，現役世代の人口の動きにも注目すべきだと思います。生産年齢人口（15～64歳）は戦後一貫して増えていましたが，最近になり，1995年の8,726万人をピークに減少に転じました。2017年の将来推計人口によれば，2015年にはすでに7,728万人とピーク時より約1,000万人減少しています。今後はさらに急速に減少し，2040年には6,000万人を割り込んで5,978万人となり，2060年には5,000万人を下回り，2065年には4,529万人にまで減少することが見込まれています。言い換えれば，1995年には約9,000万人いた生産年齢人口は，2065年には約4,500万人と半分にまで減少することが予測されています。

　生産年齢人口がここまで急速かつ大幅に減少すると，働く人の賃金に課されている社会保険料収入が大きく減少し，税収も落ち込むと思われます。将来推計人口はあくまでも未来の予測なので，少子化に歯止めをかけて出生動向を回復させることが望まれます。少子化対策が重要な政策課題なのは，このような将来の人口の見通しが背景にあります。ただし合計特殊出生率が1.65まで上昇すると仮定する出生高位推計でも，2065年には高齢化率は35％を超え，生産年齢人口は5,000万人を割り込む見通しです。このため，年金制度をはじめとした社会保障制度に大きな影響が生じます。

　働く人が大きく減少することを防ぐためには，長期的には少子化対策を充実して出生動向を回復させることが必要です。もちろん子どもを持つかどうかは個人の選択であり，子どもを産まない選択も尊重されるべきです。ただし，統計データからは理想の子ども数よりも予定子ども数の方が少ない夫婦が多いことから，育児支援を充実することによって，出生動向は現在よりは回復すると考えられています。

　また，短期的には女性の就労率を上げることが対策として考えられます。

（3）保険料の上限は固定されている

　以前は5年ごとに年金財政の状況を確認して，財政が苦しいとなると制度改

革が行われていました。過去数十年にわたり，少子化は予想よりも悪化しましたので，給付水準の引き下げや支給開始年齢の引き上げなど年金の支出を抑制する改革が行われるとともに，年金の収入を増やすために保険料の引き上げが繰り返されてきました。しかし，賃金に課される保険料率が引き上げられると，人を雇うコストが増加するので，雇用への悪影響が心配されます。さらには企業の経営にも悪影響が及びます。このため，これ以上は保険料を引き上げないという上限を決めた方が良いということになり，2004年の改正で，保険料は固定されることになりました。ここまでに見てきたように，厚生年金の保険料率は18.3％で固定され，これ以上引き上げないことになっています。

（4）マクロ経済スライドとはどのような仕組みだろうか

　保険料の引き上げを止めると，少子高齢化が進む中で，どうやって年金財政の健全性を保てるのでしょう。マクロ経済スライドは，そのために導入されました。マクロ経済スライドは，年金財政の収支が均衡すると見込まれるまで，年金の実質価値を維持するための物価スライドと賃金スライドによる年金額の上昇を抑制する仕組みです。

　　　・新規裁定者（年金を初めて受け取る人）の年金改定率

　　　　　（賃金スライド率）―（スライド調整率）

　　　・既裁定者（年金を既に受け取っている人）の年金改定率

　　　　　（物価スライド率）―（スライド調整率）

　一方，マクロ経済スライドを導入すると，所得代替率（標準的な年金受給世帯の年金額の現役世代〔男性〕の平均的な手取り収入に対する割合）が下がることが心配だという声がありました。このため，マクロ経済スライドの導入に合わせて，所得代替率の下限を50％にすることになりました。

　年金財政は，保険料の固定とマクロ経済スライドによって，従来の年金制度改正のような保険料の引き上げや給付水準の引き下げは行わないで済むとされています。しかし，予想した以上に少子化が進んだり，賃金が伸びないなどの理由によって，財政検証をした結果，所得代替率が50％を割り込むことが予想された場合，マクロ経済スライドを停止し，給付と負担のあり方について再検討することになっています。

注

(1)　報酬比例部分の具体的な計算式は，次の通りです。

$$\left[\begin{array}{l} 平均標準 \\ 報酬月額 \end{array} \times \left(\underset{\text{生年月日に応じた率}}{\frac{9.5}{1000} \sim \frac{7.125}{1000}} \right) \times \begin{array}{l} 2003年3月までの \\ 被保険者期間の月数 \end{array} + \right.$$

$$\left. \begin{array}{l} 平均標準 \\ 報酬額 \end{array} \times \left(\underset{\text{生年月日に応じた率}}{\frac{7.31}{1000} \sim \frac{5.481}{1000}} \right) \times \begin{array}{l} 2003年4月以後の \\ 被保険者期間の月数 \end{array} \right]$$

(2)　厚生年金保険・国民年金事業年報（厚生労働省）(https://www.mhlw.go.jp/topics/bukyoku/nenkin/nenkin/toukei/nenpou/2008/, 2022年8月20日アクセス)。

(3)　同前。

(4)　日本年金機構ホームページ (https://www.nenkin.go.jp/service/jukyu/shougainenkin/ninteikijun/20140604.html, 2022年8月20日アクセス)。

(5)　ただし2026年4月1日前の場合は死亡日に65歳未満であれば，死亡日の前日において，死亡日の属する月の前々月までの1年間の保険料を納付しなければならない期間のうちに，保険料の滞納がなければ受けられます。

(6)　ただし2026年4月1日前の場合は死亡日に65歳未満であれば，死亡日の前日において，死亡日の属する月の前々月までの1年間の保険料を納付しなければならない期間のうちに，保険料の滞納がなければ受けられます。

(7)　中高齢の寡婦には，さらに加算があります。

(8)　今後，毎年度の国民年金の保険料は，1万7,000円×（保険料改定率）になります。保険料改定率は，（前年度の保険料改定率）×（名目賃金変動率）です。

(9)　全額免除は，前年所得が（扶養親族等の数＋1）×35万円＋22万円以下であることが承認される基準です。4分の3免除は前年所得が78万円＋扶養親族等控除額＋社会保険料控除額等以下であること，半額免除は前年所得が118万円＋扶養親族等控除額＋社会保険料控除額等以下であること，4分の1免除は前年所得が158万円＋扶養親族等控除額＋社会保険料控除額等以下であることが，それぞれ承認される基準です。

参考文献

石田成則 (2021)『人生100年時代の生活保障論』税務経理協会。

植村尚史 (2008)『若者が求める年金改革――「希望の年金」への途を拓く』中央法規出版。

高山憲之 (2010)『年金と子ども手当』岩波書店。

西村淳編著 (2015)『雇用の変容と公的年金――法学と経済学のコラボレーション研究』東洋経済新報社。

藤本健太郎 (2005)『日本の年金』日本経済新聞社。

より詳しく知るために

・年金制度の動向をより詳しく知るには
　厚生労働統計協会『保険と年金の動向　各年版』。

・年金のデータをより詳しく知るには
　厚生労働省「厚生年金保険・国民年金事業年報」（https://www.mhlw.go.jp/topics/
　　　bukyoku/nenkin/nenkin/toukei/nenpou/2008/，2022年12月26日アクセス）。

・企業年金をより詳しく知るには
　企業年金連合会「企業年金に関する基礎資料」。

病気やケガの保障——大ケガをして働けなくなった！

蓮くん：先生，こんにちは。

ふくろう先生：おや蓮くん，久しぶりだね。何か相談事かな。

蓮くん：同級生が交通事故に遭ったんです。命は助かったけど，リハビリしても身体の左側に重い後遺症が残るみたいで。

ふくろう先生：それは，ご本人もおうちの方も不安でしょう。

蓮くん：はい。左利きだから，字を書いたり何か食べたりするのも大変そうでした。ひとり親家庭だから，いい会社に就職して早く親を安心させたいって，ずっと言ってたんですけど，勉強も就活ももうダメだって，すごくふさぎ込んでました。

ふくろう先生：親御さんにお金で迷惑をかけたくないという思いが強いんですね。

蓮くん：お父さんは「何も心配するな」って励ましてましたけど，お父さんも歳だし，ずっと面倒みられるわけじゃないから，心配は心配だと思います。手術代や入院代もかかるだろうし。

ふくろう先生：そのお友達は，蓮くんの同級生だから，20歳は超えていますね。その事故は，遊びに行くときに起きたものですか。

蓮くん：いいえ，あいつはほとんど毎日バイトしてて，学期中は家と学校とバイト先の移動しかしてないです。夕方から既読がつかなくなったから，バイトに行く途中か，バイト先から家に帰る途中だったんじゃないかな。

ふくろう先生：もしアルバイトが終わって家に帰る途中で事故に遭ったのなら，通勤災害にあたり，労災保険の対象になる可能性があります。それなら治療費を心配しなくていいですから，お友達に教えてあげてください。

蓮くん：労災って，バイトでも大丈夫なんですか？

ふくろう先生：大丈夫です。雇われて働く人はみんな，労災の対象になります。仕事中のケガや病気だけでなく，通勤中のケガなども，一定の条件を満たせば給付の対象になります。

蓮くん：先生，さっき「バイト先から家に帰る途中」って言いましたよね。学校からバイト先に向かう途中はダメなんですか。

ふくろう先生：通勤災害というのは，自宅と勤務先の間を往復している時に起きた事故のことを指します。学校は自宅ではありませんから，残念ながら学校から直接アルバイト先に向かう途中での事故は，通勤災害ではないのです。あと，帰宅途中でも，寄り道した後の事故だと適用されない可能性があ

ります。

蓮くん：寄り道しちゃダメなんですか？　厳しいですね。僕のバイト先のパートさんた
　　　　ちも，よく「帰りにアレ買って帰らなきゃ」とか言ってますよ。

ふくろう先生：もちろん，市民としての日常生活に不可欠な寄り道は大丈夫です。たと
　　　　えば，スーパーで買い物するとか，病院に行く，選挙の投票に行く，子
　　　　どもを保育園に送迎する，近居の家族宅で介護する，といったものです
　　　　ね。これらの用事を済ませて，通勤経路に戻った後の事故なら，通勤災
　　　　害になります。逆に，映画を見に行くとか同僚と居酒屋に立ち寄るなど
　　　　の，日常生活に必要不可欠でない用事だと，寄り道を始めた時点から後
　　　　は通勤として扱われなくなります。

蓮くん：へー，そうなんですね。もし通勤災害でなかったら，治療費はどうなるんですか。

ふくろう先生：普段病院に行く時と同じで，健康保険の対象になりますから，自己負担
　　　　があります。その場合でも高額療養費制度という仕組みがあって，収入
　　　　に応じて自己負担額に上限が設けられています。自己負担額の上限を超
　　　　えた金額は医療保険から払い戻されます。

蓮くん：そうなんですか。医療保険は3割負担だと聞いてましたから，もし100万円か
　　　　かったら30万円は自己負担かと思ってました。あ，でもやっぱり自分で30万円
　　　　払ってから，払い戻しですか？

ふくろう先生：入院なら，入院時に手続きをすれば，自己負担額の上限を超えた部分を，
　　　　患者ではなく病院が受け取る形にして，退院時の支払い額を抑えること
　　　　ができるようになっています。ただし通院の場合，やはり申請が必要で
　　　　す。もし多額の治療が通院でかかったら，忘れずに保険者に申請するこ
　　　　とが大切です。

蓮くん：友達は後遺症で働けないことを心配してます。親にいつまでも頼れないし，い
　　　　ずれは生活保護を受けることになるんでしょうか。

ふくろう先生：働けない人への所得保障の仕組みは，生活保護だけではありません。生
　　　　活保護は，自分で収入を得られず，他の所得保障の適用もない時の最後
　　　　のセーフティネットですから，まずは生活保護以外の所得保障について
　　　　考えましょう。

蓮くん：はい。

ふくろう先生：お友達のケガが通勤災害にあたる場合は，後遺症で働けないなら労災保
　　　　険から障害給付が年金の形で支給されます。通勤災害でない場合も，医
　　　　師の診断を受けて障害認定を受けられれば，国民年金から障害基礎年金
　　　　が受給できます。

蓮くん：障害年金は，会社員として働いていなくても出るんですか。

ふくろう先生：ええ，国民年金は20歳以上のすべての国民が対象ですから，働いたこと
　　　　　　　がなくても大丈夫です。たとえば生まれつき障害がある人の場合，20歳
　　　　　　　になれば受給できます。ただし，年金保険料の未納期間が長いと受給で
　　　　　　　きません。

蓮くん：そうなんですか。

ふくろう先生：ええ，未納期間が長いと老齢年金や障害年金ももらえなくなってしまい
　　　　　　　ますし，本人が亡くなった後の遺族年金も受給できなくなります。

蓮くん：でも，国民年金の保険料って安くないですよね。僕は自分のバイト代から払っ
　　　　てますけど，試験中とかはシフトをあまり入れられないから，次の月は結構つ
　　　　らいです。生活が苦しくて払えない人もいるんじゃないかな。

ふくろう先生：収入が少なかったり無収入の人には，保険料の減額や免除の措置があり
　　　　　　　ますし，学生なら，在学中は支払いを猶予して卒業後に追納できる納付
　　　　　　　特例という制度もあります。どちらも手続きが必要です。きちんと手続
　　　　　　　きすれば，年金がもらえなくなることはありませんから，住んでいる自
　　　　　　　治体の窓口に相談するといいですね。

蓮くん：バイトをしている学生でも，思っていたより，いろいろな制度で守られている
　　　　ことが分かりました。でも，やはりまだ若いのに，これからずっと働けないの
　　　　はつらいんじゃないかと心配です。

ふくろう先生：お友達は，左半身に麻痺が残るかもしれないんでしたね。でも，それだ
　　　　　　　けで働けないと決めつけるのは，どうでしょうね。

蓮くん：そうなんですか？

ふくろう先生：蓮くんのお友達は，右半身は動かせるのですから，作業環境や移動手段
　　　　　　　を工夫すれば，いろいろな仕事に就けると思いますよ。従業員募集の際
　　　　　　　も，障害があるというだけで門前払いにすることは禁止されています。
　　　　　　　障害のある人を積極的に採用する企業も増えてきましたから，あきらめ
　　　　　　　る前に，学校の就職支援課やハローワークなどに聞いてみてはどうで
　　　　　　　しょう。

蓮くん：障害があるから働けないと思い込むのは間違いなんですね。今度また見舞いに
　　　　行くので，その時に友達にも話してきます。

　注　労災保険については第5章，医療保険の高額療養費制度については第2章，障害
　　年金や年金保険料の未納については第1章，生活保護については第4章で説明して
　　います。

医療保険の仕組み
—— 病気になって働けなくなったとき

　健康に暮らしていくことは，多くの人々の切実な願いです。重い病や大ケガに見舞われれば，生命維持が脅かされ，生活のための収入を得るのが難しくなります。

　医学や生命科学の進歩により多くの治療法が発見され，平均寿命は伸び続けてきました。[(1)]病気にかかったりケガをしても，適切な医療サービスを受け，ある程度ダメージを抑えられるようになりました。

　とはいえ，医療サービスは高価です。医師が中心的な役割を担いますが，専門的な知識の習得に多くの時間と資金が必要です。[(2)]医師以外にも薬剤師や看護師など多くの専門職が関わるのが医療サービスです。最新の科学的知見や画期的な技術に基づき開発された新薬や医療機器も次々と登場しますが，コストも増大します。

　具体的な症例で考えましょう。くも膜下出血となり脳動脈瘤流入血管クリッピングという開頭手術を行うと，現在の公的医療保険では82万7,300円が算定されますが，[(3)]別に入院に要する費用や検査，投薬に要する費用，リハビリテーションに要する費用も発生します。これらの費用全額を患者で支払う必要があるなら，日々の生活水準の維持も難しくなりかねません。

　医療へのニーズは，嗜好品を欲するのと違い，生命や健康の維持のための根源的なものなので，現代国家では，必要な人が確実に医療サービスを受けられるよう制度化されています。国により制度は様々ですが，[(4)]日本では，全国民を公的医療保険で保障する国民皆保険が実現しています。[(5)]

　本章では，医療にかかる費用面の保障を担う公的医療保険の具体的な仕組みを解説します。また，適切な医療サービスを受けるには，医療提供体制の整備も重要なので説明します。

1　どの医療保険に加入するのだろうか

　序章で述べたように，日本では，国民はすべていずれかの公的医療保険に加入します（図2-1）。公的医療保険はいくつかの制度を組み合わせた保障ですが，どのような場合にどの保険制度の加入者となるのでしょうか。

（1）後期高齢者医療制度

　最初のポイントは，年齢です。75歳以上の人はすべて，後で説明する後期高齢者医療制度の対象です。都道府県ごとに域内の全市町村が加入する広域連合が運営主体です。

（2）職域の医療保険

　74歳以下の人は，企業や団体で働いていれば職域の医療保険に加入します。大企業を中心に1,400弱の健康保険組合が設立されており，そうした企業で働く人（被用者）は健康保険組合の被保険者です。

　一方，中小企業は，従業員数も多くないので健康保険組合の設立は簡単ではありません。こうした企業で働く人（被用者）は，全国健康保険協会（協会けんぽ）の被保険者となります。協会けんぽは，被保険者数が約2,500万人という全国最大の医療保険者です。また，公務員は，国家公務員共済組合や地方公務員共済組合といった共済組合の被保険者となります。

　健康保険組合，協会けんぽ，共済組合という職域の医療保険が保障するのは，被用者本人の医療費だけではありません。被用者に扶養される家族も，医療サービスについては被用者とほぼ同じ内容の保険給付が受けられます。

（3）地域の医療保険

　それでは，74歳以下で自営業を営む人や，失業中で職域の医療保険の被保険者に扶養されていない人は，どのような医療保険の対象となるのでしょうか。これらの人々は，市町村，都道府県が保険者である国民健康保険の加入者となります。つまり職域に基盤を置く医療保険ではなく，地域ごとに組織される医

図2-1　医療保険制度の体系

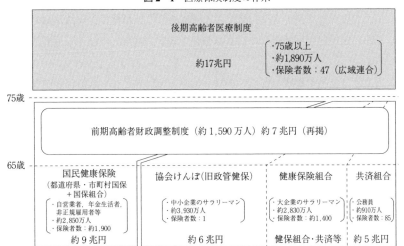

出所：厚生労働省ホームページ（https://www.mhlw.go.jp/stf/seisakunitsuite/bunya/kenkou_iryou/
iryouhoken/iryouhoken01/index.html，2022年12月23日アクセス）。

療保険に加入します。

（4）制度分立の経緯

　働き方などで加入する医療保険が違うのは，よく分からないかもしれません。保険制度は，同じようなリスクを抱える人々で構成される集団内でリスク分散を図る仕組みです。同じようなリスクがあるので，日頃から保険料を出し合って保険事故が起きたときにともに備えようとの考え方が根底にあります。

　最初に全国的な医療保険制度として創設されたのは，工場や鉱山などで働く従業員が対象の健康保険法です。鉱工業労働者の労働条件は劣悪だったので，健康状態の悪化防止は早急に取り組むべき課題でした。労働争議の頻発もあって，1922年に労使協調を目指す健康保険法が制定されました[11]。続いて販売や金融などの職員が対象の職員健康保険法が1939年に制定され，さらに1942年には健康保険法が改正され，事務職員も一括して健康保険制度の被保険者となりました[12]。

　これら職域の医療保険の適用拡大に先立ち，国民健康保険法が1938年に制定されました。東北地方などで大凶作が発生して農村の欠乏が深刻となる一方，

医療機関は都市部に集中していたので，農民の健康状態は悪化しました。こうした状況で農林漁業従事者や自営業者を対象とした国民健康保険法が制定されましたが，国民健康保険組合の設立は強制されず，組合への加入も原則的に任意でした。

　このように企業や政府など同じ職場で働く人を対象とした医療保険制度が先行して整備されましたが，戦後しばらくの間は，農林水産業など第一次産業で働く人が人口の多くを占めました。このため，企業や政府で働く人だけでなく，農林漁業従事者や自営業者も含めあまねく医療を保障することが重要な課題でした。1948年の法改正で，地域を基盤とする保険である国民健康保険は，国民健康保険組合による運営から市町村の公営になりましたが，1958年の法改正で全市町村に国民健康保険事業の実施が義務づけられるとともに，職域の医療保険に未加入の人はすべて市町村の国民健康保険に加入することとなりました。こうして国民皆保険が1961年に達成されたのです。

　保険制度への加入は，保険給付を受けられる被保険者の資格を認めるかだけでなく，給付に要する費用をどうやってまかなうかを一体的に考える必要があります。いくつかに分かれた制度は，全国民が同じような負担で同じような給付を受けられるよう調整を重ねた結果でもあります。

2　医療保険ではどのような給付を受けられるのだろうか

　被保険者と職域の医療保険の被扶養者は，疾病と負傷に関して保険者が指定した医療機関で医療サービスを受けられます（図2-2）。ただし，労働者の業務上の疾病や負傷は，第5章で説明するように労働者災害補償保険から給付されます。

（1）指定保険医療機関とフリーアクセス

　専ら美容整形外科を担う医療機関を除き，現在開業している病院や診療所のほとんどは，保険者から保険医療機関の指定を受けています。

　紹介状の有無で初診時の費用負担が違う場合もありますが，患者は原則として全国のどの保険医療機関にも直接受診可能です。このようにかかりつけ医な

図2-2　保険診療の流れ

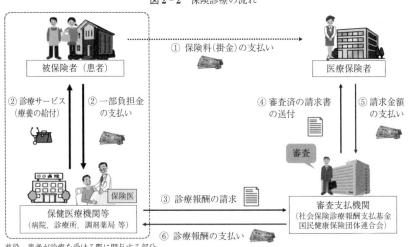

普段，患者が診療を受ける際に関与する部分

出所：厚生労働省ホームページ（https://www.mhlw.go.jp/stf/seisakunitsuite/bunya/kenkou_iryou/iryouhoken/iryouhoken01/index.html，2022年12月23日アクセス）。

どの診察を受けないで，専門的な治療を行う医療機関にもかかれるのがフリーアクセスです。フリーアクセスの下では，患者は専門的な医療機関への受診をしやすくなりますが，専門的な医療機関への患者の集中も招きがちとなり，医療資源の効率的な利用が妨げられるとの弊害も指摘されます。

（2）医療サービスの内容と費用の算定方法

　保険給付の対象となる医療サービスには，①診察，②薬剤や治療材料の支給，③処置・手術その他の治療，④居宅での療養上の管理と療養に伴う世話その他の看護，⑤病院・診療所への入院と療養に伴う世話その他の看護があります。国民皆保険の達成直後は，公的医療保険では利用が認められない治療法もありましたが，保険給付の対象は順次拡大され，現在では有効性の確認された治療法はほとんどが給付対象です。

　医療保険で給付対象となる医療サービスは，診療報酬点数表で個々の診療項目の保険点数が定められます。この点数表は，職域の医療保険でも，国民健康保険でも，後期高齢者医療制度でも同一内容で，これにより保険診療の内容も制度間で一元化されます。この点数表が医療保険の給付範囲を確定する役割を

担ってきました。

　医療機関から保険者への診療報酬の請求は，提供された個別の診療行為の総点数を積み上げ，1点単価を10円で換算した金額で算定する出来高払い方式で行われてきましたが，こうした支払い方式は診療行為をすればするほど医療機関の収入が増加するため，過剰検査や過剰投薬を招きがちであるといわれてきました。

　現在では，急性期の病院を中心にDPC（Diagnosis Procedure Combination；診断群分類別包括評価）という包括払い方式が導入され，全国の過半数の病床で適用されています。この支払い方式では，手術料や麻酔料などの出来高で評価される部分と，入院基本料や検査など包括評価される部分を組み合わせており，包括評価部分は診断群分類ごとに定められた1日当たりの点数を基に算定されます。

（3）一部負担金の支払い

　医療保険を利用して医療機関を受診した場合，窓口で一部負担金を支払います。原則として3割負担ですが，義務教育就学前の児童と70歳以上74歳以下の前期高齢者は2割負担，75歳以上の後期高齢者は1割負担であり[14]，前期高齢者と後期高齢者で現役並みの所得がある人は3割負担です。

　多くの自治体は，児童の医療機関受診の一部負担について負担を軽くするため医療費助成の制度を設けています。

（4）高額療養費・高額介護合算療養費

　病気やケガの状況次第で，高度な手術や高額な薬剤の使用，長期の入院が必要な場合もあります。本章の冒頭で紹介した脳動脈瘤流入血管クリッピング手術のための入院では100万円近くの医療費が発生するので，患者が3割負担であれば30万円近くの出費です。このように3割負担でも一部負担金の支払いは家計に大変厳しくなることがあります。

　家計に過度の負担とならないよう，一部負担金が一定額を超える場合，超えた部分のほとんどは保険者から高額療養費が支給されます。現在では入院・外来を問わず，医療機関が高額療養費を被保険者に代わって受け取る代理受領が

図2-3　高額療養費制度

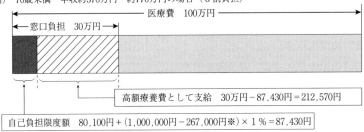

（例）　70歳未満・年収約370万円～約770万円の場合（3割負担）

医療費　100万円

窓口負担　30万円

高額療養費として支給　30万円－87,430円＝212,570円

自己負担限度額　80,100円＋（1,000,000円－267,000円※）×1％＝87,430円

※80,100÷0.3＝267,000

出所：図2-2と同じ。

認められ，患者は医療機関の支払い窓口で自己負担限度額まで支払えばそれで済みます（図2-3）。

　また，介護保険サービスの受給者もいる医療保険制度の被保険者の世帯では，医療保険と介護保険の自己負担額を合わせて自己負担限度額を超える場合，その部分は高額介護合算療養費が支給されます。

（5）出産育児一時金・家族出産育児一時金

　正常分娩は，疾病や負傷ではないので医療保険の対象となりませんが，経済的負担を軽減するため50万円の出産育児一時金が支給されます。[15]

（6）訪問看護療養費・家族訪問看護療養費

　自宅で継続して療養を受ける被保険者や職域の医療保険の被扶養者が指定訪問看護を受けた場合，訪問看護療養費（または家族訪問看護療養費）が支給されます。費用の3割相当分だけを自己負担することで，訪問看護サービスを受けられます。

（7）傷病手当金

　職域の医療保険では，被保険者が業務外の事情による疾病や負傷で休業して賃金を受けられない場合，傷病手当金が支給されます。疾病や負傷で就労不能となるとノーワーク・ノーペイの原則で賃金が支払われないので，傷病手当金はその間の所得を保障します。最長で1年6カ月，以前の報酬の2/3相当額が

保険者から支払われ，傷病手当金の支給期間を過ぎても就労不能が続く場合，各種の障害年金に移行していきます。

（8）出産手当金

　職域の医療保険では，被保険者が出産に伴う休業期間中に賃金を受けられない場合にも出産手当金が支払われます。

3　保険料はいくらかかるのだろうか

　民間の保険では，保険料は保険事故が生じるリスクに応じた設定が原則です。つまり医療保険であれば，病気にかかりやすい人や事故に遭いやすい人ほど保険料が高くなります。このため，高齢者や基礎疾患のある人の保険料は負担能力を超えるほど高くなり，医療保険に加入できない人も出てくるおそれがあります。

　一方，公的医療保険は社会保険の一つなので，全加入者への医療費の保障を優先させ，保険料も負担能力に応じた設定です。結果的に医療保険制度により負担能力の高い人から低い人への所得移転が生じます。国民の共同連帯の理念などに基づくものです。

（1）職域の医療保険の保険料

　職域の医療保険では，保険料は，標準報酬月額と標準賞与に保険料率をかけた額となります。標準報酬月額は，被保険者の報酬を一定幅で区分した平均的な報酬額で，1級（5万8,000円）から50級（139万円）まで設定されています。標準賞与は，賞与から1,000円未満を切り捨てた額です。

　大企業が中心の健康保険組合と比べて，中小企業の従業員が多く加入する協会けんぽの標準報酬月額や標準賞与は低いです。こうした財政力の差を考慮し，協会けんぽには給付費の16.4％相当額の国庫補助が行われ，保険料率に大きな違いが生じないようにしています。

　協会けんぽの保険料率は，医療費の状況も考慮して都道府県ごとに決められますが，全国平均では10％です。健康保険組合の保険料率の多くは協会けんぽ

の保険料率以下です。これを労働者と使用者が折半で負担するので，毎月の給与の5％近くが保険料として天引きされます。[16]

（2）地域の医療保険の保険料

　職域の医療保険と違って，国民健康保険では事業主に相当するものがありません。このため，給付にかかる費用を被保険者の保険料だけでまかなおうとすると，その分負担も重くなります。そこで被保険者の負担能力に応じた保険料[17]となるよう，国民健康保険では給付費の50％相当額の国庫補助があります。

　国民健康保険では，世帯ごとに応益割（世帯ごとの被保険者数等に応じた定額負担）と応能割（負担能力に応じた負担）を組み合わせて保険料を算定します。

　応益割には，被保険者均等割（加入者1人当たりで算定）や世帯別平等割（1世帯当たりで算定），応益割には所得割（世帯の所得に応じて算定）や資産割（世帯の資産に応じて算定）があり，具体的な組み合わせや割合は，市町村が条例で定めます。このうち応益割は低所得者に大きな負担なので最大7割までの減額が認められ，保険料減額にかかる費用は国と都道府県で負担します。

（3）保険料の一時的な減免

　国民健康組合や健康保険組合は，災害などの事情で一時的に保険料の負担能力が失われた人の保険料を減免できます。

4　高齢者の医療制度はどのような仕組みだろうか

　高齢者は，現役世代と比べて病気にかかったり，ケガを起こしやすく，生活習慣病など長期にわたる治療が必要な病気の人も多いです。また，職業生活をリタイアして所得の低い人も少なくありません。医療へのニーズが高いにもかかわらず，医療費の負担能力も限られる高齢者にどうやって医療サービスを保障するかは難しい課題です。

　本章の冒頭でもみたように，平均寿命は伸び続けています。日本の人口は全体では減少局面ですが，高齢者の人口は今後20年近く伸び続けることが予想されています。[18]戦後しばらくは平均寿命も短かったので高齢者の人数は現在より

少なく，生活にゆとりがなくとも人々は支え合って暮らしてきました。ところが現在では，老年人口は年少人口を大幅に上回り，高齢者の医療費は国家財政の運営にも大きな影響を与えています。

　ここでは75歳以上の高齢者を対象とした後期高齢者医療制度ができるまでの経緯から説明します。

（1）老人保健制度の創設

　1963年に老人福祉法が制定され，65歳以上の人への老人健康診査制度が設けられたことで日本の老人保健医療対策が始まります。1970年代に入り老人医療費無料化が東京都をはじめ全国に広がり，1973年には国の制度として老人医療費支給制度が始まりました。

　老人医療費の無料化は多くの国民に支持され広がりましたが，同制度は，①行き過ぎた受診も見られる，②高齢者加入率は地域の医療保険の方が高いので，国民健康保険の財政が厳しくなる，③高齢期以前からの生活習慣病の予防や早期発見が不足しているとの問題点も指摘されました。

　そうした指摘も踏まえ，1983年から老人保健制度が始まりました。この制度では，①負担の公平，健康への自覚や適正な受診を促すとの観点から高齢者にも一部負担を求め，②老人医療費を国，自治体，医療保険者が共同で拠出することで全国民が公平に負担し，③疾病対策や健康づくりを含む総合的な老人保健医療対策を推進することとしました。[19]

　1986年には，寝たきりの高齢者等に医療サービスと生活サービスを合わせて提供する老人保健施設が位置づけられ，1991年には老人訪問看護制度も創設されるなどの改正もありました。

（2）老人保健制度の問題点と改革案の検討

　高齢化が進むとともに老人医療費が増大し，医療保険者からの老人保健拠出金も増大し続けたので，次のような問題点が指摘されました。

　　①　医療保険者からの拠出金は現役世代の保険料と高齢者の保険料が区分
　　　　されず，両世代の費用負担関係が不明確。

　　②　高齢者への医療の給付は市町村が行い，費用の一部が医療保険者の負

担として請求されるが，職域の医療保険などと比べて財政運営の責任が不明確。

　10年近くにわたり改革への議論が行われ，高齢者を65歳以上74歳以下の前期高齢者と75歳以上の後期高齢者に区分し，前期高齢者では医療費の財政調整の制度を新たに設けるとともに，後期高齢者では後期高齢者医療制度を創設することになり，2008年から実施されました。

（3）前期高齢者の財政調整制度

　職域の医療保険と国民健康保険の負担の公平と医療保険制度の安定を確保する観点から設けられた制度です。現役世代では多くの人が職域の医療保険に加入しますが，これらの人は定年退職を迎えると国民健康保険に移行します。年齢が上がるにつれて医療サービスの利用も増加するので，国民健康保険の負担は非常に重くなります。

　このため，医療保険者間で財政的な負担を平準化し，前期高齢者の医療費を国民全体で支えるとの考え方に立ち，職域の医療保険と国民健康保険の加入者数に応じて負担することとしました[21]。

（4）後期高齢者医療制度

　都道府県単位で全市町村が加入する広域連合[22]が運営主体となり，保険料は都道府県単位で決定されます。財源構成は，患者の一部負担金を除き，公費が5割，現役世代の支援金が4割，後期高齢者からの保険料が1割です。医療保険者間では加入者の収入（報酬）に応じて分担する総報酬割で負担します（図2－4）。

　高齢化の進展に伴い，高齢者の医療費への負担は増大し，2019年度の健康保険組合の決算では，支出合計（8.1兆円）の24％が後期高齢者支援金，18％が前期高齢者納付金に充てられています。協会けんぽでも，2019年度の支出合計（11.4兆円）のうち19％が後期高齢者支援金，13％が前期高齢者納付金に充てられています。

図2-4 後期高齢者医療制度

【全市町村が加入する広域連合】

患者 負担	公費（約5割）8.0兆円 （国：都道府県：市町村＝5.4兆円：1.3兆円：1.3兆円＝4：1：1）

高齢者の保険料　1.5兆円 約1割［軽減措置等で実質約9％程度］	後期高齢者支援金（若年者の保険料）6.9兆円 約4割

※上記のほか，保険料軽減措置や高額医療費の支援等の公費　0.5兆円

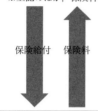

交付
社会保険診療報酬支払基金
納付
医療保険者（健保組合，国保など）

〈支援金内訳〉
協会けんぽ	2.5兆円
健保組合	2.3兆円
共済組合	0.8兆円
都道府県等	1.4兆円

保険給付　保険料

保険料

後期高齢者医療の被保険者 （75歳以上の者）	各医療保険（健保組合，国保など）の被保険者 （0～74歳）

出所：図2-2と同じ。

5　公費負担医療にはどのようなものがあるのだろうか

　公費負担医療は，国や自治体が税金などを財源とする公費で医療の提供や費用負担を行う制度です。原爆被爆者への医療など国家補償的性格に基づいて実施されるもの，低所得者や障害者の医療費負担の軽減を目的とするものなど様々な性格のものがあります。

　生活保護法による医療扶助のように専ら公費負担で医療サービスを行うものもありますが，最近では，公的医療保険制度の適用を受けた上で，一部自己負担部分をそれぞれの法律で負担軽減する制度が多くなっています。[23]

6　医療費の推移はどうなっているのだろうか
——保険料や公費の負担を過大なものとしないための対策は

（1）国民医療費の動向

　日本の国民医療費（医療機関などで傷病の治療のために使われた1年間の医療費の総額）は，2000年には30兆円，2013年には40兆円を超え，2020年には43.0兆円[24]

でした。後期高齢者医療費は毎年5,000億円近く増加し続けています[25]。

　国民医療費の対 GDP 比は，2012年頃まで上昇しましたが，その後はほぼ横ばいで推移し，2020年は8.0％でした。

（2）国民医療費の構造

　約43.0兆円に達する国民医療費を医療保険の制度別にみると，75歳以上の後期高齢者医療制度が全体の4割弱（39.0％）を占めます[26]。なお，健康保険の被用者本人の一部負担金は3割ですが，高額療養費や公費負担医療制度の影響から，国民全体でみた患者の自己負担割合は1割強（12.1％）です。

　国民医療費を財源別にみると，保険料が5割弱（49.5％）な一方，公費も4割弱（38.4％）を占めます。保険料の負担能力に差があっても同じような医療保障が受けられるよう財政調整が行われていますが，財政上の制約も受けやすい構造です。

　診療種類別の内訳では，最大の使途は入院医療（38.0％）です。薬局調剤（17.8％）も外来診療（33.6％）の半分近くに達しています（図2-5）。

（3）医療費適正化計画

　高齢者の医療の確保に関する法律は，医療費の適正化の推進についても定めています。医療費適正化を計画的に推進するため，厚生労働大臣が定める医療費適正化基本方針に則して，都道府県は6年ごとに都道府県医療費適正化計画を定めます。基本方針や医療費適正化計画を定めるに当たっては，病床の機能の分化・連携の推進と地域包括ケアシステムの構築に向けた取り組みの重要性に留意します。

　医療費適正化計画の作成等に役立てるよう，厚生労働大臣は，医療に要する費用に関する地域別，年齢別または疾病別の状況などの情報の調査・分析を行い，結果を公表します。また，保険者や後期高齢者医療広域連合は，上記の情報を厚生労働大臣に提供しなければなりません。

　このように，保険者が有する大規模医療データを分析し，加入者の健康状態に即したより効果的・効率的な保健事業（データヘルス）などの医療費適正化対策を講じられるようになりました。これらのデータは，患者本人を識別でき

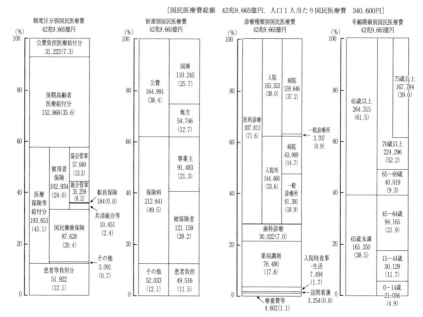

図 2 − 5　国民医療費の構造

[国民医療費総額　42兆9,665億円，人口 1 人当たり国民医療費　340,600円]

注：(1)　括弧なし数値は推計額（単位：億円），括弧内の数値は構成割合（単位：%）である。
　　(2)　制度区分別国民医療費は令和 2 年度内の診療についての支払確定額を積み上げたものである（ただし，患者等負担分は推計値である）。

出所：厚生労働省「令和 2 (2020)年度国民医療費」。

ないように加工して研究機関等に提供することもできます。医療保険レセプトデータベースの情報と介護保険レセプトデータベースの情報の連結解析もできるよう法整備もされました。

（4）特定健康診査・特定保健指導

　糖尿病などの生活習慣病は，高齢期の医療費を押し上げます。生活習慣病は内臓脂肪の蓄積に起因することが多く，肥満，高血糖，高血圧などの状態が重複して，脳血管疾患などの発症の危険性が高まります。このため，健康診査を実施して，発症の危険性が高いと判断された人に適切な保健指導を行い，疾病の予防や重症化を防ぐべきと考えられています。

　高齢者の医療の確保に関する法律は，40歳以上の加入者への特定健康診査と

特定保健指導の実施を公的医療保険の保険者に義務づけています。

7 医療を提供するための仕組みはどうなっているのだろうか

医療を提供するための制度は，医療を提供する施設に対する規制と医療を提供する人に対する規制から始まりました。これらは提供される医療サービスの質を確保しますが，当初は衛生規制の観点が強くありました。

その後，医療を提供する施設の計画的な整備や，医療を提供する人材の確保，医療に関する情報の提供や医療安全の確保などの規定も設けられ，地域の医療提供体制の構築に向け総合的な取り組みが行われています。

（1）病院・診療所と開設手続

医療を提供する施設は，医療法で定められています。病院，診療所，介護老人保健施設，介護医療院，調剤を実施する薬局が医療提供施設とされ，医療を受ける者の居宅等も医療サービスが提供される場所が定められています。このうち中心的な役割を果たすのは，病院と診療所です。

病院は，医師（歯科医師）が公衆または特定多数人のために医業（歯科医業）を行う場所で，20人以上の患者を入院させるための施設のあるものです。これに対し診療所は，医師（歯科医師）が公衆または特定多数人のため医業（歯科医業）を行う場所で，患者を入院させるための施設の無いもの，または19人以下の患者を入院させるための施設のあるものです。

病院の開設には，都道府県知事の許可を受けなければなりません。病院が有すべき人員の基準では，管理者，一定数の医師，歯科医師，薬剤師，看護師などを置かなければならず，診察室，手術室，処置室，エックス線装置，調剤所，給食施設などの施設の基準も定められています。開設には，上記の基準や換気，採光などの設備基準を満たさなければならず，都道府県知事は，病院の開設が営利目的などの場合には，開設の許可を与えないことができます。

一方，医師（歯科医師）が診療所を開設するには，都道府県知事などへの届出で足りました。これを自由開業制といい，日本の医療の特徴の一つでしたが，現在は診療所でも病床を設けるなら，都道府県知事などの許可が必要です。診

57

療所の人員配置や構造基準は病院と比べると規制が緩やかでしたが，現在は10人以上の患者を入院させるための施設のある診療所では，病院とほぼ同様の規制です。

（2）病院の機能分化──病床の種別と病院の類型

　病院は地域の様々な医療ニーズに対応しますが，果たすべき機能に応じて必要となる医療従事者の人員配置や構造設備も異なります。日本では，医療法で最低基準である人員配置基準や構造設備を定め，これを上回る人員配置や施設面での対応は診療報酬上の加算などで評価してきました。たとえば，救急医療を支える集中治療室（ICU）は極めて厚い医療従事者の人員配置と専用の設備が必要ですが，こうした人員配置や構造設備の基準は医療法による規制ではありませんでした。近年では，医療機関の機能分化を促進させるため，医療法でも機能分化を促す制度改正が行われています。

　病院の病床は，一般病床のほか，精神病床，感染症病床，結核病床，療養病床といった種別があり，それぞれの種別により人員配置基準や構造設備基準が違います。たとえば，療養病床は，一般病床と比べて看護師の配置人数が少ない一方で看護補助者の配置が求められ，病室の面積もより広いものが必要です。

　また，病院のうち一定の機能を有する病院は，人員配置基準，構造設備基準，管理者の基準などで一般の病院とは異なる要件が定められ，これを満たした病院に限り特定機能病院や地域医療支援病院などの類型を名のることができます。[28]

（3）医療計画と地域医療構想

　1985年の医療法改正で導入された医療計画は，医療機関の体系的な整備と病院病床数の管理を目指しました。医師と患者の関係では情報の非対称性[29]があるので，医療サービスでは供給が需要を決定するという医師（供給）誘発需要仮説[30][31]に沿った施策でした。具体的には，医療計画で2次医療圏ごとに基準病床数を定めるとともに，都道府県知事は，関係する審議会の意見を聴き，病院の開設者に対して病床数の増加などを勧告できるとされました。医療計画の制度が施行される直前には駆込み増床も招きましたが，その後は診療報酬での入院期間の短縮化への誘導もあり，全国の病床数は緩やかに減少しています。

　2006年の法改正では，医療機関の連携体制に関する事項が医療計画の記載事項とされ，現在は，がん，脳卒中，心筋梗塞等の心血管疾患，糖尿病，精神疾患の5つの疾病と，救急医療，災害時の医療，へき地の医療，周産期医療，小児医療の5つの事業ごとに必要な医療機能と，各医療機能を担う医療機関が医療計画で明示されます。

　さらに，2014年の法改正では，病院と有床診療所は，病棟単位で病床の機能の現状と今後の方向性を高度急性期機能，急性期機能，回復期機能，慢性期機能から選択し，都道府県知事に報告することとなりました。

　都道府県は，地域の医療需要の将来推計や報告された情報等を活用して，二次医療圏ごとの各医療機関の将来の必要量など医療機関の機能分化と連携を適切に推進するための地域医療構想を策定し，医療計画に盛り込みます。

（4）広告規制

　医療機関が行う広告では，患者の保護の観点から虚偽広告や誇大広告を禁止し，広告できる事項も厳しく制限してきました。しかし，近年では患者が自ら医療機関を選択できる情報提供が求められるようになったので，2006年の医療法改正で広告可能な事項を拡大し，医療機関選択支援の制度を導入しました。

（5）医療従事者の規制

　医療を提供する人では，それぞれの資格ごとに法律が定められています。医師（歯科医師）は，包括的に医業（歯科医業）を独占します。医業とは，医行為（診断や様々な治療など医師が行うのでなければ保健衛生上危害を生ずるおそれのある行為）を反復継続の意思をもって行うことです。また，独占とは，業務独占とも呼ばれ，その資格を持っている人以外の人が業務を行うことが禁止されます。

　調剤を行う薬剤師，診療の補助や療養上の世話を行う看護師をはじめ助産師，診療放射線技師，歯科衛生士，歯科技工士などは，医師・歯科医師の業務の一部を分担する資格として位置づけられます。臨床検査技師，理学療法士，作業療法士，視能訓練士，臨床工学技士，義肢装具士などは，看護師等の業務である診療の補助の一部を分担する資格として位置づけられます。それぞれの資格法は，その資格にかかる免許，試験，研修，業務などを定めます。

表 2-1 医療関係従事者数

・医　師	323,700人
・歯科医師	104,118人
・薬剤師	250,585人

資料：厚生労働省政策統括官付保健統計室「令和2年医師・歯科医師・薬剤師統計」
　　　※医師・歯科医師は医療施設の従事者。薬剤師は薬局・医療施設の従事者。

・保健師	64,819人
・助産師	40,632人
・看護師	1,272,024人
・准看護師	305,820人

資料：厚生労働省医政局調べ（R元）

・理学療法士（PT）	100,964.5人
・作業療法士（OT）	51,055.7人
・視能訓練士	10,130.1人
・言語聴覚士	17,905.4人
・義肢装具士	127.6人
・診療放射線技師	55,624.3人
・臨床検査技師	67,752.0人
・臨床工学技士	30,408.9人

資料：厚生労働省政策統括官付保健統計室「令和2年医療施設調査」（常勤換算の数値）

出所：『厚生労働白書 令和4年版』。

　資格法は資格保有者の資質の確保を図るものですが，地域の医療ニーズに応えるには，人材の量的な確保も大きな課題です。医療計画では医師，看護師等の医療従事者の確保に関する事項も定め，地域医療支援センターやナースセンターなどの就業支援の拠点の事業に継続的に取り組むことが求められます（表2-1）。

注
(1)　国民皆保険の達成直前の1960年に男性65.3歳，女性70.2歳であった平均寿命は，2020年に男性81.6歳，女性87.7歳まで伸びました（厚生労働省「令和3年簡易生命表」）。
(2)　6年間の医学部教育後に医師国家試験に合格すれば医師免許を受けますが，その後も医師法に基づく2年の臨床研修があり，さらに専門医資格取得を目指して多くの者

が研修を続けます。

⑶　2022年度診療報酬改定後の医科点数表に基づく金額です。

⑷　ドイツやフランスでは日本と同様に公的な医療保険制度が大きな役割を担いますが，イギリスでは医療サービスは NHS（National Health Service）という公営方式で提供され，税財源で運営されています。

⑸　生活保護の受給者は，生活保護のうち医療扶助が給付されます（2021年度末現在で171万人が受給〔厚生労働省「被保護者調査」〕）。生活保護の受給者は公的な医療保険に加入しないので，国民皆保険より国民皆保障の方が正確な表現かもしれません。

⑹　寝たきりなどの65歳以上74歳以下の人も後期高齢者医療制度の対象です。

⑺　同業種の複数企業が共同で総合型の健康保険組合を設立する例はあります。

⑻　公務員ではありませんが，私立学校の教職員と扶養家族は，私立学校教職員共済の加入者です。

⑼　船員と扶養家族が加入者となる船員保険（保険者は協会けんぽ）も職域の医療保険です。

⑽　以前は保険者は市町村だけでしたが，制度の安定的な運営を図るため2018年度から都道府県も保険者となりました。

⑾　関東大震災の発生（1923年）もあり，実際に制度が始まったのは1927年でした。

⑿　この改正の際に被扶養者への保険給付も制度化されました。

⒀　評価療養（高度先進医療で保険診療の対象とするかの評価が必要な療養と厚生労働大臣が定めたもの）や患者申出療養（患者の申出があった高度先進医療で，保険診療の対象とするかの評価が必要な療養と厚生労働大臣が定めたもの）では，保険診療にかかる費用のうち自己負担分を除いたものが，保険外併用療養費として患者に支払われます。

⒁　2021年の法改正で，現役並み所得のない後期高齢者のうち一定以上の所得のある者は２割負担になりました。

⒂　妊娠週数が22週に達していないなど産科医療補償制度対象出産でない場合は，これより１万円程度低くなります。

⒃　標準報酬月額20万円の人は，保険料率が10％ならば，医療保険の保険料として１万円が給与から控除されます。

⒄　国民健康保険では，保険料ではなく，国民保険税としての徴収も可能です。

⒅　国立社会保障・人口問題研究所「日本の将来推計人口（平成29年推計）報告書」。

⒆　健康づくりなども含まれていたので，老人保険制度ではなく，老人保健制度という名称でした。

⒇　主な改革案として①高齢者を対象に職域の医療保険と国民健康保険から独立した保険制度を設ける方式，②職域の医療保険の OB は職域の医療保険が，国民健康保険

の OB は国民健康保険が支える方式，③年齢構成の医療保険者間の違いに着目して医療費の調整を行う方式，④年齢や稼得形態で医療保険制度を分けず一元化する方式がありました。

(21) 令和4年度予算ベースでは，調整前の負担が都道府県等5.1兆円，協会けんぽ1.2兆円，健康保険組合0.3兆円，共済組合0.05兆円でしたが，調整後の負担では都道府県等2.1兆円，協会けんぽ2.6兆円，健康保険組合1.6兆円，共済組合0.4兆円です。

(22) 広域連合は，都道府県，市町村，東京都の特別区が，広域にわたって処理することが適当な事務について，広域計画を作成して，必要な連絡調整を図り，その事務を広域にわたり総合的・計画的に処理するために設ける地方公共団体です。

(23) 難病の患者に対する医療等に関する法律に定める特定医療費，障害者総合支援法に定める自立支援医療や療養介護医療費，児童福祉法に定める療育の給付，肢体不自由児通所医療費，障害児入所医療費，母子保健法に定める養育医療，精神保健福祉法に定める措置入院などです。

(24) 国民1人当たりでは，年間34万600円です。

(25) 2020年の後期高齢者医療費は新型コロナウイルス感染症の影響で初めて減少しました。

(26) 総務省の「人口推計」（2020年）では，75歳以上人口の総人口に占める割合は14.7％です。

(27) 医師（歯科医師）以外の者による診療所の開設には，都道府県知事（保健所設置市では市長）の許可が必要です。

(28) 病院の類型には，一般病院以外に特定機能病院（高度の医療の提供等），地域医療支援病院（地域医療を担うかかりつけ医の支援等），臨床研究中核病院（臨床研究の実施の中核的な役割を担う病院），精神科病院（精神病床のみを有する病院），結核病院（結核病床のみを有する病院）があります。

(29) 疾病や治療に関する知識情報は膨大で，医師は長年かけて集積に努めるのに対し，一般に患者が保持する知識情報は限られていることです。

(30) 本当に医療ニーズが認められるかは，専門職の医師に判断されるので，医療サービスの提供の場である病床の整備は，要した費用を回収できるまで地域の医療ニーズを掘り起こしてしまうとの考え方です。

(31) 一般の病床の整備を図るべき医療圏です。全国で330余りが設定されています。

(32) 2021年の法改正で，新興感染症等の感染拡大時の医療が追加されました。

(33) 救命救急病棟や集中治療室などで急性期の患者に対して診療密度が特に高い医療を提供する機能です。

(34) 急性期の患者に対して，状態の早期安定化に向けて医療を提供する機能です。

(35) 急性期を経過した患者への在宅復帰に向けた医療やリハビリテーションを提供する

　機能です。

⑶⑹　長期にわたり療養が必要な患者を入院させる医療です。

⑶⑺　医療機関の管理者は，医療機関の選択に必要な情報として定められている事項を都
　道府県知事に報告し，都道府県知事はこれをインターネット等により公表しなければ
　なりません。

参考文献

池上直己（2021）『医療と介護　3つのベクトル』日本経済新聞出版。

桐野高明（2014）『医療の選択』岩波書店。

島崎謙治（2015）『医療政策を問いなおす――国民皆保険の将来』筑摩書房。

松田晋哉（2021）『ビッグデータと事例で考える　日本の医療・介護の未来――複合
　ニーズに対応する地域包括ケア構築のために』勁草書房。

より詳しく知るために

・医療保険をより詳しく知るには

　全国健康保険協会「こんな時に健保」（https://www.kyoukaikenpo.or.jp/g3/，2022年
　　12月25日アクセス）。

　健康保険組合連合会「知って得する!?健康保険」（https://www.kenporen.com/
　　health-insurance/，2022年12月25日アクセス）。

　国民健康保険中央会「国民健康保険制度」（https://kokuho.or.jp/summary/national_
　　health_insurance.html，2022年12月25日アクセス）。

家族の介護——お母さんの同僚が介護離職しそう！

ふくろう先生：雪子さん，お疲れの様子ですね。徹夜で勉強でもしましたか。

雪子さん：いえ，勉強もありますけど，最近家事の分担が増えたので…。

ふくろう先生：そうですか。お父さんやお母さんが忙しくなったのかな。

雪子さん：はい，母の先輩の佐藤さんが急に仕事を辞めることになって，母も仕事が増えたみたいです。

ふくろう先生：その先輩の方には，何かあったのでしょうか。

雪子さん：お母さんの介護のためだと聞いています。もともと足が不自由で，最近は認知症になったらしくて。これまで何とか仕事を続けてきたけど，もう無理かもって。

ふくろう先生：そうですか。それは雪子さんのお母さんも，先輩の方も大変ですね。

雪子さん：佐藤さんは，いるだけで職場がなごむ人らしくて。母は，仕事は何とかみんなで分担するから辞めないでほしいって言ってましたけど，無理ですよね。

ふくろう先生：佐藤さんが介護に専念することを本当に希望されているなら，止めることはできませんが，両立したい人には，いろいろなサポートがありますよ。

雪子さん：でも，老人ホームってなかなか入れないんですよね？　それに，佐藤さんのお母さんは施設に入所するのは嫌だと言っているそうです。

ふくろう先生：介護そのものをサポートしてもらうサービスは，施設に入るタイプだけではありません。住んでいる家にヘルパーさんに来てもらうタイプや，昼間だけ施設で過ごすデイサービス，家族の出張時などに一時的に施設に泊まるショートステイもあります。今は，こちらを組み合わせて利用するのが主流です。どの介護サービスも介護保険制度を利用することになりますが，佐藤さんはこれまで全部ご自分で介護されていたんでしょうか。

雪子さん：うーん，そこまでは……。あ，でも母の話だと，佐藤さんは一人っ子で，他の人には頼れないし，自分が面倒をみるしかないって言ってるそうです。

ふくろう先生：そうですか。佐藤さんは介護保険を使っていないのかもしれませんね。介護保険のサービスを受けるには，まず市町村の窓口に要介護認定の申請をします。地域包括支援センターの相談窓口に行くのもよいと思います。

雪子さん：なんか，近所の人が言ってたんですけど，介護サービスの組み合わせを考え

るのも結構大変だし，デイサービスから帰ってくるのに合わせて帰ろうとすると忙しいみたいです。そういうとき，仕事はどうなるんでしょうか。

ふくろう先生：そうですね，専門家に相談したり，施設を下見したり，介護保険を使う前にしないといけないことはたくさんあります。そういう時は，介護休業を取得することができます。これは，会社に規定がなくても，取得条件を満たせば誰でも使える権利です。

雪子さん：どれくらい休めるんですか。

ふくろう先生：休日を除いて93日です。週休2日制の会社で4カ月くらいでしょうか。

雪子さん：えー，短いんですね。介護って何年も続くじゃないですか。結局やめなきゃいけなくなっちゃいそう。

ふくろう先生：介護休業は，働く人自身が介護に専念するためというよりも，家族の介護に関する長期的な方針を決めたりする時間を確保するためのお休みです。介護休業は分割して取得することもできますから，最初に考えていたサービスが合わなくて選び直しが必要になっても，もう一度介護休業を取得することができます。93日分全部消化してしまった後も，無給ではありますが介護休暇を年5日取ることもできます。介護と仕事の両立は，介護サービスについてケアマネジャーと相談したり，働き方について職場と相談したりして，その時々で，その人に合った方法を見つけていくことになります。

雪子さん：介護をしながら仕事を続けるには，職場の支えが重要になりますね。お母さんたちは同僚が仕事を辞めずに済むようにサポートしたいって言ってました。

ふくろう先生：職場の人たちが支援してくれるのは重要ですね。会社と相談して短時間勤務にしたり，残業や出張をしなくて済むようにできると良いですね。働く人の事情に応じて多様な働き方をできるようにしようとする働き方改革は，介護と仕事を両立するためにも重要な取り組みです。

注　介護保険のサービスは第3章，介護休業は第6章で説明しています。

第3章 | 介護保険

　若いうちは元気であっても，年をとることに伴って体が不自由になったり，認知症になったりして誰かに介護してもらう必要が生じるリスクは誰にでもあります。そのようなリスクに備えるのが介護保険です。介護保険は2000年に始まった，最も新しい社会保険です。それでは，病気やケガなど，年をとること以外の原因で体が不自由になった場合はどうなるのでしょう。さらに，家族が介護をしていて，介護保険の給付を利用しない場合はどうなるのでしょう。これらの点は，介護保険をつくる時に議論になった点です。そして，日本が介護保険をつくる時に参考にしたドイツの介護保険とは違う選択肢を選んだ部分でもあります。先進国でも介護サービスを社会保険方式で保障している国は少なく，たとえば北欧諸国は税方式です。このため，日本の介護保険はドイツの介護保険と共通する部分も多いのですが，ドイツと違う部分もあります。その違いを確認することで，日本の介護保険の特徴が見えてきます。

　また，介護保険が始まった2000年より前はどうなっていたのでしょう。介護保険がつくられるまでは，老人福祉制度という社会福祉制度の仕組みで対応していました。介護保険の創設は，措置制度から契約に移行したという意味もあります。本章では，介護保険とはどのような仕組みなのか，そして，どうして今のような仕組みになったのかについて解説します。

1　介護保険がつくられた背景──日本の社会保障の歴史

　2000年に介護保険が始まる前は，措置制度という社会福祉の仕組みを中心に高齢者の介護サービスは提供されていました。今では日本の社会保障制度は社会保険が中心になっていますが，日本の社会保障の歴史を振り返ると，社会福祉制度の方が早く整備されています。ここでは，日本の社会保障の歴史を振り

返り，介護保険がどうしてつくられたのかを説明します。

（1）救貧から防貧へ

　社会保障の役割は時代によって違いますが，最初の社会保障の役割は，貧しさに苦しむ人たちを救うことでした。この機能を「救貧」と呼びます。日本で最初の救貧の仕組みは1874年の恤救規則だといわれます。その後，昭和初期に制定された救護法などもありますが，日本で社会保障の仕組みが本格的に整備されたのは戦後です。ここでは戦後の社会保障の歴史を大まかに振り返ることにします。

　戦後，まず整備された仕組みは福祉三法と呼ばれます。具体的には生活保護法，児童福祉法，身体障害者福祉法の3つの法律です。当時は敗戦直後の混乱の中で，仕事をなくし，家などの財産をなくした人が多くいました。このために生活保護法によって，衣食住など最低限の生活を保障することは最重要の課題でした。1950年には国民の2.5％にあたる約200万人が生活保護を受けていて，厚生省の予算の47％が生活保護に充てられていました。また，戦争で両親を亡くした戦災孤児も多くいました。その中でも，面倒をみてくれる親戚もいなくて行き場をなくした子どもたちは浮浪児と呼ばれました。今の言葉でいえばストリートチルドレンです。こうした子どもたちの保護も優先して取り組むべき政策課題でした。さらに，戦争のために手や足を失うなど身体障害の状態になった人が多くいました。このために身体障害者福祉も優先的な課題でした。

　その後，焼け跡から日本人は立ち上がり，奇跡ともいわれた高度経済成長が実現し，幸いなことに貧困に苦しむ人たちは少なくなりました。1956（昭和31）年には前年の国民総生産が戦前のピークを超え，経済白書では「もはや戦後ではない」と宣言されました。こうした中で，貧困に苦しむ人を救う救貧から，貧困に陥ることを防ぐ「防貧」の機能を果たすことが社会保障には求められるようになります。昭和30年代の初めには農業や自営業の人たちや零細企業の従業員など国民の約1/3に当たる約3,000万人が医療保険に守られていない無保険者でした。大きな病気やケガをすると治療費がかかり，仕事ができなくなって収入が減少し，貧困に陥るリスクがあります。また，農業や自営業の人たちは，雇われて働く人たちが加入する被用者年金の対象にはならず，老後の所得

保障のために全国民を対象とした年金制度が必要だという考えが広まってい
きました。そして，1961年に国民皆保険，国民皆年金の体制ができ上がりま
す。

（2）措置制度から契約へ

　福祉三法が整備された当時は，行政機関の予算も人員も足りない中で，優先
的に救う必要のある人を急いで保護する必要がありました。このため，本人の
申請を待たずに行政機関の判断で保護を行う措置制度ができました。しかし，
その後，国全体が豊かになっていく中で，社会保障の役割は救貧から防貧に重
点がシフトしていきます。社会保険は措置制度とは違い，保険者（保険を運営
している機関）と被保険者（保険に加入している人）の間の契約に基づく仕組みで
す。誰にどのような給付をするかを行政機関がケースごとに判断する措置制度
とは違い，事前に取り決めた契約内容に基づいて，保険給付が行われます。そ
して，医療保険や介護保険については，どの病院や老人ホームがよいか，被保
険者が自分の意思で選ぶことができます。

　社会福祉制度については，長い間，措置制度が続いていましたが，2000年の
社会福祉基礎構造改革によって，先行する介護保険を意識しながら，社会福祉
サービスは税方式であっても基本的に措置から契約に移行することが打ち出さ
れました。従来の社会福祉サービスは保護救済という面が強く，ともすれば
救ってあげる，救ってもらうという関係になりがちだと指摘されていましたが，
契約に基づく仕組に移行し，サービスを提供する側と受ける側は対等な関係
にあることが示されました。介護保険は社会福祉基礎構造改革よりも先行して
契約に基づく仕組みに移行したと位置づけることができますし，その後，障害
者福祉の分野でも契約に基づく支援費制度に移行しました。認知症の高齢者な
ど自分で意思決定をすることが難しい人のためには成年後見制度が整備されて
います。それでも緊急に保護する必要がある場合や，虐待を受けた子どもを保
護する場合などのために一部に措置制度が残っています。

　介護保険のサービスの中心である特別養護老人ホームやデイサービス，ホー
ムヘルパーによる在宅ケアなどは，介護保険法が成立する前は，老人福祉法に
基づいて実施されていました。また，老人保健施設は医療保険の枠内の老人保

健制度によって提供されていました。介護保険が社会保険の一つとして成立したことは，年をとって介護サービスが必要となるリスクは一部の人だけではなく，誰もが抱えるリスクになったことを意味します。なぜなら，社会保険は対象者が強制加入になることが通例なので，自分には関係ないと思う人が多いようなリスク（保険事故）を対象とした社会保険は成立しないからです。

　かつては高齢者や障害者，子どもを対象とした社会福祉制度は低所得者を中心とした一部の人が利用するものでした。介護保険が成立したことで，誰もが利用するサービスになったことを「福祉の普遍化」と捉えることもできます。介護保険を運営する保険者は誰が担うのかは議論になりましたが，最も身近な自治体である市町村が保険者になりました。

（3）介護保険の目的

　介護保険が創設された目的は何だったのでしょうか。

1）利用者によるサービスの選択を可能にする

　措置制度では行政機関がサービスの内容を決めていましたが，どの老人ホームに入るか，どの事業所からホームヘルパーに来てもらうかなどは自分で決めたいと考える人も多くいました。行政機関がどこのサービスを受けるか決めるのではなく，利用者が決めることで，サービスの提供者は選ばれる立場になります。従来の措置制度による老人福祉制度では，お世話をしてもらう，お世話をしてあげるという関係になりがちでしたが，介護保険では，利用者とサービス提供者は対等な関係だと位置づけられます。

2）スティグマによる利用のためらいをなくす

　以前の措置制度による老人福祉制度は所得調査が必要だったため，介護サービスが必要なのに，スティグマを感じて利用をためらう高齢者が存在するという問題がありました。その点，社会保険から給付を受ける場合はスティグマが生じません。介護保険が創設された頃は，高齢者の介護をやはり高齢の配偶者が行う老々介護も増加し，介護する人も身体が不自由になることなどから将来に絶望して命を絶つという悲しい事件も起きていました。

　また，当時は家族を介護するのは主として女性が担うことが多く，自分の親や夫の親の介護のために仕事を辞めざるを得ない女性も少なくありませんでし

た。このため，介護サービスの利用を広げて，高齢者の介護を家族に任せるのではなく社会全体で支える必要があるという認識が広がっていきました。こうした考え方は「介護の社会化」と呼ばれます。

3）サービスの量を確保する

介護保険がつくられた頃，平均寿命が伸びて高齢化が進むことに伴い，介護の必要な高齢者は増加を続け，介護期間も長期化し，介護に対するニーズは増大を続けていました。このために介護サービスの量を増やすため，1989年には10年計画のゴールドプランがつくられ，さらに1994年には整備目標を上方修正した新ゴールドプランがつくられました。しかし，それでも需要の増加に追いつかず，各地の特別養護老人ホームで入所しようとしても空きがなくて待機している人の長いリストがあることが問題になっていました。バブル崩壊後に経済成長が低迷して税収も伸び悩み，国の予算は前の年に比べて減額することを基本とするマイナスシーリングが実施される中，高齢者の介護のための専用の財源を確保してサービスの量を確保することも介護保険創設の目的の一つでした。

この3つの目的のほかにも，医療政策としての老人保健制度や福祉政策としての老人福祉制度という縦割りをやめて高齢者のニーズに合ったサービスを提供できるようにすること，要介護状態の高齢者が治療が終わっても行き先がなくて入院を続ける「社会的入院」をなくすことなどの目的もありました。

2　介護保険はどのような時に給付を受けられるのだろうか

介護と聞くと，皆さんはどのようなイメージが湧きますか。体の不自由なお年寄りのお世話を思い浮かべる人が多いのではないでしょうか。しかし，介護は自力では日常生活を送ることが難しい人のケアですから，若い人の介護もあります。日本では介護保険の対象は基本的に高齢者ですが，そうではない国もあります。また，身体は元気でも認知症になり，介護の必要な高齢者もいます。介護は身体的な介護だけではありません。ここでは，介護保険の対象となる「加齢に伴う要介護状態」とはどんな状態なのか，そしてどのように認定されるのかを説明します。

（1）加齢に伴う要介護状態だけが対象となる

　介護保険の給付を受けられるのは，年をとることに伴って身体が不自由になることなどによって，介護が必要になった時です。この状態のことを「加齢に伴う要介護状態」と呼びます。介護保険では基本的に65歳以上の人が給付対象になりますが，若年性認知症など，本来なら年をとってから生じる要介護状態になった40歳以上の人も給付対象になります。このため，介護保険の被保険者は40歳以上の人です。65歳以上の人が第1号被保険者，40歳から64歳までの人が第2号被保険者となります。

　ここでポイントになるのは，介護保険の給付対象を年をとることに伴う要介護状態に限定していることです。身体が不自由になって自力で日常生活を送ることが難しくなることは若い人や子どもでもあります。日本よりも先に介護保険をつくったドイツでは，年齢を問わずに要介護状態になれば給付の対象になります。

　介護保険をつくる時，この点も議論になりました。年齢を問わず要介護状態になったら給付することにして，年金と同じように20歳以上の人も保険に加入する案も検討されましたが，若い世代は要介護状態になるリスクが低いのに保険料を負担させるのはよくないのではないかなどの理由によって，加齢に伴う要介護状態に対象は絞られました。

（2）介護が必要かどうかはどのように認定されるのだろうか

　介護保険は，年をとって介護が必要になったら介護給付が受けられる仕組みですが，介護が必要かどうかは，どのようにして判断されるのでしょうか。介護が必要かどうかの認定を「要介護認定」と呼びます。以下，要介護認定の流れを説明します。

　介護給付を受けようとする場合，市町村に要介護認定の申請を行います。すると，市町村のケースワーカーや保健師が申請者を訪問して，74の基本項目や特記事項など申請者の状況を調査します（認定調査）。74の基本項目は，「立ち上がり」や「爪切り」などの身体能力，「生年月日をいう」や「場所の理解」などの認知能力，「麻痺」や「徘徊」の有無，「薬の内服」や「金銭の管理」などの社会生活への適応など，要介護状態にあるかどうかを判断するための様々

な視点からの項目で構成されています⁽¹⁾。この認定調査と申請者の主治医の意見書に基づいて，コンピュータ判定が行われます（一次判定）。

　次に，医師・保健師・社会福祉士などの専門家によって構成される「介護認定審査会」が，一次判定結果や主治医の意見書などに基づいて，非該当，要支援1または2，要介護1から要介護5までの8段階のどこに該当するか，要介護認定を行います。要支援1と2に該当する場合は，予防給付の対象になります。介護給付を受給できるのは要介護1から5までのどれかに該当すると認定された場合です。要介護状態の中で最も状態が軽い場合は要介護1，最も重い場合は要介護5になります。

　施設に入所する場合，最も手厚いケアが受けられる特別養護老人ホームに入所できるのは，原則として要介護3以上の人に限定されます。デイケアやホームヘルパーなどの居宅サービスの場合，要介護度が高いほど給付の上限が高くなります。

3　介護保険にはどのような給付があるのだろうか

（1）現物給付が原則

　社会保障の給付には現金給付と現物給付があることは序章で説明しましたが，介護保険の給付は原則として現物給付に限られます⁽²⁾。これに対して，ドイツでは専門家の提供する現物給付を受けることを選択せずに家族などが介護をした場合，現金給付を受けることができます。日本の介護保険はドイツの制度を参考にしていますが，現金給付を受ける選択肢は用意されませんでした。その主な理由は，介護保険は「介護の社会化」を目的の一つとしているからです。もし家族が介護をすることで現金を受け取る選択肢があれば，親戚の圧力などによって女性が家族の介護を強いられるおそれがあると考えられました。

　それでは，介護保険から給付される介護サービスにはどんなものがあるでしょうか。一つの図にまとめると，図3-1のようになります。

　図3-1のように，介護サービスには多くの種類がありますが，大きく分けると，入所して生活する施設サービスと，自宅で生活しながら受ける居宅サービスに分けられます。地域密着型介護サービスと予防給付は後で説明すること

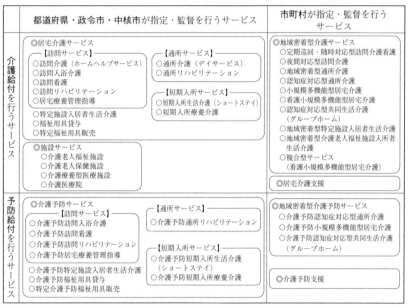

図3−1　介護保険のサービスの一覧

都道府県・政令市・中核市が指定・監督を行うサービス	市町村が指定・監督を行うサービス
介護給付を行うサービス ◎居宅介護サービス 【訪問サービス】 ○訪問介護（ホームヘルプサービス） ○訪問入浴介護 ○訪問看護 ○訪問リハビリテーション ○居宅療養管理指導 ○特定施設入居者生活介護 ○福祉用具貸与 ○特定福祉用具販売 【通所サービス】 ○通所介護（デイサービス） ○通所リハビリテーション 【短期入所サービス】 ○短期入所生活介護（ショートステイ） ○短期入所療養介護 ◎施設サービス ○介護老人福祉施設 ○介護老人保健施設 ○介護療養型医療施設 ○介護医療院	◎地域密着型介護サービス ○定期巡回・随時対応型訪問介護看護 ○夜間対応型訪問介護 ○地域密着型通所介護 ○認知症対応型通所介護 ○小規模多機能型居宅介護 ○看護小規模多機能型居宅介護 ○認知症対応型共同生活介護（グループホーム） ○地域密着型特定施設入居者生活介護 ○地域密着型老人福祉施設入所者生活介護 ○複合型サービス（看護小規模多機能型居宅介護） ◎居宅介護支援
予防給付を行うサービス ◎介護予防サービス 【訪問サービス】 ○介護予防訪問入浴介護 ○介護予防訪問看護 ○介護予防訪問リハビリテーション ○介護予防居宅療養管理指導 ○介護予防特定施設入居者生活介護 ○介護予防福祉用具貸与 ○特定介護予防福祉用具販売 【通所サービス】 ○介護予防通所リハビリテーション 【短期入所サービス】 ○介護予防短期入所生活介護（ショートステイ） ○介護予防短期入所療養介護	◎地域密着型介護予防サービス ○介護予防認知症対応型通所介護 ○介護予防小規模多機能型居宅介護 ○介護予防認知症対応型共同生活介護（グループホーム） ◎介護予防支援

出所：厚生労働省老健局「公的介護保険の現状と今後の役割」19頁（https://www.mhlw.go.jp/content/0000213177.pdf，2022年8月25日アクセス）。

にして，施設サービスと居宅サービスについて説明します。

（2）施設サービスの種類

　介護保険で利用できる施設サービスは，介護老人福祉施設（特別養護老人ホーム），介護老人保健施設，介護医療院の3種類が基本になります。介護療養型医療施設は以前の老人病院の流れを受け継ぐもので，経過措置として残っているものです。

　特別養護老人ホームは要介護高齢者のための生活施設です。食事，入浴，排泄等の介護や日常生活を送る上で必要なサービス，機能訓練，健康管理なども行われます。要介護3以上の人が入所します。従来は4人部屋などの多床室が中心でしたが，近年はユニット型個室の整備が推進されています。ユニットケアは，自宅に近い環境にすることを目的として，個室と利用者同士が交流するリビングやパブリックスペースを設置し（ハード面），ユニットごとに職員が配

置されて一人ひとりの生活の個性や生活のリズムに沿ったケアを提供する（ソフト面）というものです。⁽³⁾

　介護老人保健施設は，心身の機能の維持回復を図り，自宅に戻ることができるように支援する施設です。リハビリテーションを提供し，日常生活上のケアを行います。

　介護医療院は2017年に創設された新しいタイプの入所施設であり，要介護高齢者が長期療養し，生活するための施設です。利用者の「終の棲家」として看取りやターミナルケアを行うことも役割の一つです。従来の介護療養病床などが介護医療院に移行することが見込まれています。介護療養型医療施設は2023年度までに廃止される予定です。

　なお，サービス付き高齢者向け住宅や有料老人ホームは介護保険に基づく施設サービスではありません。これらの施設に入居している高齢者が介護保険給付を受ける場合は自宅に住んでいる時と同じように居宅サービスを利用することになります。

（3）居宅サービスの種類

　居宅サービスの柱は，訪問サービス，通所サービスと短期入所サービスです。その他に，車いすや歩行補助つえなどの福祉用具の貸与や，レンタルになじまない入浴や排泄のための福祉用具を販売する特定福祉用具販売，指定された施設に暮らしながら受ける特定施設入居者生活介護があります。⁽⁴⁾

1）訪問サービス

　主な訪問サービスは，次の3つのサービスです。

　　①訪問介護：介護福祉士やホームヘルパーが行う食事，入浴，排泄などの介護や日常生活を送る上で必要なサービス。

　　②訪問看護：看護師，准看護師，保健師，理学療法士，作業療法士が訪問して行う療養に関するケアや診療の補助。

　　③訪問リハビリテーション：理学療法士，作業療法士，言語聴覚士が訪問して行うリハビリテーション。

　この他に，利用者の自宅まで浴槽を運んで入浴介助をする訪問入浴介護，医師や歯科医師，薬剤師などが通院することの難しい利用者の自宅を訪問してケ

表3-1 居宅サービスの1カ月
当たり利用限度額

要介護1：16万6,920円
要介護2：19万6,160円
要介護3：26万9,310円
要介護4：30万8,060円
要介護5：36万650円

出所：厚生労働省の介護事業所・生活
関連情報検索（https://www.kai
gokensaku.mhlw.go.jp/commenta
ry/fee.html，2022年8月25日アク
セス）。

アプランについて情報提供や助言を行う訪問療養管理があります。

2）通所サービス

通所サービスには，次の2つの種類があります。

①通所介護：老人デイサービスセンター（デイケア）などで提供される食事，入浴，排泄などの介護や日常生活を送る上で必要なサービス。

②通所リハビリテーション：老人保健施設や病院，診療所などで提供されるリハビリテーション。

3）短期入所サービス

短期入所サービス（ショートステイ）には，次の2つの種類があります。

①短期入所生活介護：特別養護老人ホームなどに短期間入所するサービス。連続利用日数は30日が上限。自宅にこもりきりの高齢者の孤立感の解消や機能回復，さらに同居する家族が体調を崩したり，出張したりする時に利用します。

②短期入所療養介護：介護老人保健施設などに短期間入所するサービス。

居宅サービスを利用する場合，要介護度に応じて利用限度額があります（表3-1）。利用限度額までは所得に応じて費用の1～3割を負担しますが，限度額を超えて利用する場合は全額自己負担になります。

（4）ケアプランとは――どんな居宅サービスをいつ利用するかという計画書

介護サービスを利用するためには，介護サービス計画書（ケアプラン）を作る必要があります。要介護1から5までの人は，介護支援専門員（ケアマネジャー）にケアプランの作成を依頼します。在宅サービスを利用する場合，都道府県知事の指定を受けた居宅介護支援業者（ケアプラン作成事業者）のケアマネジャーに依頼します。施設に入所する場合，施設のケアマネジャーがケアプランを作成します。また，要支援1または2の人は，地域包括支援センターに

ケアプランの作成を依頼できます。

　依頼を受けたケアマネジャーは，利用者の状況をアセスメントして，どの介護サービスがいつ，どれくらい必要なのかを考え，本人や家族と相談しながら介護サービスの利用計画を立てます。この計画書がケアプランです。このため，信頼できるケアマネジャーを見つけることが重要です。ケアマネジャーは在宅ケア事業所に所属していることも多いのですが，独立して開業している人もいます。

　また地域包括支援センターには総合相談窓口があり，成年後見制度など介護保険以外のことも含めて相談することができます。

（5）介護予防・日常生活支援総合事業とはどのようなものだろうか

　年をとることで要介護状態になるリスクに備えることが介護保険の目的ですが，年をとっても要介護状態にならない方がよいのは明らかですから，予防は重要です。このため，図3-1に示されているように，介護保険には要介護状態にならないように予防するための予防給付があります。要支援と認定された人たちが対象になります。

　しかし，予防給付は心身の機能を回復する訓練に偏っているという問題がありました。介護予防のためには運動機能や栄養状態の改善だけではなく，役割をもって社会に参加することも重要です。このため，高齢者本人の機能回復訓練だけではなく，地域の中で生きがいと役割をもって高齢者が生活できるように居場所や出番をつくるなど，高齢者の環境へのアプローチも含めた対策が必要だと考えられ，介護予防の改革が行われました。

　そして新しくつくられたのが介護予防・日常生活支援総合事業（総合事業）です。総合事業では，身近な自治体である市町村が中心となって，地域の実情に応じて，NPOやボランティアなど様々な主体も参加して多様なサービスを提供し，高齢者自身も担い手として参加することが打ち出されています。

　生活支援事業は図3-2に示されているように，高齢世帯の見守りや外出，買い物の支援など日常生活の支援を行う事業であり，医療や福祉の専門知識が必要な活動ではありません。このため，元気な高齢者を含めた地域住民が担い手となることが期待されます。総合事業を推進するために設置された協議体は，NPO，民間企業，協同組合，ボランティア，社会福祉法人など様々な主体が

図3-2 生活支援・介護予防サービスの充実と高齢者の社会参加

○ 単身世帯等が増加し，支援を必要とする軽度の高齢者が増加する中，生活支援の必要性が増加。ボランティア，NPO，民間企業，協同組合の多様な主体が生活支援・介護予防サービスを提供することが必要。
○ 高齢者の介護予防が求められているが，社会参加・社会的役割を持つことが生きがいや介護予防につながる。
○ 多様な生活支援・介護予防サービスが利用できるような地域づくりを市町村が支援することについて，制度的な位置づけの強化を図る。具体的には，生活支援・介護予防サービスの充実に向けて，ボランティア等の生活支援の担い手の養成・発掘等の地域資源の開発やそのネットワーク化などを行う「生活支援コーディネーター（地域支え合い推進員）」の配置などについて，介護保険法の地域支援事業に位置づける。

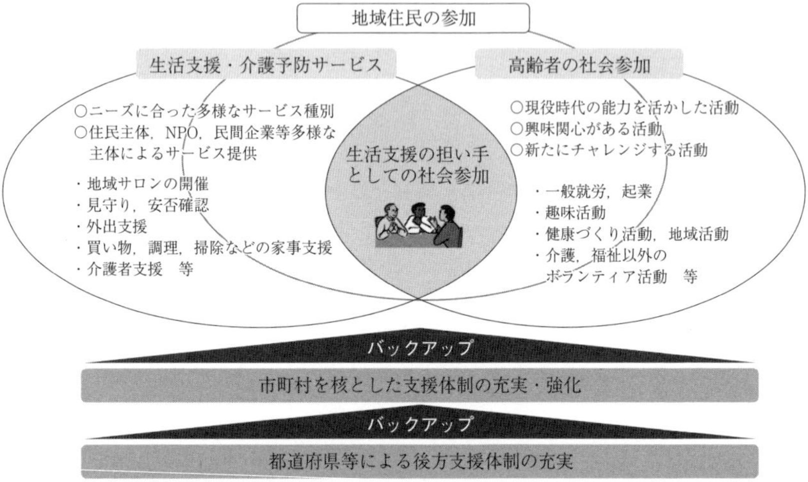

出所：厚生労働省老健局振興課「介護予防・日常生活支援総合事業の基本的な考え方」3頁（https://www.mhlw.go.jp/file/06-Seisakujouhou-12300000-Roukenkyoku/0000192996.pdf，2022年8月25日アクセス）。

参加することとされています。また，生活支援コーディネーター（地域支え合い推進員）が配置され，地域の担い手の養成などの資源開発，関係者が情報共有して連携できるようなネットワーク構築，ニーズと取り組みのマッチングを行います。

（6）地域密着型介護サービスとは
――一つの市町村の中で提供される身近なサービス

　介護保険を運営する保険者は市町村ですが，介護給付サービスの指定や監督は都道府県・政令市・中核市が担当しています。しかし，要介護状態になった人の生活を支えるには，地域の実情に応じて一つの市町村の中で提供されるサービスがあった方がよいと考えられ，2005年に介護保険制度が改正され，地域密着型介護サービスが創設されました。

　地域密着型介護サービスの内容は，図3-1の右側の枠内に示されています。中でも，小規模多機能型居宅介護は，訪問サービスと通所サービスに加えてショートステイの機能も併せ持っている特徴的なサービスです。

4　介護保険の財源

　介護保険は社会保険ですから，主な財源は保険料です。しかし，他の社会保険とは違い，介護保険の場合は税財源の比率も高いことが特徴です。年金のような積立金はありませんので，積立金からの収益はありません。

（1）保険料と税金のミックスされた財源

　介護保険の財源の内訳は保険料が50％，税金が50％です。税金の半分は国が負担し，都道府県と市町村が1/4ずつを負担します。言い換えれば，介護保険に必要な財源の1/4は国，都道府県と市町村が1/8ずつを負担します。保険料は65歳以上の高齢者である第1号被保険者と40歳から64歳の被保険者である第2号被保険者が負担します。保険料は定額ですが，全国一律ではなく市町村（保険者）ごとに決められます。このため，高齢化率の高い市町村の方が保険料は高くなります。あまり極端に保険料に違いが出ないように，財政安定化基金が設置されて財政調整が行われています。厚生労働省によると，介護保険に必要な財源の23％が第1号被保険者の保険料，27％が第2号被保険者の保険料でまかなわれています。

　社会保険でありながら，財源の半分は税であることは日本の介護保険の特徴です。また，給付の大部分は65歳以上の高齢者が受給しますが，財源の内訳をみると，65歳以上の高齢者が負担する保険料は財源全体の約1/4にとどまります。税は高齢世代も負担しますが，現役世代が中心になって負担することを考えれば，介護保険の財政も現役世代が高齢世代を支える構図になっているといえます。

（2）利用者負担はどのくらいあるのだろうか

　居宅サービスを利用する場合，所得に応じてサービスのために必要な費用の

１割から３割を負担します。ただし，１カ月の利用料が高額になった場合，所得に応じて設定された金額(6)を超えた金額は払い戻されます。この仕組みは「高額介護サービス費」と呼ばれ，医療保険の高額療養費に似た仕組みです。

　施設サービスを利用する場合，食費と居住費・滞在費（光熱水道費など）は利用者が負担します。かつては食費や高熱水道費も介護給付に含まれていましたが，そのために自宅にいるよりも施設に入所した方がお金はかからないことになり，高齢者を施設に入所させようとするおかしなインセンティブにつながりかねず，また居宅サービスを受ける人との間に不公平があることから，利用者が負担することになっています。ただし，高額介護サービス費と同じように，低所得者の負担を軽減する措置があります。介護保険施設に入所していて，所得や資産等が一定以下の場合，負担限度額を超えた分が介護保険から支給されます。この仕組みは「特定入所者介護サービス費（補足給付）」と呼ばれます。負担限度額は所得，施設の種類，部屋のタイプ（多床室やユニット型個室など）によって異なります(7)。

　高額介護サービス費も特定入所者介護サービス費（補足給付）も，給付を受けるためには市町村に申請することが必要です。申請しないことで必要以上の自己負担をすることがないように，利用者本人が知識を持つことも重要ですし，支援を行う人は知っておくべき知識の一つです。

5　地域包括ケアシステムとはどのような仕組みだろうか

　年をとって介護が必要な状態になっても，できるだけ施設に入所するのではなく住み慣れた場所で暮らすことは，ノーマライゼーションの理念に沿っていますし，多くの高齢者の願いです。もちろん施設に入所することが本人あるいは家族の状況から考えて必要な場合は依然として少なくありませんし，施設サービスは引き続き必要ですが，居宅サービスを中心とすることは国際的な潮流です。たとえばドイツの介護保険法では，施設サービスよりも居宅サービスが優先されることが条文上に明記されています。このため，在宅介護と在宅医療を統合した地域包括ケアシステムが導入されました。ここでは，地域包括ケアシステムとはどんな仕組みなのか，説明していきます。

（1）日常生活圏域ごとに医療や介護など5本の柱で高齢者の暮らしを支える

　地域包括ケアシステムは，高齢者が尊厳を保ちながら自立した生活を送ることを支援するために，できるだけ住み慣れた地域で，自分らしい暮らしを人生の最期まで続けることができるような地域の包括的な支援・サービス提供体制とされています。地域包括ケアシステムでは医療と福祉の垣根を越えて，在宅介護と在宅医療が統合されます。介護が必要な高齢者は医療ケアも必要とする場合が多いことから，それぞれの縦割りの制度で対応するのではなく統合された在宅ケアとして対応することは重要です。

　また，介護が必要になっても施設に入所せずに自宅で暮らすことを目指すことから，住まいも重要な要素になります。さらに，身体が不自由な高齢者が地域で暮らすには，医療や介護などの専門的なケアだけではなく，日常生活上の支援が必要です。高齢者だけの世帯，特に単身世帯が安心して暮らすためには安否確認などの見守りも重要です。このため，生活支援も地域包括ケアシステムの中核を成す要素の一つです。そして，年をとっても要介護状態にならないよう予防することは本人にとっても望ましいことですし，介護サービスへのニーズの増加が緩やかになれば介護人材の不足の深刻化を防ぐことにもつながり，介護保険料の上昇を抑制することもできます。

　こうしたことから，「介護」「医療」「住まい」「生活支援」「介護予防」は地域包括ケアシステムの5本の柱として位置づけられています。そのことを図に示したものが図3-3です。

（2）地域包括支援センターとはどのような機関だろうか

　地域包括支援センターは日常生活圏域ごとに市町村が設置して，地域包括ケアシステムの中心となる機関です。地域包括支援センターは図3-4に示されているように，介護予防ケアマネジメント，総合相談支援，権利擁護，包括的・継続的ケアマネジメントの4つの役割を担い，そのために社会福祉士，保健師，主任ケアマネジャーなどの専門家がスタッフになります。地域包括支援センターの役割の中でも総合相談支援は介護保険に限らず高齢者の相談を幅広く受け付けるという制度横断的な役割であり，これまでの制度ごとの縦割りを超えようとするものです。医療，介護，福祉など縦割りの制度ごとに担当機関

図3-3　地域包括ケアシステムの5本の柱

○　団塊の世代が75歳以上となる2025年を目途に，重度な要介護状態となっても住み慣れた地域で自分らしい暮らしを人生の最後まで続けることができるよう，住まい・医療・介護・予防・生活支援が一体的に提供される地域包括ケアシステムの構築を実現していきます。
○　今後，認知症高齢者の増加が見込まれることから，認知症高齢者の地域での生活を支えるためにも，地域包括ケアシステムの構築が重要です。
○　人口が横ばいで75歳以上人口が急増する大都市郡，75歳以上人口の増加は緩やかだが人口は減少する町村部等，高齢化の進展状況には大きな地域差が生じています。
　地域包括ケアシステムは，保険者である市町村や都道府県が，地域の自主性や主体性に基づき，地域の特性に応じて作り上げていくことが必要です。

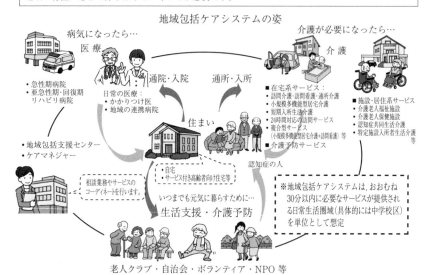

地域包括ケアシステムの姿

病気になったら…　医療

介護が必要になったら…　介護

通院・入院　　通所・入所

・急性期病院
・亜急性期・回復期リハビリ病院

日常の医療：
・かかりつけ医
・地域の連携病院

・地域包括支援センター
・ケアマネジャー

■在宅系サービス：
・訪問介護・訪問看護・通所介護
・小規模多機能型居宅介護
・短期入所生活介護
・24時間対応の訪問サービス
・複合型サービス
　(小規模多機能型居宅＋訪問看護) 等
■介護予防サービス

■施設・居住系サービス
・介護老人福祉施設
・介護老人保健施設
・認知症共同生活介護
・特定施設入所者生活介護
　　　　　　　　　　等

住まい

相談業務やサービスのコーディネートを行います。

・自宅
・サービス付き高齢者向け住宅等

認知症の人

いつまでも元気に暮らすために…

生活支援・介護予防

※地域包括ケアシステムは，おおむね30分以内に必要なサービスが提供される日常生活圏域(具体的には中学校区)を単位として想定

老人クラブ・自治会・ボランティア・NPO 等

出所：厚生労働省「地域包括ケアシステム」(https://www.mhlw.go.jp/stf/seisakunitsuite/bunya/hukushi_kaigo/kaigo_koureisha/chiiki-houkatsu/，2023年2月7日アクセス)。

があると，困ったことを抱えた人が相談に行っても窓口が違うといわれてしまい，相談することを諦めてしまうこともあります。このため，様々な相談を一つの窓口で受け付ける「ワンストップサービス」が重要と指摘されていましたが，地域包括支援センターは，そうした声に応える政策だといえます。

（3）社会的孤立と生活支援の重要性

　要介護状態になった高齢者が安心して地域で暮らせるようにするための買い物やゴミ出しなど日常生活上のちょっとした支援や見守りは，以前は家族や近所の人などが行ってきました。しかし，非婚化が急速に進行し，今では男性の

図3-4　地域包括支援センターの役割

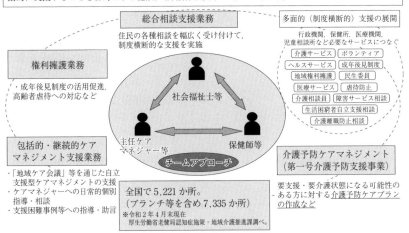

地域包括支援センターは，市町村が設置主体となり，保健師・社会福祉士・主任介護支援専門員等を配置して，住民の健康の保持及び生活の安定のために必要な援助を行うことにより，地域の住民を包括的に支援することを目的とする施設。（介護保険法第115条の46第1項）

出所：厚生労働省「地域包括支援センターの概要」（https://www.mhlw.go.jp/content/12300000/000756893.pdf，2022年8月25日アクセス）。

　約3割は50歳時点で結婚していない社会になっています。また，人間関係が希薄化して，困った時に助けてくれる人がいない社会的孤立が広がっています[8]。内閣府の調査によれば，高齢者が病気の時や，一人ではできない日常生活に必要な作業（電球の交換や庭の手入れなど）が必要な時，同居の家族以外に頼れる人と回答した割合は表3-2の通りです。

　表3-2に示されているように，欧米諸国に比べると日本の高齢者は困った時に同居家族以外に頼れる人は少ない状況にあります。そして，非婚化が進行していることから，同居家族のいない一人暮らしの高齢者は増加しつつあります。50歳時点での未婚率は生涯未婚率と呼ばれることもありますが，近年急速に上昇し，特に男性は女性よりも早く上昇しています。「人口統計資料集」（国立社会保障・人口問題研究所，2022年）によれば，男性の50歳時の未婚割合は1980年には2.6%でしたが，2000年には12.57%と1割を超え，2010年には20.14%と2割を超え，2020年には28.25%にまで上昇しています。このため，一人暮らしの高齢男性は今後ますます増加すると思われます。

表 3-2　高齢者が同居の家族以外に頼れる人

	友　人	近所の人
日　本：	14.9%	15.0%
アメリカ：	36.8%	33.6%
ド イ ツ：	46.4%	40.2%
スウェーデン：	24.8%	20.0%

出所：内閣府「第 9 回高齢者の生活と意識に関する国際
　　　比較調査」2021年，78頁。

　このように，現在の日本では，生活支援は以前のように家族や近所の人たちが担うことは難しくなっています。一方，地域で不足しがちな医療や福祉の専門家が買い物支援や見守りを行うことは現実的ではありません。

このため，ボランティアや NPO，老人クラブや自治会など地域の人たちが中心となり，市町村や社会福祉協議会との公私連携によって生活支援を行うことが期待されます。

　また，男性の非婚化の進行は，老いた親と同居する非婚男性を増加させています。少子化に伴う一人っ子の増加により，親の介護を兄弟姉妹と分担できず，配偶者の支援もない状態で一人きりで親の介護に直面すると，仕事との両立が難しくなり，やがて介護される高齢者と介護する子どもが社会的に孤立する「介護の社会的孤立」の状態になってしまうおそれがあります。介護の社会的孤立は高齢者の虐待につながってしまうリスクがあり，また介護が終わった後も介護者が再び働くことができなかったり，社会とのつながりを取り戻せないことなどが心配されます。介護の社会的孤立を防ぐためにも，地域包括ケアシステムの生活支援がうまく機能することが望まれます。

注
(1)　74の基本項目の内訳など認定調査の詳しい内容は，「認定調査員テキスト2009改訂版（平成30年 4 月改訂）」に掲載されています。このテキストは厚生労働省ホームページ（https://www.mhlw.go.jp/stf/seisakunitsuite/bunya/hukushi_kaigo/kaigo_koureisha/nintei/index.html，2021年 6 月10日アクセス）からダウンロードできます。
(2)　介護保険法上はサービスに必要な費用を支給することになっていますが，利用者にとって便利なように，サービス事業者が利用者に代わって受け取ること（代理受領）で，現物給付化されています。例外として，離島や僻地などでホームヘルパーが不足している場合，一定の要件を充たせば家族はホームヘルパーとして介護事業者から報酬を受けることができます。
(3)　個室の施設の整備が推進されていますが，個室ではなくユニットケアを提供する施

設もあります。

(4) 特定施設入居者生活介護とは，有料老人ホーム，養護老人ホームおよび軽費老人
　　ホームの3種類の施設のうち，厚生労働省令に定める職員の数や設備，運営などの基
　　準を満たしているとして都道府県知事が指定した施設（特定施設）に入居している要
　　介護認定を受けた利用者に対して特定施設サービス計画に基づいて行われる食事，入
　　浴，排泄などの介護や日常生活上のサービスです。

(5) 厚生労働省老健局「公的介護保険制度の現状と今後の役割　平成30年度」13頁。

(6) 2021年8月以降，利用者の1カ月の負担限度額は生活保護受給者等は1万5,000円，
　　世帯の全員が市町村民税非課税の場合は2万4,600円，課税所得380万円未満の場合は
　　4万4,400円，課税所得380～690万円の場合は9万3,000円，課税所得690万円以上の
　　場合は14万100円となっています。

(7) 負担限度額の詳しい情報は厚生労働省ホームページの「介護事業所・生活関連情報
　　検索」に掲載されています（https://www.kaigokensaku.mhlw.go.jp/commentary/
　　fee.html，2022年8月25日アクセス）。

(8) 高齢者や介護者の社会的孤立の詳細に関心があれば，藤本（2012）や藤本（2014）
　　を参照して下さい。

参考文献

社会福祉法令研究会編（2001）『社会福祉法の解説』中央法規出版。

土田武史・田中耕太郎・府川哲夫編著（2008）『社会保障改革——日本とドイツの挑戦』
　　ミネルヴァ書房。

ニコラス・バー（2007）『福祉の経済学——21世紀の年金・医療・失業・介護』光生館。

増田雅暢（2022）『介護保険はどのようにしてつくられたか』TAC出版。

より詳しく知るために

・介護保険制度の内容とデータをより詳しく知るには

　介護保険制度の概要（厚生労働省）（https://www.mhlw.go.jp/stf/seisakunitsuite/bun
　　　ya/hukushi_kaigo/kaigo_koureisha/gaiyo/index.html，2022年7月30日アクセス）。

・海外の介護保障制度をより詳しく知るには

　増田雅暢編著（2014）『世界の介護保障　第2版』法律文化社。

・高齢者や介護者の社会的孤立の詳細をより詳しく知るには

　藤本健太郎（2012）『孤立社会からつながる社会へ——ソーシャルインクルージョン
　　　に基づく社会保障改革』ミネルヴァ書房。

　藤本健太郎編著（2014）『ソーシャルデザインで社会的孤立を防ぐ——政策連携と公
　　　私協働』ミネルヴァ書房。

長時間残業──毎日遅くまで残業で心配だよ！

雪子さん：先生，残業時間って何かルールはないんですか？

ふくろう先生：雪子さん，落ち着いて。何かあったのかな。

雪子さん：私の友達のお母さんなんですけど，毎日残業で夜遅くまで帰ってこないそう
　　　　　なんです。友達も進路のこととか，いろいろ話したいこともあると思うんで
　　　　　すけど。

ふくろう先生：会社が従業員を働かせてよいのは，原則として1日8時間，週40時間で
　　　　　　　すよ。

雪子さん：でも，そんな短い時間で帰っている人なんて日本のサラリーマンにはいない
　　　　　んじゃないですか。

ふくろう先生：そうですね。それは，従業員の代表者と会社との間で「こういう理由が
　　　　　　　あるときは，1日8時間以上働かせてもよい」と認める労使協定を結ん
　　　　　　　でいることが多いからです。三六協定といいます。

雪子さん：そういえば，友達のお母さんが上司に相談したけど，「労働組合と協定があ
　　　　　るから，どれだけ残業させてもいいんだって言われた」とか言ってたような
　　　　　……。

ふくろう先生：それは古い知識ですね。三六協定には残業時間の上限を定める必要があ
　　　　　　　りますが，以前は上限を超えてもペナルティがなく，長時間残業の取り
　　　　　　　締まりは難しかったのです。でも，2018年の法改正で，三六協定を結ん
　　　　　　　でいても，時間外労働は月45時間以内かつ年360時間以内に収めなけれ
　　　　　　　ば罰則が適用されることになりました。

雪子さん：だいたい1日2時間くらいが残業の上限になるんですね。それなら毎日長時
　　　　　間残業にならないですよね。

ふくろう先生：そうですね。とはいえ，時間外労働というのは1日8時間を超えた部分
　　　　　　　です。毎日毎日10時間働くのは，やはり楽ではありませんよ。

雪子さん：友達の話だと，お母さんは午後11時か午前零時くらいに帰ってきて，ときど
　　　　　き日曜日も出勤しているみたいなんです。

ふくろう先生：ふーむ，そうですか。そのお母さんの会社は，お休みの日は日曜だけで
　　　　　　　すか。

雪子さん：うーん，部活とか土曜の学校行事とかはお父さんしか来たことないですけど
　　　　　……。詳しいことは分かりません。

ふくろう先生：法律上，7日間に1日は必ず休みの日がなければなりません。そのお母

さんの会社の休みが日曜だけ，つまり週1日しか休日がない会社なら，休日労働を認める三六協定を結ばない限り，日曜出勤は違法です。それから，休日労働と時間外労働の合計が1カ月に100時間以上だったり，2〜6カ月平均で80時間を超えている場合は会社にペナルティがあります。

雪子さん：へえ，知らなかった。

ふくろう先生：週休2日制の会社なら，週1日だけの休日出勤は「7日間に1日の休み」が確保されていますので，法律違反にはなりません。その場合も，平日の勤務時間と残業，休日労働の合計が40時間を超えれば，超えた部分は時間外労働です。それから，時間外労働も休日労働も，三六協定があっても割増賃金を払う必要があります。割増率は時間外労働なら25％，休日労働で35％です。

雪子さん：夜遅いのはどうなんですか。

ふくろう先生：夜10時から翌朝5時までの時間帯に働くことは深夜業といって，それ自体は違法ではありません。ただし，25％割増で賃金を払うことになっています。時間外労働が深夜業の時間帯に入っていれば，時間外労働と深夜業の割増率を合算して，50％割増ですね。

雪子さん：真面目に払うと，会社も結構大変な金額ですね。

ふくろう先生：そうです。真面目に法律を守るなら，長時間労働は割高なんですよ。単純にいうと，1人1日12時間働かないと終わらない仕事量なら，1人に12時間働かせるよりも，8時間働く人と4時間働く人の2人雇った方が安くつくはずです。

雪子さん：サービス残業っていうのが悪いんですよね。

ふくろう先生：よく知っていますね。上司が残業時間を実際より短く申告させたり，働く人が空気を読んで正確に申告しないのは，昔からある問題です。それから，残業代を定額制にしている会社もあります。

雪子さん：定額制なら，あまり残業しないで帰ればお得ですね。

ふくろう先生：まあ，そういうケースもあるかもしれませんけど，問題は足りない時です。時間外，休日，深夜それぞれ正確に計算した金額が定額残業代の金額を超えていれば，会社は差額を払う義務がありますから，働く人も自分が働いた時間数をちゃんと記録して確認した方がいいですね。

雪子さん：会社が法律に違反する残業をさせている時は，どうすればいいんですか。

ふくろう先生：労働基準法に違反する長時間労働や割増賃金の不払いは労働基準監督署が取り締まっていますから，労基署に相談するとよいと思います。また，いろいろな機関が行っている無料労働相談に電話してみるのもいいです

ね。

雪子さん：友達の話だと，上司もずっと残って残業をしているからお母さんも残業を断りにくかったそうなんですが，上司も法律の上限を超えて残業をしていたんでしょうか。

ふくろう先生：上司は管理職ですね。実は，労働時間の制限が適用されない業種が4つあります。その1つが管理監督者で，いわゆる管理職とほぼ同じ意味です。管理監督者は，雇われて働く身ではあるけれど経営者に近い存在で，労働時間も自分で決められるので労働時間規制の適用が除外されています。

雪子さん：なるほど，上司に命令されて残業をさせられる人を保護する仕組みになってるんですね。

ふくろう先生：そのとおりです。立派な肩書があっても，実際には上司に指図されて働いている「名ばかり管理職」は，管理監督者にはあたりませんから，その人の部下と同じように法定労働時間や割増賃金の制度が適用されます。

雪子さん：過労で倒れるほどじゃなくても，毎日残業だと家族と過ごす時間もとれないし，育児や親の介護がある人は困りますよね。

ふくろう先生：育児中の人は，子どもが3歳未満なら勤務時間を短縮すること，小学校入学前なら時間外労働は1カ月当たり24時間までに抑えることなどを会社に求めることができます。介護についても，会社は短時間勤務制度やフレックスタイム制度などを導入して，介護中の従業員の求めがあれば，勤務時間を短縮できるようにしなければなりません。

　　　　　ただ，育児や介護で残業などをしない人の分を，他の人が無理をしてカバーするのはよいこととはいえません。誰もがしっかり休息をとり，仕事以外のことにも時間を使えるようにしないといけません。

雪子さん：そうすると，会社が物を作ったり届けたりするスピードは遅くなりますよね。会社の物を買うお客さん側も「すぐ届けてほしい」とか，無茶振りしないようにしないと。

ふくろう先生：そのとおりですね。働く人の健康と暮らしは，会社だけでは守れません。「より早く，より安く」が企業に当然のように求められ続けると，働く人に無理をさせる要因になります。お客の立場になった時も，物やサービスが届くまでのプロセスを考えて行動できるといいですね。

　　注　労働基準法は第5章で説明しています。

| 社会福祉と生活保護の仕組み

　ここまで日本の社会保障の中心になっている社会保険について，年金，医療，介護の仕組みを説明してきました。この章では，税を財源とする社会保障の仕組みである社会福祉と生活保護の仕組みについて説明します。社会福祉は高齢者，障害者，児童などの対象者ごとに制度が発達してきたので，本章でも対象者ごとに説明します。ただし，高齢福祉の中心は介護保険に移行していますので，ここでは障害福祉と児童福祉について説明します。また，2000年の社会福祉基礎構造改革などをきっかけとして対象者ごとの縦割りを超えようとする動きが生じていますので，そのことも紹介します。

1　社会福祉制度はどのように発達してきたのか

（1）日本の社会福祉はいつ始まったのだろうか

　社会福祉が日本で始まったのはいつなのかについては，いろいろな考え方があります。たとえば奈良時代に藤原光明子が創建した悲田院は貧しい人たちを救うための施設です。このほかにも個人の篤志家による福祉事業は古くからありますが，社会の仕組みとして行うものを社会福祉と考えれば，社会福祉が始まるのはずっと後になります。

　1874年に明治新政府が制定した恤救規則（じゅっきゅうきそく）は，政府による初めての救貧制度です。しかし，恤救規則では共同体としての村や家族による私的な救済が優先されていて，政府に保護を行う責任はなく，病気や障害などのために働けず頼る者もいない「無告の窮民」だけが給付の対象になっていました。

　さらに時代が進み，世界恐慌を受けて1929年には救護法が成立しました。救護法は貧しい高齢者や子ども，障害者などを対象として国の責任において保護することを定め，居宅介護が難しい場合に入所する養老院や孤児院も規定して

います。救護法は初めて国が貧困者を扶助する義務を定めたものであり，社会福祉の原型といえる仕組みです。しかし救護法は働く能力のある人は対象から除外されていて，国の責任をうたいながら予算不足を理由に施行は３年遅れました。こうしたことから，日本の社会福祉制度は戦後の福祉三法によって始まると考えられています。

（2）対象者ごとの縦割りの制度

　戦後発達した日本の社会福祉制度は，対象者ごとに縦割りでつくられていることが特徴です。敗戦後の混乱の中で，緊急に保護する必要のある貧困者，子ども，身体障害者を対象として国の責任を保護する福祉三法が成立しました。このあたりの経緯は序章でも説明したところです。生活保護法，児童福祉法，身体障害者福祉法の福祉三法では，法律の名称の最初に「児童」や「身体障害者」というように対象者が示されています。生活保護法は法律の名称に対象者は表れていないものの，対象となるのは低所得者です。このように対象者ごとの縦割りの制度が成立したのは，予算も人員も足りない中で，まず緊急性の高い人から保護しようとしたためだと考えられます。これらの法律が対象とした戦争で親を亡くした子どもや手足を失った人たちなどは緊急に保護する必要があり，特に子どもは自分で申請することができないことから，本人の申請を待たずに行政機関の判断で福祉サービスを提供する措置制度が生まれたと考えられます。1951年には，社会福祉事業とは何かを定め，社会福祉事業を行うために設立される公的法人である社会福祉法人や，自治体において社会福祉行政を担当する福祉事務所などを規定した社会福祉の基本法といえる社会福祉事業法も制定されました。

　その後，社会福祉の対象者が拡大するにつれて法律も整備が進み，福祉三法に高齢者福祉法，知的障害者福祉法，母子及び寡婦福祉法を加えて「福祉六法」と呼ばれるようになりました。福祉六法に加わった３つの法律も，名称に「高齢者」「知的障害者」「母子及び寡婦」と対象者が示されています。

　縦割りの制度には，どの制度にも当てはまらないものの支援が必要な人が生じてしまう問題点や，制度が複雑で分かりにくくなる問題点などがあります。このため，近年は障害の種別を超えた共通の仕組みにした障害者自立支援法が

制定されました。また，高齢者も障害者も児童も一緒にケアするという富山型デイサービス⁽¹⁾が全国に影響するなど，縦割りをなくそうとする現場からの動きもみられます。

（3）措置から契約へ——措置が残った部分もある

　社会福祉は，第3章で説明したように，どのような福祉サービスがどのぐらい必要か行政機関が総合的に判断する措置制度から，福祉サービスの必要性を客観的な基準に基づいて決定し，どの施設を利用するかなどは利用者が自分の意思で決める契約制度に移行しました。本章では障害福祉について，措置から契約への移行について説明します。ただし，すべての社会福祉の仕組みが契約になったわけではありません。子どもの場合，保育サービスの選択などは親が代わりに行いますが，親との間に問題が生じて児童虐待が生じてしまったような場合，契約による仕組みは機能しませんので，行政機関の判断で保護をする仕組みが残っています。高齢福祉についても，認知症など判断能力が低下した人についても成年後見制度などによって本人をサポートすることで契約する仕組みがありますが，緊急に保護する必要が生じた場合のために措置制度も残っています。

2　障害福祉はどのような仕組みだろうか

　障害者と聞くと，特別な人たちだと思う人もいるかもしれません。しかし，人類の約15％は何らかの障害があるといわれています。働き過ぎて病気になったり，職場のトラブルでうつ病になることもあり，働く人にとっても障害は縁遠いものではありません。障害の状態になった場合にどんな支援があるのか知っておくことは，障害のない健常者にも必要なことだと思います。また，障害者は無力でかわいそうな人ではなく，できることが多くあることは，2021年に開催された東京パラリンピックでも示されました。障害は特別なことではなく一つの個性と捉えることが，多様性を認める共生社会の実現には重要です。

（1）障害の状態になる原因

　障害の種類には，目や耳など体の一部が不自由である身体障害，ダウン症などの知的障害，うつ病や統合失調症などの精神障害など，様々な種類があり，障害の状態になる原因も様々です。障害は自分には縁遠いものだと思っている人もいるでしょうが，病気やケガになって治療を受けた結果，障害の状態になることもあります。あるいは交通事故に遭って大きなケガをすれば，治療を受けたとしても，手や足が不自由になる場合もあります。また，仕事が忙しくて残業が続いたり，職場でトラブルがあったりして，うつ病になってしまうリスクもあります。このように障害は，決して他人事ではありません。

　そして，障害になった場合は，社会保障のいろいろな制度が支援するようになっています。病気やケガの治療を受けているうちは医療保険の対象になり，治療が終わった後は障害福祉サービスを受けることになります。もし重い障害であれば，障害年金を受給できます。さらに仕事中や通勤中の交通事故であれば，また長時間残業など仕事が原因でうつ病になったのであれば，労災保険が適用される可能性があります。そして，長時間残業を防いだり，職場のハラスメントによって身体や心の健康が損なわれることに対応するのは労働法の仕組みになります。

（2）障害者自立支援法の成立——措置から契約へ・細かな縦割りからの脱却

　高齢者福祉制度の大部分は介護保険がスタートしたことで措置制度から契約に移行しました。しかし，障害福祉制度は21世紀になっても，戦後すぐにつくられた措置制度が続いていました。2000年の社会福祉基礎構造改革ではサービスの利用者と提供者は対等の関係であることを明確にして，恩恵救済的になりがちな措置制度から，利用者の自己決定を尊重してサービスを選択できるように，契約への移行が打ち出されました。これを受けて2003年に支援費制度が始まりました。

　日本の社会福祉制度は対象者ごとの縦割りに発達し，障害福祉制度は身体障害・知的障害・精神障害の3つの種類に分けられ，さらに身体障害でいえば視覚障害，聴覚障害，肢体不自由，内部障害など障害の種別ごとにサービスが細分化されていました。うつ病は精神障害に含まれます。

　支援費制度では障害の種別ごとに制度が分かれていたこと，精神障害者が支援費の対象外であったことから，3つの障害に共通する仕組みとして2006年に障害者自立支援法が制定されました。これによって，障害者自立支援法では，障害の種別ごとに33種類に分かれていた施設体系が再編されました。また実施主体は制度によって都道府県と市町村に分かれていましたが，市町村に一本化されました。そして就労支援事業が創設されて，雇用政策との連携を強化することが打ち出されました。

　縦割りの問題として，制度の谷間にいる人が支援されないことが指摘されます。障害福祉の分野でいえば発達障害にはなかなか支援の手が届きませんでした。2004年12月に発達障害者支援法が成立し，発達障害の早期発見・早期支援や発達障害児者の生活支援が進められています。また，2010年の障害者自立支援法の改正によって，発達障害は精神障害に含まれることとされ，障害者自立支援法の対象になることが明確になりました。

（3）障害者総合支援法によって提供されるサービス

　障害者自立支援法は，戦後続いてきた縦割りの障害福祉制度を改める仕組みでしたが，2013年に制度の谷間となって支援の充実が求められていた難病を対象に加え，障害者・児を権利の主体と位置づけた基本理念を定める制度改正が行われ，法律の名称も障害者総合支援法に変更されました。

　障害者総合支援法に基づいて提供されるサービスは表4-1の通りです。介護給付はホームヘルプ，訪問介護，ショートステイなどの居宅ケアと施設ケアがあり，介護保険の給付体系に似ています。これに対して，訓練等給付は就労や自立のための支援であり，障害福祉の特徴となるサービスです。

（4）障害支援区分の認定

　障害者総合支援法によるサービスを受けるためには，市町村の窓口に申請し，障害支援区分の認定を受けることになります。障害支援区分は障害の重さではなく必要とされる支援の度合を総合的に示すものとされていて，最も低い区分1から最も重い区分6までの6段階に分かれています。

　障害支援区分の認定は2段階で行われ，まず訪問調査員による訪問調査の結

表 4-1 障害者総合支援法に基づくサービスの体系

1 介護給付

①居宅介護（ホームヘルプ）⑧⑨	自宅で，入浴，排せつ，食事の介護等を行います。
②重度訪問介護 ⑧	重度の肢体不自由者又は重度の知的障害若しくは精神障害により，行動上著しい困難を有する人で常に介護を必要とする人に，自宅で，入浴，排せつ，食事の介護，外出時における移動支援などを総合的に行います。2018（平成30）年4月より，入院時も一定の支援が可能となりました。
③同行援護 ⑧⑨	視覚障害により，移動に著しい困難を有する人に，移動に必要な情報の提供（代筆・代読を含む），移動の援護等の外出支援を行います。
④行動援護 ⑧⑨	自己判断能力が制限されている人が行動するときに，危険を回避するために必要な支援や外出支援を行います。
⑤重度障害者等包括支援⑧⑨	介護の必要性がとても高い人に，居宅介護等複数のサービスを包括的に行います。
⑥短期入所（ショートステイ）⑧⑨	自宅で介護する人が病気の場合などに，短期間，夜間も含め施設で，入浴，排せつ，食事の介護等を行います。
⑦療養介護 ⑧	医療と常時介護を必要とする人に，医療機関で機能訓練，療養上の管理，看護，介護及び日常生活の支援を行います。
⑧生活介護 ⑧	常に介護を必要とする人に，昼間，入浴，排せつ，食事の介護等を行うとともに，創作的活動又は生産活動の機会を提供します。
⑨障害者支援施設での夜間ケア等（施設入所支援）⑧	施設に入所する人に，夜間や休日，入浴，排せつ，食事の介護等を行います。

2 訓練等給付

①自立訓練 ⑧	自立した日常生活又は社会生活ができるよう，一定期間，身体機能又は生活能力の向上のために必要な訓練を行います。機能訓練と生活訓練があります。
②就労移行支援 ⑧	一般企業等への就労を希望する人に，一定期間，就労に必要な知識及び能力の向上のために必要な訓練を行います。
③就労継続支援（A型＝雇用型，B型＝非雇用型）⑧	一般企業等での就労が困難な人に，働く場を提供するとともに，知識及び能力の向上のために必要な訓練を行います。 雇用契約を結ぶA型と，雇用契約を結ばないB型があります。
④就労定着支援 ⑧	一般就労に移行した人に，就労に伴う生活面の課題に対応するための支援を行います。
⑤自立生活援助 ⑧	一人暮らしに必要な理解力・生活力等を補うため，定期的な居宅訪問や随時の対応により日常生活における課題を把握し，必要な支援を行います。
⑥共同生活援助（グループホーム）⑧	共同生活を行う住居で，相談や日常生活上の援助を行います。また，入浴，排せつ，食事の介護等の必要性が認定されている方には介護サービスも提供します。 さらに，グループホームを退居し，一般住宅等への移行を目指す人のためにサテライト型住居があります。

注：(1)　表中の「⑧」は「障害者」，「⑨」は「障害児」であり，それぞれが利用できるサービスです。
　　(2)　サテライト型住居については，早期に単身等での生活が可能であると認められる人の利用が基本となっています。
　　(3)　④と⑤は2018（平成30）年の法改正により新設されました。
　　(4)　サービスには期限のあるものと，期限のないものがありますが，有期限であっても，必要に応じて支給決定の更新（延長）は一定程度，可能となります。
出所：「障害福祉サービスの利用について」全国社会福祉協議会，2018年。

果と主治医の意見書に基づいてコンピュータ判定による一次判定が行われ，認定調査員による特記事項と主治医の意見書に基づいて市町村審査会による二次判定が行われます。

（5）利用者負担

利用者負担はサービス量と所得に着目した負担の仕組みとされていますが，所得に応じて負担月額上限があります。[2]住民税非課税世帯や生活保護世帯は負担が免除されます。入所施設を利用する場合，食費・光熱水費用の実費負担がありますが，一定の金額が利用者の手元に残るよう補足給付があります。このほかにも療養介護を利用する場合の医療型個別減免などの負担軽減措置があります。[3]

（6）障害者の権利に関する条約——障害者差別解消法

障害者の権利に関する条約は，障害者の人権及び基本的自由の享有を確保し，障害者の固有の尊厳の尊重を促進することを目的として，障害者の権利の実現のための措置等について定める条約です。この条約は，障害者を差別しないことや，障害者に合理的配慮を行うことを求めています。日本は2007年に障害者の権利に関する条約に署名し，その後，条約の内容を担保するために障害者差別解消法を制定するなどの準備をして，2014年に条約の締結国となりました。

障害者差別解消法は，障害者に対する不当な差別的取り扱いを禁止し，合理的配慮の提供を求めています。内閣府によれば，[4]不当な差別的取り扱いとは，障害のある人に対して，正当な理由なく，障害を理由として，サービスの提供を拒否することや，サービスの提供にあたって場所や時間帯などを制限すること，障害の無い人にはつけない条件をつけることです。また，合理的配慮とは，障害のある人から，社会の中にあるバリアを取り除くために何らかの対応を必要としているとの意思が伝えられた時に，負担が重すぎない範囲で対応すること（事業者においては，対応に努めること）が求められるものです。

3　児童福祉はどのような仕組みだろうか

（1）児童とは何歳までだろうか

　児童福祉は，社会福祉の中でも子どものケアを行う分野です。ところで，何歳になるまで児童福祉の対象になるのでしょうか。日本では大人になるのは20歳でしたが，児童福祉法の定義によれば，児童とは18歳未満の者です。成人になる年齢と児童福祉の対象年齢がずれているため，たとえば，何らかの理由で親と一緒に暮らせない子どもが保護されている児童養護施設に入所できるのは18歳までなので，未成年の状態で社会に出なければいけないという問題が生じていました。国際的にみると，児童の権利に関する条約でも児童は18歳未満の者です。日本でも民法が改正されて，2022年4月から18歳以上が成人になりました。児童労働を禁止する労働基準法では児童とは16歳未満なので，すべてが統一されるわけではありませんが，多くの制度では18歳から大人ということになります。

（2）保育サービスにはどのようなものがあるのだろうか

　代表的な保育サービスは保育所です。保育所は，親に代わって子どものケアをする通所施設であり，以前は親が病気だったり，亡くなった場合に利用されることが多かったのですが，共働きの家庭やひとり親家庭の利用が増えました。今では男女共同参画の考え方が広がり，男性だけではなく女性も能力を活かして社会で活躍することが普通のことになりましたので，働く母親が増えて，多くの子どもが利用するサービスになっています。

　保育所は児童福祉法に基づく措置制度として，利用する必要があるかどうかを行政機関が判断する仕組みでしたが，2012年に消費税の引き上げと同時に制定された子ども・子育て支援法によって，保護者からの申請を受けて，市町村は客観的な基準に基づいて，親が働いていたり，妊娠していたり，病気であるなど「保育を必要とする事由」に該当するかどうかを認定することになりました。また，子ども・子育て支援法では，サービス内容の似ていた保育と幼児教育を合わせて「子どものための保育・教育給付」として，一つの仕組みにして

表4-2 保育所等を利用する子どもの認定区分

「認定こども園」「幼稚園」「保育所」「小規模保育等」の教育・保育を利用する子どもについては，以下の3つの認定区分が設けられ，この区分に基づいて施設型給付等（施設・事業者が代理受領）が行われます。

認定区分	給付の内容	利用定員を設定し，給付を受ける施設・事業
教育標準時間（1号）認定子ども 満3歳以上の小学校就学前の子どもであって，2号認定子ども以外のもの ［子ども・子育て支援法第19条第1項第1号］	●教育標準時間[(1)]	幼 稚 園
		認定こども園
保育（2号）認定子ども 満3歳以上の小学校就学前の子どもであって，保護者の労働又は疾病その他の内閣府令で定める事由により家庭において必要な保育を受けることが困難であるもの ［子ども・子育て支援法第19条第1項第2号］	●保育短時間 ●保育標準時間	保 育 所
		認定子ども園
保育（3号）認定子ども 満3歳未満の小学校就学前の子どもであって，保護者の労働又は疾病その他の内閣府令で定める事由により家庭において必要な保育を受けることが困難であるもの ［子ども・子育て支援法第19条第1項第3号］	●保育短時間 ●保育標準時間	保 育 所
		認定こども園
		小規模保育園等

注：(1) 教育標準時間外の利用については，一時預かり事業（幼稚園型）等の対象となります。
出所：内閣府・文部科学省・厚生労働省「子ども・子育て支援新制度ハンドブック（施設・事業者向け）平成27年7月改訂版」3頁。

います。福祉と教育は違うと考える人もいますが，元々，保育所と幼稚園は似たような内容のサービスを行っていて，今回の制度改正で統合されました。保護者の状況に応じて，保育所を利用したり，幼稚園を利用したり，あるいは両方の機能を持つ認定子ども園を利用することになります。こうした認定区分は表4-2の通りです。

　保育をめぐる問題としては，保育所への入所を希望しても空きがなくて入所できない待機児童の問題があります。待機児童の問題については第7章で詳しく説明しますが，ここでは地域型保育事業とはどのようなものかを説明します。待機児童の解決が難しい一つの理由として，保育所を建設するためには園庭を含めてある程度の広さの土地が必要であり，都市部ではなかなか土地が確保できないことがあります。そのため，保育士などが自宅等で少人数の子どもを保育する形での保育サービスも始まりました。さらに，企業がオフィスに設置する保育所の整備も推進されています。このような保育所以外の保育サービスは，

子ども・子育て支援制度では地域型保育事業と位置づけられ，以下の4つの類型に整理されています。待機児童が深刻なのは0〜2歳児であることから，地域型保育事業は0〜2歳児を対象としています（事業所内保育事業では，子どもが3歳以上になっても，受け皿が見つからない場合には定員の範囲内で特例給付を受けて，引き続き事業所内保育施設を利用することも可能です）。

　　　小規模保育事業：市町村や民間事業者が実施主体となり，保育者の自宅などで保育を行う。認可定員は6〜19人。3歳になってからの受け皿となり，保育内容のサポートを行う連携施設が設定されている。

　　　家庭内保育事業：市町村や民間事業者が実施主体となり，保育者の自宅などで保育を行う。認可定員は1〜5人。旧制度では保育ママ制度と呼ばれていた。

　　　事業所内保育事業：事業主等が実施主体となり，事業所の従業員の子どもと地域の保育を必要とする子どもを対象とする。

　　　居宅訪問型保育事業：市町村や民間事業者が実施主体となり，保育を必要とする子どもの自宅を訪問する。

（3）保育料はどのように決まっているのだろうか

　保育所は，税金に加えて保護者の負担する保育料も財源として運営されています。保育料はいくらかといえば，自治体によって異なります。従来の制度では国が保育料の水準を決めていましたが，子ども・子育て支援制度では国は上限を決めて，実際の保育料は市町村が決めることになりました。国が定める利用者負担の上限額の基準は，表4-3の通りです。

　表4-3では，保護者の所得を階層に分けて利用者負担が決まることを示しています。このように，保育料は利用したサービスの量に応じて負担額が決まる応益負担ではなく，所得（負担能力）に応じて負担額が決まる応能負担の考え方によっています。また，表4-3の中で給付単価を限度とすると書いてあるのは，給付単価が利用者負担の上限額より低い場合があるからです。分かりやすく言い換えれば，保育サービスのコストが保育料より低い場合がありえるので，コスト以上の保育料をとってはいけないということです。応益負担であ

表4-3　保育料（利用者負担）の上限額の基準

教育標準時間認定こども（1号認定）		保育認定の子ども				
			（2号認定：満3歳以上）		（3号認定：満3歳未満）	
階層区分	利用者負担	階層区分	利用者負担		利用者負担	
			保育標準時間	保育短時間	保育標準時間	保育短時間
①生活保護世帯	0円	①生活保護世帯	0円	0円	0円	0円
②市町村民税非課税世帯（所得割非課税世帯含む）	3,000円	②市町村民税非課税世帯	6,000円	6,000円	9,000円	9,000円
③市町村民税所得割課税額77,100円以下	16,100円	③所得割課税額48,600円未満	16,500円	16,300円	19,500円	19,300円
④市町村民税所得割課税額211,200円以下	20,500円	④所得割課税額97,600円未満	27,000円	26,600円	30,000円	29,600円
⑤市町村民税所得割課税額211,201円以上	25,700円	⑤所得割課税額169,000円未満	41,500円	40,900円	44,500円	43,900円
		⑥所得割課税額301,000円未満	58,000円	57,100円	61,000円	60,100円
		⑦所得割課税額397,000円未満	77,000円	75,800円	80,000円	78,800円
		⑧所得割課税額397,600円以上	101,000円	99,400円	104,000円	102,400円

※給付単価を限度とします。
※新制度移行時点の保育料等の額が市町村が定める利用者負担よりも低い私立幼稚園・認定こども園については，従前の水準を基に各施設で定める額とすることも認められます（経過措置）。

※給付単価を限度とします。
※満3歳に到達した日の属する年度中の2号認定の利用者負担は，3号認定の額を運用します。

出所：表4-2と同じ，7頁。

る医療や介護では利用者負担は最大3割ですが，保育は応能負担であることもあって，利用者負担は最大10割になる場合があります。

（4）児童手当などの経済的支援

　子どものための福祉の一つに育児の経済的支援があります。子どもを育てることに必要な費用の一部を社会が補助する仕組みであり，その代表例は児童手当です。

　児童手当は，外国人を含めて日本に住んでいる中学校修了までの児童を対象として，年収が一定以下（夫婦と児童2人の場合の所得制限限度額は960万円）の場合に支給されます。児童手当の月額は年齢によって，また何番目の子どもであるかなどによって，以下のように設定されています。また，所得制限限度額を

超える収入のある家庭には，特例給付として月額5,000円が支給されます。

　　・0～3歳未満：1万5,000円

　　・3歳～小学校修了まで：第1子・第2子　　1万円

　　　　　　　　　　　　　　第3子以降　　1万5,000円

　　・中　学　生：1万円

　2010年3月までの児童手当は，支給対象は小学校卒業までの子どもであり，支給額も3歳未満は月1万円，3歳以上は月5,000円（第3子以降は月1万円）となっていたので，今の児童手当は対象者が拡大され，支給額も増額されています。ただし，欧州諸国では18歳未満の子どもが対象となり，親の所得制限もなく，給付額も大きい国が多く，日本よりも充実した育児の経済的支援が行われています。このため，2010年4月に子ども手当が導入され，中学校卒業までの子どもを対象に所得制限をなくし，一律に月額1万3,000円が支給されましたが，ばら撒きであるという批判が強く，撤回されました。

　育児の経済的支援施策には，ひとり親家庭の育児を経済的に支援する児童扶養手当もあります。児童扶養手当の支給対象となるのは18歳になる日の後で最初の3月31日までの児童または20歳未満の障害児です。手当は前年の所得に応じて全部支給される場合と一部支給される場合があり，子どもが複数いる場合は加算されます。2021年4月時点の月額は次の通りです。

　　・児童1人目の月額：全部支給4万3,160円：一部支給4万3,150～
　　　　　　　　　　　　1万180円

　　・加算額（児童2人目）：全部支給1万190円・一部支給1万180～
　　　　　　　　　　　　　5,100円

　　・加算額（児童3人目以降1人につき）：全部支給6,110円・一部支給
　　　　　　　　　　　　　　　　　　　6,100～3,060円

　以前は母子家庭のみが対象でしたが，2010年8月から父子家庭も対象に含められています。また，全部支給となる所得制限限度額は，子どもが1人の場合に以前は年収130万円でしたが，2018年8月からは年収160万円に引き上げられています。

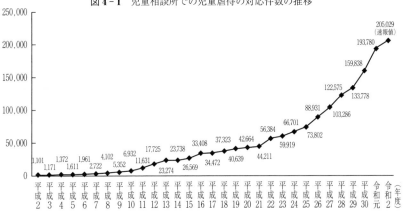

図4-1　児童相談所での児童虐待の対応件数の推移

出所：厚生労働省「令和2年度児童虐待相談対応件数」。

（5）児童虐待を防ぐ取り組み

　児童虐待を防ぐことは，児童福祉の大きな課題です。大人に守られるべき子どもの時期に虐待を受けることには，心が痛みます。残念なことに児童虐待の件数は毎年増加を続けています。2020年度中に全国220カ所の児童相談所が対応した児童虐待相談の件数は速報値で20万5,029件に達し，初めて20万件を超えました。これまでの推移をグラフにしたものが図4-1です。

　虐待というと，段ったり蹴ったりすることがイメージされやすいと思いますが，育児を放棄して食事を与えないことや，ひどい言葉を浴びせたり無視すること，子どもの目の前で他の家族に暴力を振るうことも虐待です。児童虐待は次のように，4種類に分類されています。

　　　・身体的虐待：段る，蹴る，叩く，投げ落とす，激しく揺さぶる，やけど
　　　　　　　　　　を負わせる，溺れさせる，首を絞める，縄などにより一室
　　　　　　　　　　に拘束する　など
　　　・性的虐待：子どもへの性的行為，性的行為を見せる，性器を触る又は触
　　　　　　　　　らせる，ポルノグラフィの被写体にする　など
　　　・ネグレクト：家に閉じ込める，食事を与えない，ひどく不潔にする，自
　　　　　　　　　　動車の中に放置する，重い病気になっても病院に連れて行
　　　　　　　　　　かない　など

・心理的虐待：言葉による脅し，無視，きょうだい間での差別的扱い，子
　　　　　　　　どもの目の前で家族に対して暴力をふるう（ドメスティッ
　　　　　　　　ク・バイオレンス：DV），きょうだいに虐待行為を行う　な
　　　　　　　　ど

　児童虐待を防ぐために，(1)児童虐待の発生予防，(2)児童虐待発生時の迅速・的確な対応，(3)虐待を受けた子どもの自立支援の取り組みが進められています。

　児童虐待の根本的な対策は，虐待が発生しないようにすることです。虐待をしてしまった親などを責めるだけでは解決になりません。核家族化や少子化によって家族の規模は小さくなり，育児を分担してくれる家族のいない親が増えていると思われます。児童虐待は複雑な家庭で継母や継父が行うと誤解されることもありますが，2018年度の児童虐待相談における主な虐待者をみると，実母が47％，実父が41％となっています。[5]　ワンオペ育児ともいわれるような，母親あるいは父親一人に育児の負担がかかる状況が児童虐待の増加の背景となっています。このような育児の孤立を防ぐことは，安心して子どもを産み育てられる社会づくりのためにも必要であり，第7章でも説明します。

　妊娠・出産・育児期の家庭では，産前産後の心身の不調や妊娠・出産・子育てに関する悩みを抱え，周囲の支えを必要としている場合があることは厚生労働省でも認識されており，こうした家庭に適切な支援を行うために，妊娠・出産・子育てに関する相談がしやすい体制の整備や地域の子育て支援サービスの充実が図られています。具体的には，妊娠期から子育て期までの支援を切れ目なく提供するための相談支援等を行う子育て世代包括支援センターの整備や，乳児家庭全戸訪問事業（こんにちは赤ちゃん事業）などが実施されています。

4　生活保護はどのような仕組みだろうか

　生活保護は，生活に困っている人に対して必要な保護を行い，健康で文化的な最低限度の生活を保障するとともに，自立を助長することを目的としています。医療保険や年金は病気や年を取ることなど貧困になるリスク（保険事故）に備えて貧困になることを防ぐ仕組みですが，生活保護は理由を問わず，貧困の状態になった人を保護する仕組みです。

（1）生活保護は最後のセーフティネット——補足性の原理とミーンズテスト

　生活保護は病気などの原因を問うことなく，生活に困っているすべての人を保護します。このため，本人だけではなく家族も含めて，利用できる資産や能力などあらゆるものを活用してもなお生活に困っていることが受給要件となります。生活保護を受けるための要件について，厚生労働省は次のように説明しています。[6]

　　・資産の活用：預貯金，生活に利用されていない土地・家屋等があれば売
　　　　　　　　　却等し生活費に充ててください。
　　・能力の活用：働くことが可能な方は，その能力に応じて働いてください。
　　・あらゆるものの活用：年金や手当など他の制度で給付を受けることがで
　　　　　　　　　　　　　きる場合は，まずそれらを活用してください。
　　・扶養義務者の扶養：親族等から援助を受けることができる場合は，援助
　　　　　　　　　　　　を受けてください。その上で，世帯の収入と厚生労
　　　　　　　　　　　　働大臣の定める基準で計算される最低生活費を比較
　　　　　　　　　　　　して，収入が最低生活費に満たない場合に，保護が
　　　　　　　　　　　　適用されます。

　このように，生活保護は他の手段を尽くしても生活に困っている場合にのみ給付されます。このことを「補足性の原理」と呼びます。生活保護が最後のセーフティネットと呼ばれるのは，他の公的な制度やプライベートな支援などのセーフティネットを活用してもなお生活に困っている人を対象とするからです。

　そして，生活保護の申請を受けた市町村は，本当に生活に困っているのかどうか，生活状況の調査や資力調査（ミーンズテスト）を行います。このため，世帯の収入や資産の状況が分かる資料（通帳の写しや給与明細など）の提出を申請者に求めることがあります。ミーンズテストは生活保護の不正受給を防ぐために必要ですが，プライベートなことを調査されたり，扶養義務者にあたる親戚がいれば，申請者を援助できないのか照会をされたりすることから，スティグマ（恥辱感）の原因にもなっていると考えられます。

表4-4　生活扶助基準額の例

	東京都区部等	地方郡部等
3人世帯（33歳，29歳，4歳）	158,760円	139,630円
高齢者単身世帯（68歳）	77,980円	66,300円
高齢者夫婦世帯（68歳，65歳）	121,480円	106,350円
母子世帯（30歳，4歳，2歳）	190,550円	168,360円

注：児童養育加算等を含む。
出所：厚生労働省「『生活保護』に関するQ＆A」。

（2）生活保護にはどのような給付があるのだろうか

　生活保護といっても，生活する上で必要な様々な費用に対する様々な扶助が行われます。具体的には，次のような扶助があります。

　　・生活扶助…日常生活に必要な費用（食費，被服費，光熱水費など）

　　・住宅扶助…アパートなどの家賃

　　・教育扶助…義務教育を受けるために必要な学用品費

　　・医療扶助…病院や診療所などの受診で必要となる医療サービスの費用

　　・出産扶助…出産するために必要な費用

　　・生業扶助…働くために必要な技能を学ぶために必要な費用

　　・葬祭扶助…葬祭のために必要な費用

　厚生労働大臣が定める基準（最低生活費）は，地域によって違うことから，まずは住んでいる場所の級地を確認します(7)。東京都区部などの1級地-1から3級地-2まで6段階に分けられており，物価の高い1級地-1は最も単価が高く設定されています。さらに家族の人数や年齢に応じて生活扶助基準を計算し，障害者や母子世帯等の加算額を加え，住宅扶助など各種の扶助を合計したものが生活扶助基準額になります(8)。具体的にどのくらいの額になるかを例示したものが表4-4です。

　そして，実際の給付額は，最低生活費から収入（働いて得た収入，年金や児童手当などの給付，親族による援助など）を差し引いた額になります。

（3）生活困窮者自立支援制度

　2015年4月から，生活困窮者の支援制度がスタートしました。

　生活困窮者支援制度では，働きたいのに働けない，住む所がないなど，いろいろな困りごとについて地域に設置された窓口で相談を受け付けます。

　困っている本人だけではなく，家族など周囲の人からの相談も受け付けます。

5　重要さを増しつつある地域福祉

　日本の社会保障は個人のニーズに着目して発達してきましたが，もっと地域を重視すべきだという考えが強まっています。高齢者や障害者などハンディキャップのある人も普通の暮らしを送れるようにしようというノーマライゼーションの考えは北欧から世界に広がり，施設に入所するよりも自宅に住み続け，住み慣れた地域で暮らせるように在宅ケアを充実させようという政策動向は各国でみられます。日本でも地域包括ケアシステムが推進されていることは第3章で説明しました。ハンディキャップのある人が地域で暮らすには，見守りやちょっとした生活上の支援が重要になります。そして非婚化が進み，家庭を持たない人が増えていることから，生活上の支援は家族が行うことは難しくなりつつあり，地域福祉はこれからますます重要になると思われます。

（1）社会福祉基礎構造改革と地域福祉

　地域福祉という言葉が最初に法律で使われたのは，2000年に行われた社会福祉基礎構造改革の中心として，社会福祉事業法から抜本的に改正された社会福祉法です。社会福祉基礎構造改革では措置制度から契約に移行したことに加えて，地域福祉が重視されました。社会福祉基礎構造改革に関わったスタッフがまとめた社会福祉法令研究会（2001）では，今の時代の社会福祉とはどういうものか，次のように定義しています。[9]

　　「社会福祉とは，自らの努力だけでは自立した生活を維持できなくなるという誰にでも起こりうる問題が，ある個人について現実に発生した場合に，当該個人の自立に向けて，社会連帯の考え方に立った支援を行うための施策を指すと同時に，家庭や地域のなかで，障害の有無や年齢にかかわらず，当該個人が人としての尊厳をもって，その人らしい安心のある生活を送ることができる環境を実現するという目標を指すものである。」

簡単な表現で言い換えれば，社会福祉とは，頑張っても自分の力だけでは生活できなくなることは誰にでも起こりうることだから，いざというときに支え合う仕組みであり，身体や精神の不自由さがあってもなくても，若くてもお年寄りでも，家族の一人として，地域に暮らす住民の一人として，その人らしく安心して暮らせるような社会を目指すこと，ということになると思います。

　社会福祉法では，地域住民をサービスの受け手ではなく地域福祉の担い手として位置づけています。本書でも説明してきたように，医療や福祉の専門的なサービスは資格のある専門家が担うものです。しかし，何か困った時に助け合える地域をつくることは，専門家ではなく住民自身にしかできないことです。地域で暮らす介護の必要な高齢者に何か異状がないか見守ることや，電球の交換などのちょっとした生活上の支援は誰でもできることです。しかし，そうした日常生活上のサポートがないと，要介護高齢者や障害者などハンディキャップのある人は安心して地域で暮らすことは困難です。高齢者についてみると，65歳以上の一人暮らしの者は増加傾向にあり，『高齢社会白書　令和3年版』によれば，1980年には男性約19万人，女性約69万人でしたが，2015年には男性約192万人，女性約400万人に増加しています。生涯非婚率が上昇を続けていることから，一人暮らし高齢者は今後も増え続けると思われます。

（2）縦割りを超える地域福祉計画

　社会福祉法の改正によって，地域福祉計画も導入されました。地域福祉計画は行政計画の一種ですが，都道府県や市町村が地域住民の合意を形成して，地域の実情に応じた地域福祉の推進に取り組むための手段として法定化されました。そして，従来の社会福祉に関する行政計画は高齢者，障害者など対象者ごとに定められてきましたが，地域福祉計画は対象者ごとの縦割りを超えて，地域の総合的な計画と位置づけられています。老人福祉計画や障害者計画をすでに策定している市町村では，それらの既存の計画を地域福祉計画の一部として位置づけることも可能とされています。

　また，地域福祉計画を策定する時や変更する時には，あらかじめ公聴会を開催するなど住民の意見を反映するように努めるとともに，その内容を公表するよう努めることとされています。地域福祉計画は，自治体が住民とともにつく

ることが期待されている計画でもあります。

（3）社会福祉協議会とはどんな団体だろうか

　社会福祉法では，地域福祉を中心になって進めるのは社会福祉協議会だと位置づけています。社会福祉協議会は都道府県ごと，市町村ごとに設立されますが，都道府県の社会福祉協議会は人材育成と広域調整が役割になり，実際に地域で活動するのは市区町村社会福祉協議会が中心になります。市区町村社会福祉協議会は，その区域内で社会福祉事業または更生保護事業を経営する者の半分以上が参加する団体です。

　市町村社会福祉協議会は自ら事業を行うことに加えて，社会福祉への住民の参加を援助することが社会福祉法で定められています。このため，多くの市町村社会福祉協議会はボランティアセンターをつくり，地域の支援を必要とする人たちとボランティアの人たちをつなぎ，支援する活動を行っています。

（4）ボランティア活動の支援

　日本は欧米諸国に比べてボランティア活動は盛んではないといわれていましたが，阪神・淡路震災や東日本大震災などをきっかけとしてボランティアへの関心は高まり，ボランティア休暇制度を導入する企業も増えました。厚生労働省のホームページによれば，全国の社会福祉協議会ボランティアセンターが把握しているボランティアの人数は707万人，ボランティアグループの数は19.4万グループにのぼります。[11]

　地域住民が地域福祉の担い手となり，高齢者や障害者，子どもの支援を行う場合もボランティア活動が中心になります。ボランティア活動が盛んになることは歓迎されますが，注意すべきことは，行政機関はボランティアを下請けのように扱ってはいけないということです。行政機関には市民と対等の立場でパートナーシップを築いていくことが望まれます。

（5）社会的孤立や孤独を防ぐ対策

　近年，社会とのつながりを失う社会的孤立や孤独の問題が広がっています。[12]いざというときに頼れる人がいない社会的孤立が広まってしまうと，高齢者の

孤独死，育児や介護の孤立が深刻化します。必要なときには周囲の助けを得られ，安心して暮らせる地域にするためには，社会的孤立や孤独を防ぐ取り組みが重要だと考えられます。国も地域のつながりを強化するために，自殺防止，高齢者の介護予防・見守り，子どもの見守り，生活困窮者への支援など，社会的孤立を防ぐための様々な施策を行っています。

　社会的孤立を防ぐためには，様々な政策分野による複合的な取り組みが必要ですが，地域のつながりを強化することには地域福祉が重要な役割を果たしますし，地域住民の取り組みが重要だと考えられます。実際に，社会的孤立を防ぐための居場所づくりの活動や子ども食堂は，法律による事業でもなく，行政機関が補助金を出して推進した事業でもなく，地域で市民が中心になって始まった取り組みです。

　新型コロナウイルスの流行によって外出を自粛することで，社会との接点を失い，社会的に孤立する人が増えたのではないかという指摘もあります。地域における公私の連携によって，社会的孤立を防ぐことが望まれます。

注
⑴　1993年に富山県の3人の看護師が始めた民間デイサービス事業所「このゆびとーまれ」がルーツであり，年齢や障害の有無にかかわらず，誰もが一緒に身近な地域でデイサービスを受けられるというコンセプトが全国に広まっていった。
⑵　負担上限月額は，収入が概ね600万円以下の世帯は9,300円，それ以外の世帯は3万7,200円です（2022年）。
⑶　各種の負担軽減措置の詳細については，厚生労働省のホームページや「障害福祉サービスの利用について」全国社会福祉協議会（2018年）などを参照して下さい。
⑷　『『合理的配慮』を知っていますか？」（内閣府作成のリーフレット。次のホームページからダウンロードできます（https://www8.cao.go.jp/shougai/suishin/sabekai.html）。
⑸　厚生労働省「平成30年度福祉行政報告例の概況」8頁。
⑹　厚生労働省「生活保護制度」（https://www.mhlw.go.jp/stf/seisakunitsuite/bunya/hukushi_kaigo/seikatsuhogo/seikatuhogo/index.html，2022年8月25日アクセス）。
⑺　どの市町村がどの級地になるかは，厚生労働省のホームページに表が掲載されています（https://www.mhlw.go.jp/content/kyuchi.3010.pdf，2022年8月25日アクセス）。
⑻　級地ごとの生活扶助基準額や生活扶助基準の計算方法は厚生労働省のホームページ

に掲載されています（https://www.mhlw.go.jp/content/000776372.pdf，2022年8月25日アクセス）。

⑼　社会福祉法令研究会編（2001）『社会福祉法の解説』中央法規出版，60頁。

⑽　内閣府（2021）『高齢社会白書　令和3年版』日経印刷，10頁。

⑾　厚生労働省「ボランティア活動」（https://www.mhlw.go.jp/stf/seisakunitsuite/bunya/hukushi_kaigo/seikatsuhogo/volunteer/index.html，2022年8月25日アクセス）。

⑿　社会的孤立については，『孤立社会からつながる社会へ——ソーシャルインクルージョンに基づく社会保障改革』（藤本健太郎著，2012年，ミネルヴァ書房）や『ソーシャルデザインで社会的孤立を防ぐ——政策連携と公私協働』（藤本健太郎編著，2014年，ミネルヴァ書房）に詳しく書いています。

参考文献

蟻塚昌克（2009）『証言日本の社会福祉——1920〜2008』ミネルヴァ書房。

伊奈川秀和（2020）『社会福祉・医療運営論』信山社。

大竹文雄（2005）『日本の不平等』日本経済新聞社。

エステル・デュフロ（2017）『貧困と闘う知』みすず書房。

より詳しく知るために

・障害福祉サービスをより詳しく知るには

　全国社会福祉協議会「障害福祉サービスの利用について」（https://www.mhlw.go.jp/stf/seisakunitsuite/bunya/0000096052.html，2022年8月25日アクセス）。

・保育など子育て支援の仕組みをより詳しく知るには

　内閣府「子ども・子育て支援新制度なるほどbook」（https://www8.cao.go.jp/shoushi/shinseido/event/publicity/naruhodo_book_2804.html，2022年8月25日アクセス）。

・地域福祉やボランティアをより詳しく知るには

　全国社会福祉協議会地域福祉部／全国ボランティア・市民活動振興センター「地域福祉・ボランティア情報ネットワーク」（https://www.zcwvc.net，2022年8月25日アクセス）。

・世界の社会福祉をより詳しく知るには

　宇佐見耕一ほか編集代表（2019〜2020）『新・世界の社会福祉』（全12巻）旬報社。

ハラスメント——うつ病になって仕事を辞めたらどうなる?

蓮くん:先生,いい大人の世界でもいじめってあるんですね。

ふくろう先生:蓮くん,どうしましたか。

蓮くん:友達のお父さんが長年いた部署から3カ月前に異動したんですけど,新しい部署では同僚が「無能」とか「給料泥棒」とか聞こえるように悪口言ったり,最近は質問しても挨拶しても無視されてるって。

ふくろう先生:それは,パワー・ハラスメントですね。

蓮くん:パワー・ハラスメントって,上司がやるものじゃないんですか。

ふくろう先生:いいえ,上司でなくても,その人の協力が仕事をするのに不可欠な相手による嫌がらせや,グループでの嫌がらせで抵抗することが難しいものも,パワー・ハラスメントにあたります。それで,友人のお父さんは体調を崩したりしていませんか。

蓮くん:この前見かけたときは,なんかうつろな感じで僕に気づかなかったし,何カ月か前に比べてだいぶ痩せて見えました。友達も「顔色も悪いし辛そうなのに,辞めるのをためらってる」って言ってました。

ふくろう先生:医師の診察を受けなければ正確なことは分かりませんが,その人はうつ病などの精神疾患にかかっているおそれがあります。

蓮くん:僕もそう思います。

ふくろう先生:精神疾患の原因が職場でのハラスメントであるなら,その精神疾患は労災にあたりますから,仕事を休んで治療している間の所得補償があり,治療も自己負担なしで受けられます。

蓮くん:そうなんですか。労災が認められるには,お医者さんに「仕事のせいで精神疾患になった」と診断書を書いてもらえばいいんですか。

ふくろう先生:いいえ。精神疾患の原因が仕事かどうかの判定は,職場のできごとの重大さを弱・中・強の3段階に分類した表に従って行われます。

蓮くん:そうなんですね。それで,労災にあたるかどうかは,どこに相談に行けばいいんでしょう?

ふくろう先生:労災の申請窓口は労働基準監督署です。もしハラスメントそのものを解決したいのであれば,労働局の総合労働相談コーナーなどに行くとよいと思いますよ。

蓮くん:もし労災と認められなかったら,仕事を辞めたらどうなるんでしょうか。

ふくろう先生:どのような理由で辞めても,雇用保険から失業給付が支給されます。自

分から退職した人にはすぐには給付されないのが原則ですが，退職理由がハラスメントの場合は，特定受給資格者に該当して，自己都合退職の場合よりも給付日数が伸びるなど手厚い給付が受けられます。

蓮くん：労災以外に失業給付の対象にもなるんですね。

ふくろう先生：再就職をしようと思ったらハローワークに行って相談をするとよいと思います。うつ病だとすれば，精神障害に含まれますから，障害者のための就労支援の対象にもなります。

　注　精神疾患の労災認定は第5章，雇用保険は第6章で説明しています。

<table>
<tr><td>第5章</td><td>労働基準法・労災保険</td></tr>
</table>

　序章でも説明したように,「企業に雇われて働く」というお金の稼ぎ方は,雇う側が働く人より有利な立場になる傾向があり,働く人が給料や勤務時間などについて要求を通すのは難しくなりがちです。安全な環境で,心身の健康を害さない程度に働き,人間らしい生活に必要なお金を得る——たったそれだけのことも,働く人全員が自助努力だけで実現できるとは限りません。

　そこで,「ルールを定めて働く人を守る」という考え方が生まれ,この考え方に基づいて「労働法」と呼ばれる分野が発展してきたのは,序章で述べたとおりです。それでは,労働法は具体的にどのような方法で働く人を守っているのでしょうか。本章では,まず法律の仕組みの基本を押さえた上で,「労働法」に分類される法律群のうち,労働条件の最低ラインを定める法律の内容を説明します。

　また,仕事が原因で働く人がケガをしたり病気になった時に補償する仕組みである労働災害保険の仕組みを解説します。

1　働く人を守る法律の仕組み——民法と労働法

（1）雇用契約とは

　アルバイトをする場合も,学校を卒業して就職する場合も,「会社に雇われる」ことはすべて,法律の言葉では「雇用契約を締結する」といいます。

　「契約」というと難しそうな感じがするかもしれません。でも,実は皆さんも普段の生活の中で意識しないで契約をたくさん結んでいます。たとえば,スーパーなどで買い物をしたり,友達に漫画を貸してあげたり,電車やバスに乗ったり,スマホにアプリをダウンロードしたり,音楽配信のサブスクに加入したり。これらはすべて「契約」を伴う行動です。

契約とは，簡単にいうと「相手に何かを提供する」とか「相手のために何かをする」という約束です。企業に雇われること＝雇用契約も，働く人は雇い主に労働力を提供することを約束し，雇い主は働く人に給料を支払うことを，お互いに約束する契約なのです。

（2）契約のルール

契約については，民法という法律にいくつかのルールがあります。

まず，約束は守らなければなりません。小さい子でも知っている道徳の一つですが，法律上も，自分が相手に約束したことを守る義務（債務）があり，相手が約束してくれたことについては「契約どおりにやってくれ」と言う権利（債権）があります。反対に，全く約束していないことをする義務は，一部の例外を除いてありません。

そして，契約相手を選ぶ基準や契約内容，どんな理由で契約を打ち切るかは，基本的に自由です。ただし，道徳や社会正義に照らして許されない（公序良俗違反）ものや法律違反にあたるものは，最初から存在しない（無効）ものとして扱われます。そのため，守るべき義務もなくなります。

これらのルールは，雇用契約にも当てはまります。働く人は，契約で定めた出勤日の勤務時間中は働く義務があり，雇い主に約束どおりの給料を払うよう求める権利があります。出勤日でない日には，働く義務はありません。逆に，雇い主は働く人に給料を払う義務があるとともに，働く人に契約どおりに働くことを要求する権利があります。

そして，出勤日数，出退勤時刻，休憩時間，給料の金額や計算方法などは，法律違反や公序良俗違反にあたらない範囲で，雇い主と働く人が話し合って自由に決めることができます。

（3）労働基準法の修正力

ここでいう「法律」に入ってくるのが，労働基準法（労基法）をはじめとする労働条件の最低ラインを保障する法律です。これらの法律は，一定の属性に対する差別の禁止，働かせてよい時間数の上限，連続して働かせてよい日数，賃金の最低額，仕事が原因でケガや病気にかかった時の雇い主の責任などを定

めています。そして，法律が定める内容よりも働く人に不利な労働条件を契約
で定めた場合には，たとえ働く人が本心から納得していても，不利な条件部分
は無効になります。

　たとえば，「月給50万円・1日5時間勤務・1カ月休日なしで働く」という
雇用契約を結んだとします。この契約と労働基準法の内容を照らし合わせると，
月給額と1日当たりの勤務時間は労働基準法より良い待遇ですが，1カ月間
ずっと休みの日がないのは労働基準法よりも働く人に不利な内容です。そのた
め，「休日なし」の部分だけは，最初からなかったことになります（強行的効
力）。

　「休日なし」の約束をなかったことにするだけでは，具体的に何日休めるの
かが決まらないので困ります。この場合，労働基準法に定める最低ラインであ
る「7日間に1日」が契約内容になります（直律的効力）。なお，働く日数は減
りますが，「月給50万円・1日5時間勤務」という法律より有利な条件は変更
されません。

　このように，労働基準法などの法律が存在することにより，働く人と雇い主
が契約内容を決める自由は，法律が定める最低ラインを下回らない範囲に制限
されているのです。

　それでは，労働基準法が定める労働条件の最低ラインとは，具体的にどのよ
うな内容でしょうか。基本的な仕組みを詳しくみていきましょう。

2　差別の禁止

　先に説明したように，契約の基本ルールとして，すべての人に契約相手を選
ぶ自由や契約内容を決める自由があります。働く人は雇われたくない会社で無
理やり働かされることはありません。企業も，自らのニーズに合わせて，従業
員として採用する人を選んだり，採用基準を定める自由があります。

　入社時に必要な知識やスキルは企業によって違います。企業ごとに異なる経
営理念との相性も大切です。どんな理念で，どんな計画を立ててビジネスを展
開するかを自由に決められることは，憲法で保障された「経済活動の自由」の
一環でもあります。そのため，どのような選考基準を定めるかは，できるだけ

企業の判断を尊重することになっています。これを「採用の自由」といいます。

　とはいえ，就職活動をしている側からすれば，働く能力は十分にあるのに理不尽な理由で不採用になってはたまりません。就職活動が成功しなければ，生活費を稼ぐこともできません。また，法の下の平等を損なうような取り扱いは放置すべきではありません。

　そこで，社会的に許容すべきでない差別的な選考基準を法律で禁止し，採用の自由は法律に違反しない範囲に制限する方法が採られています。

　また，法の下の平等の実現は，採用後の処遇に関しても問題になります。同僚と同じように働き，同等以上の成果をあげているのに，差別的な理由で賃金が安かったり，昇進が遅かったりするのは許容すべきではありません。

　ここでは，法律で禁止されている差別を中心に説明していきますが，共通する理念があります。それは，雇い主は，性別や出身，障害など属性に囚われることなく，働く人一人ひとりの能力を確認し，公平に評価し，同じ能力なら同じように扱うべきだ，という均等待遇の理念です。

（1）出身や信条による差別の禁止

　法律による差別禁止の中で最も古いのは，働く人の国籍，思想，信仰，社会的身分を理由とする待遇差別（労基法3条）です。社会的身分とは，その人の意思によって変えることのできない生まれながらの属性や，それに準じる属性のことを指します。具体的には，民族や出身地のほか，孤児，帰化した人などです。これらを理由として，雇用契約を結んだ後，たとえば賃金や労働時間の決定や，昇級・昇進で不利に扱ったり，解雇したりすることは禁止されています。

　この規定は，雇用契約を結んだ後のすべての局面に適用されますが，反対に雇用契約を結ぶ前，すなわち採用選考の段階には適用されないと解釈されています。採用段階での出身や信条を理由とする差別的な取り扱いが否定されるのは，その時代の常識や社会正義に照らして許容できない（公序良俗違反）といえる場合のみです。

　ただし，企業が従業員を募集する際には，選考に不必要な個人情報の収集は禁止されています（職業安定法第5条の5）。よほどの事情がない限り，人種，

民族，社会的身分，門地，本籍，出生地その他社会的差別の原因となるおそれ
のある事項，思想及び信条，労働組合への加入状況を調査しないこととされて
いる（平成11年労働省告示第141号）ため，実質的には，これらを理由とする不採
用を合法的に行うことはできなくなっています。

（2）性別による差別の禁止

　性別に基づく差別として最初に禁止されたのは，女性に対する賃金差別（労
基法4条）です。労働基準法が制定された当時は，社会情勢に照らして，職場
での女性差別のすべてを禁止することが難しかったことや，女性だけの健康保
護規定が存在したこともあり，まずは賃金差別だけが禁止されました。

　賃金以外での差別は，男女雇用機会均等法が禁止しています。この法律は，
1970年代に女性差別の撤廃が国際的な潮流となり，国連で女子差別撤廃条約が
採択され，日本も批准したことによって制定されました。

　制定当初の男女雇用機会均等法は，女性差別撤廃の努力をする（結果を伴わ
なくても罰則などがない）義務にとどまっていましたが，その後改正を重ね，現
在では，職場でのあらゆる局面での性別に基づく差別全般を，罰則付きで禁止
する内容になっています。女性に対する差別はもちろん，男性であることを理
由に女性よりも不利に扱うことも，均等法違反にあたります。特定の性別に限
定して募集したり，性別を理由とする不採用や解雇，賃金差別や昇進差別，男
女で異なる人事管理をすることは，均等法違反の差別にあたります。

　唯一の例外は，ポジティブ・アクション（またはアファーマティブ・アクショ
ン）と呼ばれる措置です。これは，女性を男性よりも優遇する措置で，男性差
別です。そのため，本来は均等法違反の罰則の対象になりますが，その会社で
過去に女性差別が長年行われた結果，男女間に大きな格差が残っていて，この
格差を早急に解消する目的で行う場合には，特例的に均等法違反には問わない
ことになっています。たとえば，女性管理職の比率がとても低い企業で，女性
だけ管理職になるための研修を多くしたり，女性に配慮した昇進条件を定める
ことや，総合職の女性従業員が極端に少ない企業で，採用選考の際に女性優先
枠を設定するなどの措置は，均等法で許容されるポジティブ・アクションにあ
たります。

（3）障害による差別の禁止

　長い間，身体や精神などに障害がある人は，障害のない人に比べて，働く能力が低いと十把一からげに捉えられ，働きたいと思っても希望が叶わない時代が続いてきました。

　しかし，障害の種類も程度も多様であり，個人差もあります。少しの補助があれば障害のない人と同じように働ける人もいるし，特定の業務だけなら十分に働ける人もいます。それなのに，その会社で働く能力があるかどうかをきちんと評価しないまま，ただ障害があるというだけで，不採用にしたり，希望する職種に就かせないのは，均等待遇の理念に反します。

　障害を理由とする差別は，障害者雇用促進法によって禁止されています。ただし，障害のある人は，障害のない人と全く同じ条件で比較されると，どうしても不利になりがちです。

　そのため，障害者雇用促進法では，そのままでは仕事の能力が十分ではない人でも，何らかの補助があれば十分に仕事ができる場合には，その補助の提供が雇い主にとって過重な負担でない限り，雇い主には補助を提供する義務が課されています。

　雇い主が障害のある人に提供する仕事をするための補助を，合理的配慮といいます。たとえば，車いすの高さに合わせた作業台や事務机を用意したり，仕事の内容や仕事道具について，その人の理解の特性に合わせて説明を工夫したり，体力に合わせた無理のない業務量にしたり，といったものが合理的配慮にあたります。ただし，雇い主にとって，合理的配慮をすることが，経済面や人員配置の面で過重な負担が生じる場合には，配慮を提供しないで，不採用にしたり希望の職種への配置を断ったりすることは，違法ではありません。

　合理的配慮を提供できる限り，合理的配慮をしないまま，障害のある人を障害のない人よりも不利に扱うことは認められません。その代わり，合理的配慮を行っても，障害のある人の仕事の成果や成績が低い場合には，その成績・成果の違いに応じて，賃金や昇進などで差をつけることは，障害を理由とする差別にはあたらないとされています。

　障害者の雇用状況の推移は図5-1の通りです。従業員の一定割合について障害者の雇用を義務づける法定雇用率が引き上げられたこともあり，障害者の

図 5 - 1　民間企業における障害者の雇用状況

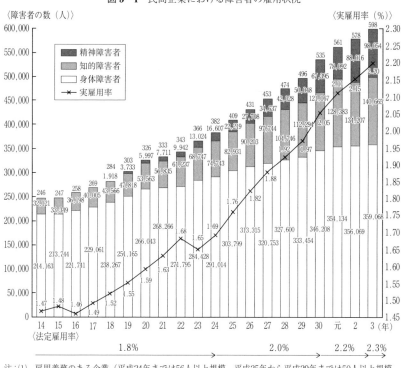

〈障害者の数（人）〉　　　　　　　　　　　　　　　　　　　　　　　　　　　　　〈実雇用率（％）〉

注：(1)　雇用義務のある企業（平成24年までは56人以上規模，平成25年から平成29年までは50人以上規模，
　　　　平成30年から令和 2 年までは45.5人以上規模，令和 3 年以降は43.5人以上規模の企業）について
　　　　の集計である。
　　　(2)　「障害者の数」とは，次に掲げる者の合計数である。

平成17年まで	身体障害者（重度身体障害者はダブルカウント） 知的障害者（重度知的障害者はダブルカウント） 重度身体障害者である短時間労働者 重度知的障害者である短時間労働者	平成23年以降	身体障害者（重度身体障害者はダブルカウント） 知的障害者（重度知的障害者はダブルカウント） 重度身体障害者である短時間労働者 重度知的障害者である短時間労働者 精神障害者 身体障害者である短時間労働者 （身体障害者である短時間労働者は0.5人でカウント） 知的障害者である短時間労働者 （知的障害者である短時間労働者は0.5人でカウント） 精神障害者である短時間労働者（※） （精神障害者である短時間労働者は0.5人でカウント）
平成18年以降 平成22年まで	身体障害者（重度身体障害者はダブルカウント） 知的障害者（重度知的障害者はダブルカウント） 重度身体障害者である短時間労働者 重度知的障害者である短時間労働者 精神障害者 精神障害者である短時間労働者 （精神障害者である短時間労働者は0.5人でカウント）		

※　平成30年以降は，精神障害者である短時間労働者であっても，次のいずれかに該当する者については，
　　1 人分とカウントしている。
　　①　通報年の 3 年前の年に属する 6 月 2 日以降に採用された者であること
　　②　通報年の 3 年前の年に属する 6 月 2 日より前に採用された者であって，同日以後に精神障害者保健福
　　　祉手帳を取得した者であること
　　(3)　法定雇用率は平成24年までは1.8％，平成25年から平成29年までは2.0％，平成30年から令和 2 年まで
　　　は2.2％，令和 3 年以降は2.3％となっている。
出所：厚生労働省「令和 3 年障害者雇用状況の集計結果」6 頁。

雇用は増加しつつあります。

3　賃　　金

　賃金は，働く人が提供する労働の対価であり，多くの人にとって生活の経済的基盤そのものです。賃金が不当に安ければ，たくさん残業をしたり仕事を掛け持ちしたりしなければ生活できません。また，いつ賃金をもらえるか分からなかったりすると，安心して買い物をすることもできません。

　そのため，労働基準法が賃金の支払方法についてのルールを定めるとともに，最低賃金法によって人間らしい生活ができる賃金額を保障し，働く人が安定した生活を送ることができるようにしています。

（1）賃金の支払い方法の4原則

　まず，賃金の支払い方法に関するルールを説明しましょう。労働基準法には，賃金の支払いについて「通貨で，直接労働者に，その全額を支払わなければならない」「毎月1回以上，一定の期日を定めて支払わなければならない」（労基法24条）と定められています。

1）通貨払いの原則

　「通貨」とは，日本円の現金を指します。自社商品などモノによる支払いや，ドルなどの外国通貨，仮想通貨，金融商品で賃金を支払うことは原則としてできません。意外かもしれませんが，銀行口座への振込も「現金」ではないので，本来は労働基準法違反です。

　このように支払い手段が限定されているのは，日常生活で一番便利なのが現金であり，短期的に価値が変動しにくいことに理由があります。

　たとえば，ある月の給料が「メロン30個（30万円相当）」で支払われたらどうなるでしょうか。生活に必要なものを買うには，まずはメロンを換金する必要がありますが，勤務時間中はメロンを売りに行くことができません。仕事が休みの日を待っていると，メロンは食べ頃を過ぎて商品価値が下がり，やがて腐って無価値になってしまいます。仮想通貨も，もらった時は30万円分の価値があったのに，数日後に使おうと思ったら10万円分の価値になってしまってい

た，ということがありえます。こうした価値が不安定なものでの支払いは，働く人の生活の見通しを立てにくくしてしまうため，法律で「日本円の現金」を原則としているのです。

　例外的に「日本円の現金」以外での支払いが認められるのは，労働組合と使用者で話し合い，日本円以外での賃金支払いを認める労働協約が結ばれた場合，法律で認められている場合，そして働く人の同意を得て，省令で認められた支払い方法（月給やボーナスを本人名義の口座に払い込む，退職金を郵便為替や銀行振出小切手などで支払う）を用いる場合だけです。

2）直接払いの原則

　「直接労働者に」というのは，賃金を働く人本人にしか渡してはならないという意味です。これは，ピンハネなどによって働く人が十分なお金を得られなくなることを防ぐことが目的です。たとえ給料を受け取りに来たのが働く人の親族でも，本人ではない以上，雇い主は賃金を渡してはいけません。働く人が私生活で借りたお金が返せなくなった時，返済の代わりに「賃金をもらう権利」を相手にあげることがありますが，そうした場合でも雇い主は，働く人に賃金を渡さなければなりません。

3）全額払いの原則

　「全額を」というのは，雇い主が勝手に賃金から天引きしてはならない，という原則です。たとえば，働く人が有料の社宅に住んでいる場合，雇い主が勝手に賃金から家賃分を差し引くことはできず，いったん賃金を全額支払った上で，家賃を払ってもらいます。働く人が会社の設備を壊してしまい，修理費などを弁償する義務がある時も同じで，雇い主が勝手に給料から弁償分を差し引くことはできません。

　ただし，例外が2つあります。1つは，所得税・住民税や社会保険料など，法律で天引き（源泉徴収）が認められているものです。もう1つは，会社と従業員の過半数代表との間で，天引きしてもよいという書面による取り決め（労使協定）がなされている費用の天引きです。上で例に挙げた社宅の家賃のほか，従業員の親睦会費，社員食堂の利用料などの天引きは，労使協定があれば法律上は問題ありません。

4）月1回以上・定期払いの原則

「毎月1回以上，一定の期日を定めて」とは，賃金の支払日の間隔を1カ月より長くしてはならず，かつ賃金の支払日は，「毎月○日」とか「毎週○曜日」のように，定期的でなければならないという意味です。賃金をいつ支払ってもらえるか分からなければ，働く人は生活の計画が立てられませんし，支払日の間隔があまり離れても不便であるため，このような定めが置かれています。

これらのいずれか1つでも違反した使用者には30万円以下の罰金が適用されます。また，この規定より労働者に不利な支払い方を労働契約で定めても無効であり，労基法どおりの支払い方に修正されます。

（2）休業手当

賃金は，仕事に従事することの対価です。そのため，働く人が賃金を請求できるのは働いた分だけで，雇い主は，働く人が欠勤した場合は欠勤分の賃金は支払う必要はありません。

しかし，働かなかった理由は，働く人の都合（本人の病気や家族の事情など）ばかりとは限りません。機械の故障や原材料の納入の遅れ，監督行政機関からの営業停止命令など，会社側の事情に原因がある場合もあります。働く人は休むつもりはなかったのに，会社に「今日は働いてもらえない」と言われて，しかも給料が1円ももらえないとなると納得できないでしょうし，生活にも支障が出ます。

そのため，労働基準法では，働けなかった理由が雇い主側の事情にある場合には，直前3カ月間に支払った賃金の平均額（平均賃金）の60％以上に相当する金額の休業手当を支払うことを，雇い主に義務づけています。

（3）最低賃金制度

支払いに関するルールがあっても，賃金額そのものが低くて，法律が定める労働時間の上限いっぱい働いても人間らしい生活ができないのでは困ります。そのため，1時間当たりの賃金額の下限を決めているのが，最低賃金制度です。

ただし，最低賃金は，法律に具体的な金額が書かれているわけではありません。そのかわり，最低賃金法という法律で，最低賃金の種類と最低賃金額を決

める仕組みを定めています。

　最低賃金には，都道府県ごとに全産業に共通して適用される地域別最低賃金と，各都道府県の一部の産業について，地方最低賃金より高い金額を定める特定最低賃金の2種類があります。

　どちらの最低賃金の具体的な金額も，地方最低賃金審議会という国の組織で決定されます。地方最低賃金審議会は都道府県単位で設置され，労働者代表，使用者代表，公益代表の三者同数の構成です。金額検討にあたり考慮される要素は，その地域の生計費や賃金相場，企業の賃金支払能力です。

　また，生計費の考慮にあたっては生活保護との整合性に配慮することとされています。具体的には，最低賃金で法定労働時間ぎりぎりいっぱい働いて得られる収入（社会保険料や税金を納めた後の手取り収入）が，その地域の若年単身者の生活保護水準を下回らないことが求められています。

　最低賃金は，雇い主の経営状態や企業規模，働く人の能力や成績に関係なく，その地域で仕事をしている限りは適用されるのが原則です。地域別最低賃金より1円でも安い賃金を払った雇い主[(2)]には，最低賃金法違反で50万円以下の罰金が適用されます[(3)]。ただし，試用期間中の人，障害があって労働能力が著しく低い人などについては，労働局長の許可を得て減額することができます。

4　労働時間

　ニュースなどで時々「過労死」が話題になりますが，この言葉が生まれるずっと前から，長時間労働の健康への悪影響は知られていました。労働法の出発点である工場法も，働く時間を制限する規定を設けています。働く時間をいかに短くするかは，いつの時代も労働法にとって重要な課題です。現在では，働く人の健康を守るというだけでなく，仕事と家庭の調和を実現するという観点からも，働く時間を抑えることが重視されています。

（1）働かせてよい時間の上限

　まず，労働基準法では，使用者が労働者を働かせてもよい時間数は，原則として，1日8時間以内かつ週40時間以内と定めています（労基法32条）。つまり，

1日8時間より1秒でも長く働かせることは認められません。また、1日の労働時間が8時間でも、出勤日数が週6日なら週40時間を超えて働くことになり、これも認められません。この「1日8時間以内かつ週40時間以内」という労働基準法が定める労働時間の上限を、法定労働時間といいます。法定労働時間を超えて働かせることを時間外労働といいます。⁽⁴⁾

（2）休憩時間

　法定労働時間の範囲内ならぶっ続けで働かせてよいかというと、そうではありません。雇い主は、6時間以上働かせる場合は、途中で働く人に45分以上の休憩を与えなければなりません（労基法34条）。働く人が気兼ねなく休めるよう、その職場の従業員全員を一斉に休憩させるのが法律上の原則ですが、労働者の過半数代表と協定を結べば、一斉休憩でなくても構いません。

　休憩のタイミングまでは法律で定められてはいませんが、仕事の途中で心身の疲れをリセットするという目的に照らして、始業直後や終業直前に休憩を与えることは望ましくないとされています。また、休憩時間中も電話番をしなければならないなど、働く人が仕事から完全に解放されていない状態は、休憩を与える義務を果たしたことにならず、働いた時間として扱われます。

（3）規制の対象となる時間

　さて、働かせてよい時間の上限が分かったところで、次は、働く人が何をしている時間が労働時間にあたると判断するのか？　という問題が出てきます。たとえば、始業時刻より前に制服への着替えをしている時、終業時刻が終わってタイムカードを押した後で上司の指示で掃除をしている時、これらは労働時間にあたるでしょうか。もしそうなら、法定労働時間を超えているかどうかチェックする対象は、これらの時間と勤務時間を合計した時間数になります。

（4）労働時間の判断基準

　何をしている時間が労働時間にあたるのか、労働基準法には明確に定められていませんが、裁判例によると、雇い主から義務づけられた行為をしている時間、義務づけられた行為を行うために不可欠の行為をしている時間は、法定労

働時間の規制の対象である労働時間とされています。

　義務づけられた行為の具体例としては，規則や上司の命令に基づく勤務時間外の掃除や準備・片付け，制服の着用義務があり，しかも自宅から着てくることが禁止されている場合の，通勤着から制服への着替えなどがあります。また，店員などが来客もなくて何もせず待っている時間（手待時間）も，雇い主に「お客さんが来たらすぐ対応する」という義務が課されているので，労働時間にあたります。

（5）暗黙の指示も義務づけ

　残業については，上司が明確に「今日は残業しろ」と命令した場合だけでなく，「この仕事，○月○日までに仕上げておいて」という指示があり，どう考えても勤務時間だけでは締切に間に合わない場合も，上司から「残業してでも締切に間に合わせろ」という暗黙の命令があったと判断されるため，労働時間にあたります。

　義務づけられた行為のために不可欠の行為にあたるのは，着替え場所として指定された場所と実際の仕事場の間の移動などです。

（6）法定労働時間を守らせる仕掛け

　いくら法定労働時間を定めても，使用者が法律を守らなければ，働く人の健康は守れません。そこで，労働基準法には，使用者に法律を守らせるための仕掛けが3つ用意されています。

1）労働基準法の修正力

　1つ目は，労働契約に法定労働時間より長い勤務時間を定めても無効にすることです。働く人が心から納得して「1日10時間働きます」と約束していたとしても，そんな約束は最初からなかったことになり，代わりに「1日8時間・週40時間働く」という約束に書き換えられます。これによって，働く人は，法定労働時間より長く働く義務を負うことはなくなります。

2）罰　　則

　2つ目は，罰則です。労働基準法が契約内容を修正しても，雇い主が約束を無視して長時間働かせては契約を修正した意味がありません。そこで，雇い主

が法定労働時間より長く働かせた場合には，懲役6カ月以下または30万円以下の罰金が科されることになっています（労基法119条）。

3）割増賃金

3つ目は，割増賃金です。雇い主は働いた分の賃金を支払う義務があります。これは法定労働時間以内でも，法定労働時間を超えて働かせた時間でも同じです。そして，法定労働時間を超えて働かせた時間（時間外労働）分については，25％多く支払わなければなりません（労基法37条）。たとえば，時給1,000円の人を10時間働かせたら，雇い主が払わなければならない賃金額は，1,000円×10時間＝1万円ではなく，（1,000円×8時間）＋（1,000円×2時間×1.25）＝1万500円です。長時間労働を高コストにすることで，雇い主に法律を守った方が得だと思わせるのが，割増賃金制度のねらいの一つです。

なお，午後10時から午前5時の時間帯に働いている（深夜業）場合は，法定労働時間内でも25％の割増賃金の対象となります。時間外労働が深夜業の時間帯にかかっている場合は，時間外労働の割増率と深夜業の割増率が合算され，使用者は50％の割増賃金を支払わなければなりません。

（7）労働時間規制の例外

さて，ここまで読んで「でも，残業で毎日終電で帰るような人はたくさんいるけど？」「長時間労働の罪で経営者が逮捕されたなんて，ほとんど聞いたことがないな」と思った人もいるでしょう。それは，労働基準法そのものに例外規定があるからなのです。[5]

1）三六協定

その1つが三六協定です。普段真面目に法律を守っている雇い主でも，急に大量の注文が入ったとか，人手不足が解消できないなど，どうしても法定労働時間を守れない事態はありえます。そのような場合に備えて，雇い主は，働く人の過半数代表者と協議して，どのような事情がある場合には，何時間くらい時間外労働をさせてよいのかなどを取り決め，その内容を書面にして労働基準監督署に届け出ておけば，時間外労働が月45時間・年360時間の範囲なら，[6]法定労働時間を超えて働かせても，時間外労働についての罰則は適用されません（労基法36条）。[7]

　ただし，三六協定は雇い主への罰則の適用をなくすだけで，時間外労働に応じる労働者の義務を生じさせるものではありません。したがって，働く人に時間外労働をさせるには，時間外労働に応じる義務が契約などに定められていることが必要です。

　また，罰則の適用の有無と割増賃金は別なので，三六協定があっても，時間外労働をさせた雇い主は割増賃金を支払わなければなりません[8]。さらに，時間外労働が月60時間を超えた場合には，60時間を超える時間分に対する割増率は50％になります。

　そして，三六協定は事業場ごとに定めるとされています。1つの会社に支店や営業所，工場などがいくつかある場合には，それぞれの支店や営業所で三六協定を結ぶ必要があります。たとえば，本社でだけ三六協定を結んだ場合，本社で働く人の時間外労働については罰則の適用はありませんが，支店や営業所の人の時間外労働は罰則の対象になります。

2）適用除外

　もう1つは「適用除外」と呼ばれる制度（労基法41条，労基法41条の2）です。これは，法律が定める4つの職種については，そもそも法定労働時間を適用しないというものです。法定労働時間が適用されない以上，三六協定なしに長時間労働をさせても違法ではなく，時間外労働の割増賃金も支払わなくてよいということになります。

　せっかく労働時間の上限を定めたのに，4つの職種については適用除外が認められているのは，他の職種にはない特別な事情があるためです。ここでは，昔から適用除外が認められている3つについて説明します。

①　農水畜産業

　3つの職種の1つ目は，農水畜産業です。たとえば，農作物の収穫直前に台風が近づいているとなれば，徹夜してでも収穫作業を終わらせなければなりません。漁業も，魚は決まった時間に漁船のところに来てくれるわけではありません。畜産業にも家畜の出産など，非常に時間がかかる仕事があります。このように，自然を相手に働く農水畜産業では，使用者は労働時間を完全にはコントロールできません。こうした特徴を踏まえて，適用除外の対象となっています。

② 管理監督者

2つ目の職種は，管理監督者です。管理監督者とは，「管理職」とほぼ同じ意味で，労働者であると同時に経営者に近い存在です。上司の指示や指導を受けて働くのではなく，自らの判断で経営に関わる重要事項を決定するのが仕事です。この立場にある人は長時間労働になりがちである一方，指図してくる上司がいないため，出退勤時刻や仕事の進め方を自分で決めることができたりします。また，賃金額もそれなりに高額であるのが通例です。自分で労働時間をセーブできるのなら，法定労働時間を適用しなくても大きな問題は起きにくいし，長時間労働でも働きに見合う高報酬を得ていれば，割増賃金なしでも経済的な不利益も小さいだろうというのが，適用除外の理由です。

逆にいうと，立派な肩書を与えられていても，実際には経営判断にたずさわる立場になかったり，自分で働き方を決められなかったり，賃金がそれほど高くなかったりする人（いわゆる「名ばかり管理職」）は，管理監督者ではありません。普通の労働者ですから，法定労働時間が適用され，時間外労働には割増賃金を支払わなければなりません。

③ 監視・断続的労働従事者

3つ目は，監視・断続的労働従事者です。巡回パトロールを伴わない守衛やマンションの管理人のような，同じ場所での緊張度の小さい監視作業，工場に常駐して機械故障の修理にのみ従事する人など，作業時間が短く待機時間が長い仕事がこれにあたります。⁽⁹⁾

監視・断続的労働従事者が適用除外になっているのは，他の職種に比べると仕事による心身の負荷が小さく，法定労働時間の適用がなくても大きな問題はないと考えられているためです。逆にいうと，巡回パトロールや交通整理を伴い精神的な負担の大きな監視業務，業務が頻繁に発生して作業時間も長く，労働密度が低いといえない業務は，適用除外の対象にすべきではありません。監視・断続的労働は，業務の実態をきちんと評価し，法定労働時間を適用しなくても支障がないかを確認する必要があります。そのため，監視・断続的労働従事者については，先に説明した2つの職種と異なり，労働基準監督署長が許可した場合に限り，適用除外になります。⁽¹⁰⁾

（8）様々な労働時間制度

　ここまでが，労働基準法の制定当時から続いている労働基準法の大枠です。労働基準法が制定された1947年からずいぶん年月が経ち，企業活動のありようや働く人のワークスタイルも大きく変化しています。そのため，これらの法定労働時間の基本形だけでは，職場の実態に合わないケースが増加し，それに対応するために基本形をアレンジした制度がいくつか導入されています。細かい制度の内容には立ち入りませんが，簡単に紹介しましょう。

1）変形労働時間制

　1つは，変形労働時間制です。これは，法律が定める要件と手続きをきちんと守れば，ある週の週労働時間が40時間を超えていても，一定期間内で週平均労働時間が40時間以内なら OK という制度です。

　観光業やデパートなどの小売業，飲食店などの業種では，繁忙期とそうでない時期とで，業務量に大きな差があります。繁忙期は1日10時間働いてもらわないと仕事が回らないけれど，暇な時期は1日5時間程度で足りたりします。そのような場合，変形労働時間制を導入しておけば，忙しい時期に週40時間を超えて働いてもらっても，他の週との平均が法定労働時間以内に収まっていれば，40時間を超える労働は違法ではなく，割増賃金も基本的には払わなくてよいことになっています。

2）フレックスタイム制

　フレックスタイム制も，アレンジされた労働時間規制の一つです。まず，ある一定の期間（清算期間）に働くべき総労働時間をあらかじめ決定しておき，毎日の出退勤時刻は働く人が決めるという制度です。たとえば，明日は家族の通院に付き添うから午後だけ出勤する，今日は夜遅くまで働いて仕事を片付けておこうとか，働く人が自分の都合に合わせて日々の労働時間を自由に決めることができます。その代わり，ある日の労働時間が8時間を超えていても，すぐ時間外労働になるのではありません。清算期間が終了した時点で，実際の総労働時間を確認し，法定労働時間の総枠（8時間×出勤すべき日数）を超えていれば，その部分が時間外労働の割増賃金の対象になります。

3）みなし労働時間制

　変形労働時間制とフレックスタイム制は，労働時間管理の単位期間を，本来

の法定労働時間の制度よりも長くし，柔軟な労働時間管理を認めるものです。ですから，雇い主は，実際の労働時間が法定労働時間を超えていれば，割増賃金を支払う必要があり，その前提として働く人が実際に何時間働いたかを把握しておかなければなりません。

これに対して，みなし労働時間制は，法律の定める条件を満たせば，実際の労働時間の長い・短いに関係なく，あらかじめ定めた勤務時間ぴったりに働いたものとみなすという制度です。

もともとは，外回りの営業職など，雇い主が実際の労働時間を正確に把握できない職種（事業場外労働）について，実務上の必要から認められていた制度です。現在は，それに加えて，研究職やデザイナーなどの，専門性が高くて仕事の進め方を働く人本人に委ねるのになじむ職種（専門業務型裁量労働），商品企画やマーケティングなど，専門性は必ずしも高くはないものの，仕事の進め方を働く人本人に委ねるのに向いている職種（企画業務型裁量労働）についても，法が定めた手続きを守れば導入することができます。

みなし労働時間制では，法定労働時間の適用がなくなるわけではありません[11]が，実際の労働時間に応じた賃金を支払う必要がないために，長時間労働を抑制する力が弱く，「働かせ放題」の手段になるおそれもあります。そのため，みなし労働時間制は，法律で認められた職種以外には認められていません。また，企画業務型裁量労働は，ごく普通の会社員でも対象業務に従事しうることも念頭に，働く人にみなし労働時間の適用を拒否する権利が認められています。

5 休むことの保障

（1）休日とは

日々の労働が8時間以内でも，年中無休では心身に疲れが溜まって健康を害してしまうおそれがあり，仕事以外の用事をすることも難しくなります。そのため，労働基準法では，働く人に7日間のうち1日以上の休日を与えることを雇い主に義務づけています（労基法35条1項）。

ここでいう休日は「働く義務がない日」という意味であり，日曜や祝日でな

くてもかまいません。また，労働基準法が雇い主に義務づけているのは，7日間に1日という頻度だけで，「毎週○曜日」のように曜日を固定する義務はありません。そのため，ある週は月曜が休日，次の週は日曜が休日という扱いも違法ではありません。さらに，4週間に4日以上の休日を付与する場合には，休日は週に1日ずつでなくてもよいことになっています（労基法35条2項）。

（2）休日労働

　これらの規定に反して休日を適切に与えなかった場合は，雇い主には6カ月以下の懲役または30万円以下の罰金が適用されます。また，休日であるべき日に働かせた場合には，35％の割増賃金を支払わなければなりません。

　それでは，雇い主は休日に働いてもらわなければならない事情が生じたら，必ず罰則の適用対象になるかというと，そうではありません。時間外労働と同じように，三六協定を結んで労働基準監督署に届け出ていれば，休日労働についての罰則は適用されなくなります。ただし，三六協定があっても割増賃金の支払義務はあります。また，もともと休日は働く義務がないのですから，契約上に雇い主が休日労働を命じる根拠がない場合は，働く人は休日出勤を断ることができます。

　一つだけ，休日の予定だった日に割増賃金なしで働いてもらう方法があります。それが「休日の振替」という方法です。休日の振替は，働いてもらいたい休日が来る前に働く人の同意を得て，7日に1日という頻度を崩さない（または4週間に4日以上の休日を付与できる）範囲で，もともと休日だった日を勤務日に変更し，その代わり1勤務日を休日とする，というものです。こうすれば，休日労働そのものが成立しないので，休日労働の割増賃金も適用されませんし，三六協定を結んでいない場合でも問題はありません。

　これに対して，休日出勤をさせた後で代休日を付与する方法は，休日労働があった事実を打ち消すことができないので，割増賃金を支払わなければなりません。

（3）年次有給休暇とは

　賃金の項目で説明したように，賃金は労働の対価である以上，働かなかった

表 5-1　勤続年数別の有給休暇日数

勤続年数	0.5年	1.5年	2.5年	3.5年	4.5年	5.5年	6.5年〜
付与日数	10日	11日	12日	14日	16日	18日	20日

出所：労基法第39条第2項より筆者作成。

分の賃金は支払われません。また，働くべき日に働かないのは，働く人が雇い主に対して雇用契約で約束したことを守っていないことになりますから，場合によっては懲戒処分の対象になったり，解雇されたりするおそれがあります。

　しかし，長い職業人生，「出勤日だけど休みたい」という日が1日もないというのは考えにくいことです。

　たとえば，働く人自身が入院の必要なケガや病気になってしまうと，しばらくは欠勤せざるを得ません。遠方の親戚や友人の冠婚葬祭に出席したり，子どもの受験に付き添ったりといった，プライベートでの役割を果たすのも，週1日の休日だけでは難しいこともあります。

　このように，休日だけでは足りない「休みの日」を保障しているのが，年次有給休暇（年休）の制度です。その名前が示すように，本来出勤すべき日に休んでも，賃金が減額されないのが特徴です。法律によって保障された権利ですから，休んだことを理由にクビになったり懲戒処分を受けることもありません。

1）年次有給休暇の権利の発生条件

　ただし，休日が働く人すべてに保障されているのとは違い，法律によって年次有給休暇の権利を与えられているのは，勤続6カ月以上かつ出勤率8割以上の人だけです。法律で保障される年休の日数は勤続年数が長いほど多く，最初は10日，最大で1年に20日の年休が取得できるようになります（表5-1）。

　出勤率は，（実際に出勤した日数）÷（労働義務のある日数）で算出します。このとき，法律上の権利として保障された休み（年次有給休暇，産前・産後休業，育児休業，介護休業，仕事が原因のケガ・病気で休んでいる期間）は，休んでも出勤日として扱います。また，休日労働をさせた日や，機械の故障や材料調達の遅れなど会社側の事情で仕事ができなかった日は，労働義務のある日には算入しません。

2）年休取得に雇い主の許可は必要か

　年次有給休暇は働く人に保障された権利ですから，雇い主は，年休の取得理

由がどんなものでも，拒むことはできません。また，取得するタイミングや日数を理由に拒むことも原則としてできません。このように，年次有給休暇は働く人に取得するタイミングや期間を決定する権利（時季指定権）があります。

とはいえ，雇い主もビジネスに重大な影響が出ては困ります。そのため，どうしても働く人が指定した日には休ませられない事情がある時に限り，雇い主は年休取得のタイミングをずらすこと（時季変更権）が認められています。

ただし，日頃からギリギリの人員で仕事を回していて，1人でも休むとすぐに業務に支障が出る，というのは「どうしても休ませられない事情」とは認められません。年休の取得は働く人の権利である以上，誰も年休を取らない前提で人員配置をするのは，雇い主の怠慢だからです。雇い主が年休のタイミングをずらしてよいのは，誰かが休んでも他の人たちでフォローできる体制を整え，できる限り希望どおりに休ませられるように配慮を尽くしても，その人を休ませると業務に支障が生じる場合だけです。

3）年休取得の促進

日本の年次有給休暇制度の特徴は，働く人が休みたい時に，その都度，いつ何日取得するかを決めるのが原則になっていることです。この方式は，急に休みたい用事ができても，柔軟に休めるという長所もあるものの，年休が取得しにくい原因の一つともいわれてきました。

というのも，雇い主は，もともと年休取得を強制する権限も義務もなく，働く人が申し出た年休取得の希望を最大限尊重する義務があるだけです。その一方で，年休をあまり取得していない人に理由を聞くと，「担当業務がずっと忙しくて自分が休んでも支障がなさそうな日の目途が立たない」とか，「上司が休まないせいで部下が年休取得を言い出しにくい」など，休みたくても休めない状況が原因のことが多かったのです。働く人の希望を尊重するのは良いのですが，そもそも「休みたい」と言い出せない環境では，年休の権利は「絵に描いた餅」になってしまいます。

こうした状況を変えるべく，2018年に労働基準法が改正され，年10日以上の年休が付与されている人について，年休を最低5日は取得させる義務が雇い主に課されるようになりました（労基法39条7・8項）。この規定はとにかく5日は年休を取得させることが目的なので，働く人が自発的に取得した年休日数

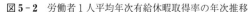

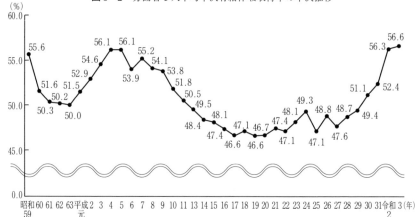

図5-2 労働者1人平均年次有給休暇取得率の年次推移

注:(1)「取得率」は，(取得日数計／付与日数計)×100（%）である。
　(2) 平成11年以前は，12月末現在の状況を「賃金労働時間制度等総合調査」として取りまとめたものである。
　(3) 平成19年以前は，調査対象を「本社の常用労働者が30人以上の会社組織の民営企業」としており，平成20年から「常用労働者が30人以上の会社組織の民営企業」に範囲を拡大した。
　(4) 平成26年以前は，調査対象を「常用労働者が30人以上の会社組織の民営企業」としており，また，「複合サービス事業」を含めなかったが，平成27年より「常用労働者が30人以上の民営法人」とし，さらに「複合サービス事業」を含めることとした。
出所：厚生労働省「令和3年就労条件総合調査の概要」6頁。

が5日未満の場合，5日に足りていない日数分については，雇い主が「この日は年休を取りなさい」と指定して，休ませなければなりません。

　有給の平均取得日数は，「令和3年就労条件総合調査の概要」（厚生労働省）によれば，2021年では10.1日であり，有給を取れる権利にある日数のうち実際にどれぐらい休んだかという取得率の平均は56.6%です。図5-2の通り，このところ有給取得率は上昇しつつあります。

6　安全衛生と労災補償

（1）安全な職場づくり

　働く時間を制限し，休むことを保障する——労働基準法は働く人の健康を守るために，働きすぎや過労の防止を重視しています。しかし，働く人の健康に影響を及ぼすのは，長時間労働だけではありません。働く人が無防備に有害物

質に晒されたり，高所作業なのに安全装置が十分でないなど，職場環境が悪ければ，働く人はそこで働いたせいで健康を害してしまいます。また，労働時間がそれほど長くなくても，精神的な負担が非常に大きな仕事を担当していたり，上司・同僚からのパワハラに遭っていたりすれば，当然メンタルヘルスに悪影響を及ぼします。

　つまり，働く人の健康を守るには，雇い主が職場環境を安全に整えることが不可欠です。しかし，安全対策の実施はコストが増えることでもあるので，すべての雇い主が自主的に十分な安全対策をするとは限りません。そこで，労働安全衛生法という法律によって，雇い主に様々な安全対策・健康維持対策の実施を義務づけています。

　労働安全衛生法では，各企業の実態に応じた安全対策の策定を求めて，従業員数が一定以上の会社について，雇い主側と働く人の代表が参加する安全委員会や衛生委員会などの組織を設置し，各職場の安全面の課題の解決を話し合うことを義務づけています。働く人が作業に用いる機械の保守点検，一定基準をクリアする防護具なしに扱わせてはならない危険物質の一覧など，具体的な安全対策は政令で定めることになっています。

（2）メンタルヘルス対策

　有害物質や重量物の取り扱い，機械操作などに伴う身体への危険は，技術の向上とともにかなり予防できるようになってきました。その一方で，仕事の精神的なストレスや長時間労働によって，精神面での不調に悩む人が増えています。これを受けて，労働安全衛生法では，メンタルヘルス対策も重視するようになっています。50人以上を雇用する雇い主は，働く人に対して，医師，保健師等による「ストレスチェック」を実施する義務があります（労働安全衛生法第66条の10）。ストレスチェックの結果，大きなストレスを抱えていることが分かった人については，働く人が希望すれば医師による面接指導を行い，医師に仕事をするにあたっての配慮事項（残業の軽減，配置換えなど）があるかどうかを聞き，必要な配慮を行わなければなりません。

（3）労災補償

　労働安全衛生法は，仕事のせいで働く人がケガや病気になったり，亡くなったりすること（労働災害）を予防するのが目的です。しかし，機械の誤作動や操作ミスなどはゼロにはできません。そのため，働く人を守るには，労働災害の予防に加えて，不幸にして労働災害に遭った人が，安心して十分な治療を受け，仕事に復帰できる仕組みが必要です。

1）労働災害は無過失責任

　労働基準法では，仕事が原因で働く人がケガや病気にかかった場合，その療養の費用は雇い主が負うこととしています（労基法75条）。

　本来は，働く人が，「会社がちゃんと機械整備していればケガをしなかった。会社のせいでケガをして治療費が○○円かかった。治療費の損害賠償をしろ」という民事裁判を起こし，裁判で勝てば，雇い主に治療費を払わせることができます。

　とはいえ，裁判は時間がかかります。また，裁判で勝つには，働く人の方が，ケガや病気にかかった原因が雇い主にあることを証明する必要があります。ケガの瞬間を目撃した同僚がいても，雇い主からの報復が怖くて証言を引き受けてくれないかもしれません。ケガをしたのが爆発事故で，現場が跡形もなく吹き飛んでいると，検証も困難です。そうなると，一市民である働く人が，雇い主の落ち度を証明することは事実上不可能であり，働く人は泣き寝入りするしかありません。

　しかし，それでは不公正です。雇い主は，自らのビジネスに必要な作業を，自分でするのではなく，従業員に行わせています。言い方を変えると，自分が儲けるための作業を他人にやってもらい，その作業に伴う危険を他人に負わせている，ということです。働く人が危険を引き受けて仕事をしてくれたおかげで，雇い主は収益を得ているのに，働く人がケガや病気になっても何の経済的負担もしない，というのは妥当ではありません[16]。

　そこで，労働基準法は，働く人が雇い主の落ち度を証明する負担を免除し，労働災害については，自動的に雇い主に治療費を負担させる規定を設けたのです。さらに，働く人が労働災害の療養のために仕事を休んでいる間は，平均賃金の60％以上の休業補償を支払うこと（労基法76条），後遺症が残った労働者

（同77条）や死亡事故の遺族（同79条）に対して一定の補償を行うことを義務づけています。

2）労災補償の社会保険化

　これらの規定によって，働く人は労働災害に遭った時の経済的な負担が確実に軽減されることになりました。しかし，まだ課題が残っていました。それは，雇い主が確実に補償を支払えるとは限らないという問題です。たとえば，炭鉱の落盤事故など，犠牲者が多くて補償額が莫大になり，雇い主がきちんと補償したくても払いきれない，という事態も考えられます。たまたま働く人のケガと会社の倒産のタイミングが重なって，雇い主が資金を持って逃げる場合もありえます。

　そこで，雇い主がどんな状況でも，確実に労働災害への補償を行うための仕組みとして，現在は，労災補償は社会保険（労働者災害補償保険）によって行われています。雇い主が保険料を国に支払い，労働災害に遭った労働者には，国が療養や休業補償，遺族補償などを支給するのです。社会保険方式なら，労働災害に遭った人は，自分の雇い主の資金力や補償額に左右されずに，必要な補償を受けることができます。労災保険の詳しい内容などは，次に説明します。

7　労災保険

　働く人がケガや病気で入院したり自宅療養になると，その期間は会社に出勤できません。また，その後遺症の程度によっては，全く働けない，あるいは働ける時間や職務が限られ，会社を辞めざるを得ないこともあります。ケガや病気のせいで働いて稼ぐことができなくなった場合，相談先は，そのケガや病気の原因が仕事なのかどうかで異なります。

（1）仕事が原因のケガ・病気

　仕事が原因でケガをしたり病気にかかったりした場合は，労働災害にあたるので，労災保険の窓口である労働基準監督署で給付申請を行います。

　仕事中のケガとは，普段の職場でのケガだけでなく，営業などで社外を移動中，宿泊を伴う出張中，上司の指示で取引先を接待している時，全員参加が義

務づけられた社内イベント中など，雇い主の指示に従って何かを行っている最中に起きたアクシデントであれば，労働災害にあたります。

　仕事が原因の病気は，ケガより少し複雑です。ケガは，アクシデントが起きると同時にケガが発生し，見た目でも分かります。これに対して，病気は原因となった仕事を辞めた後に発症することもありますし，発症するかどうかは働く人の体質など仕事以外の要素にも左右されます。そのため，すべての申請について，はっきりと仕事こそが病気の原因であると証明することを求めると，労災保険上の各種手当を支給するのが遅くなってしまいます。

　そこで，働く人が早く労災保険上の給付を受けられるよう，国が職業病のリスト（労働基準法施行規則　別表第1の2）を作っています。これは，医学的に「Aという仕事をしている人は，病気Bにかかりやすい」という傾向がはっきり分かっている組み合わせを列挙したものです。このリストに載っている仕事と病気の組み合わせに当てはまれば，働く人が因果関係を証明しなくても，ただちに労災と認められます。リストに載っていない病気の場合も，仕事が原因と認められれば，労災保険による給付の対象になります。

　働きすぎによる過労死も労災保険の対象になります。過労のために脳や心臓の病気になった場合のほか，うつ病などの精神疾患になった場合も対象になります。脳や心臓の病気については，長時間労働の有無や程度，仕事の負担の大きさなどを考慮して判定されます。精神疾患については，精神疾患の原因が仕事かどうかの判定は，職場の出来事の重大さを弱・中・強の3段階に分類した表に従って行われます。「強」にあたる出来事と，「中」や「弱」にあたる出来事，または「中」に分類される出来事が複数存在し，かつ，私生活上に精神疾患を発症する要因がなかったことが証明されれば，労災と認定されます。

　過労死等の労災認定数の推移は表5-2の通りです。

（2）通勤中のケガ・死亡

　通勤に使う交通手段や経路は，雇い主の管理する領域ではないので，もともとは労災保険の対象ではありませんでした。しかし，通勤なしに仕事はできないことを踏まえて，ある条件を満たせば，通勤中の事故によるケガや死亡についても，労災保険による所得補償などが受けられることになっています。ある

表 5 - 2　過労死等の労災認定数

		2015年度	2016年度	2017年度	2018年度	2019年度
脳・心臓疾患	請求件数	795(83)	825(91)	840(120)	877(118)	936(121)
	支給決定件数	251(11)	260(12)	253(17)	283(9)	216(10)
精神障害	請求件数	1,515(574)	1,586(627)	1,732(689)	1,820(788)	2,060(952)
	支給決定件数	472(146)	498(168)	506(160)	465(163)	509(179)

注：(1)　脳・心臓疾患とは，業務により脳・心臓疾患（負傷に起因するものを除く。）を発症した事案
　　　　（死亡を含む。）をいう。
　　(2)　精神障害とは，業務により精神障害を発病した事案（自殺を含む。）をいう。
　　(3)　請求件数は当該年度に請求されたものの合計であるが，支給決定件数は当該年度に「業務上」
　　　　と設定した件数であり，当該年度以前に請求されたものも含む。
　　(4)　（　）内は女性の件数で内数である。
資料：厚生労働省労働基準局。
出所：『厚生労働白書　令和 3 年版』237頁。

条件とは，合理的な経路を使って，無駄な寄り道をしないで通勤している最中
に事故が起きた，ということです。

　合理的な経路とは，自宅と職場を結ぶ最短経路でなくても，常識的な経路で
あればよく，鉄道ダイヤの乱れで普段と違う経路を使ったりしても問題ありま
せん。また，単身赴任中の人が職場近くの家と家族の住まいとの間を移動する
のも「通勤」に含まれます。

　無駄な寄り道とは，日常生活に不可欠でない寄り道のことです。逆にいうと，
日常生活に必要なことをするための寄り道なら，通勤経路に戻った後で起きた
事故は通勤災害として認められます。具体的には，日常的な買い物，保育園な
どへの子どもの送迎，通院，職業訓練施設への通所，投票所での投票，別居す
る親の介護のための親の住居への立ち寄りが，日常生活に必要な寄り道にあた
ります。

（3）労災保険による給付

　労災保険による給付には，医療の提供，働いていた本人への所得補償，ケガ
や病気の後遺症が残って前のようには働けなくなった時の所得補償，そして働
いていた人が亡くなった時の遺族への所得補償があります。

1）治療の提供

労災でのケガ・病気の治療費は，労災保険が全額をまかないます。労災病院や指定医療機関で治療を受ける場合は，働く人は治療費を払う必要はありません。指定医療機関でない病院等で治療を受けた場合は，働く人がいったん治療費を払って，医療機関の証明書とともに，療養の費用請求書を労働基準監督署に提出し，払い戻してもらうことになります。

2）治療のために休業している期間の所得補償

治療で仕事ができない期間の所得補償は，休業3日目までは雇い主が休業手当（直前3カ月間の平均賃金の60％以上に相当する金額）を支払い，休業4日目からは労災保険から休業補償給付（通勤災害の場合は休業給付）が支給されます。休業（補償）給付の支給額は，平均賃金を日額に換算し（給付基礎日額），休業日数をかけて算出される金額の60％相当です。給付を申請する時は，かかった医療機関と雇い主の証明書を添えて，申請書を労働基準監督署に提出します。

3）治療が長引いたり後遺症が残った時

休業（補償）給付の給付期間は療養の開始から1年6カ月ですが，1年6カ月後も治療が続いていて，ケガや病気の状態が傷病等級1級から3級にあたる場合は，傷病補償年金（通勤災害の場合は傷病年金）が支払われます。また，働いていた人の状態が，治療を続けてもそれ以上回復しないと診断された後は，障害の程度に応じた所得補償（障害等給付）に切り替わります。障害等級1級から7級の場合は，障害補償年金（通勤災害の場合は障害年金）が支給され，障害等級8級から14級の場合は障害一時金が支給されます。

傷病（補償）年金や障害（補償）年金を受給している人のうち，一定の障害があり，介護を受けている人には，介護等給付も支給されます。

4）遺族への所得補償

働いていた人が亡くなった場合は，遺族補償年金（通勤災害の場合は遺族年金）が支給されます。受け取る権利があるのは，働いていた人の妻または60歳以上の夫，働いていた人の子や孫で満18歳になって最初の3月31日以前の人，60歳以上の父母などで，亡くなった人の収入で生活していた人です。妻以外の家族は，基本的に受給できる年齢に制限がありますが，一定以上の障害がある場合は年齢制限はありません。給付額は，亡くなった人の事故前の平均賃金額や遺

族年金を受け取る権利のある人の数に応じて算出されます。

（4）保険給付以外のサポート

1）社会復帰促進事業

　労災にあたるケガや病気は様々です。いったん治療が終わっても，再手術が必要になったり，義肢や補聴器などがないと日常生活に支障があることもあります。後遺症の中には，悪化を予防する医療的ケア（アフターケア）を継続的に受けた方がよいものもあります。

　これらは社会生活を再開するのに必要な物やサービスですが，保険給付に含まれていません。そこで，保険給付とは別に，後遺症などが残った人に必要な物やサービスを提供するのが，社会復帰促進事業です。社会復帰促進事業で提供されるのは，装具が23種類，アフターケアの対象となる病気や障害は20種類と限られていますが，これらはすべて無料で提供されています。

2）被災労働者等援護事業

　労災保険による所得補償があっても，元気に働いていた時よりはどうしても収入は下がってしまいます。たとえば，第7節第3項で説明した休業（補償）給付の支給額は，給付基礎日額に休業日数をかけた金額の60％ですから，労災に遭う前にもらっていた給与よりもかなり低額です。収入の低下は，働いていた人本人だけでなく，その家族の日々の生活や未来にも影響を及ぼします。こうした困りごとから働いていた人と家族を守るのが，被災労働者等援護事業です。

　被災労働者等援護事業の一つは，特別支給金です。これは，休業（補償）給付や傷病（補償）年金，障害（補償）年金，遺族（補償）年金といった，保険給付への上乗せです。その支給額の計算方法は，上乗せになる保険給付の種類によって異なりますが，休業特別支給金の場合は，給付基礎日額に休業日数をかけて算出される金額の20％相当ですから，休業（補償）給付と合わせると，労災に遭う前の給与額の8割近い補償割合になります。

　また，働いていた人が重篤な状態が続き傷病年金や障害年金を受給している場合や，働いていた人が亡くなり遺族が遺族年金を受給している場合には，それぞれの年金額などに照らして，子どもの教育費を用意するのが困難と認めら

れれば，子どもの就学費用の一部（定額）が援助されます（労災就学等援護費）。

8　労働基準法で守ってもらえる「働く人」はどこまでか

（1）労働基準法が守れない「働く人」とは

　ここまで，労働基準法をはじめとする働く人を守る法律の大枠について説明をしてきました。もし，これらの法律が完全に厳密に守られれば，働く人はかなり安心して働けるはずです。

　しかし，1つ注意しなければならないのは，労働基準法などが守ってくれるのは，職業についている人全員ではない，ということです。序章で説明したように，労働法は，「他者に雇われて働く（雇用契約）」というお金の稼ぎ方に特有の危険に着目して誕生し，発展してきました。その裏返しとして，他者に雇われる以外の働き方をしている人は，労働法の対象外となってきたのです。

　「他者に雇われて」いない人たちには，労働時間の制限も，収入額の最低保障も，仕事が原因でのケガ・病気への補償も，妊娠中や産後の健康保護も，何もありません。雇用保険にも入れないので，仕事がなくなったら貯金を切り崩すしかありません。

　人に仕事させる側からすると，雇用契約でない働き手は，労働法を守るコストがかからない存在です。それゆえ，「この人は，雇われて働いている人ではありません」と見せかけて，労働法の適用を免れようとする経営者も出てきます。そこで，労働基準法などによって守ってもらえるのは，どんな働き方をしている人なのかが問題になります。

　この点については，労働基準法そのものには，契約の名目や職業に関係なく，「事業」に「使用され」，「賃金を支払われる者」が保護対象であるという規定（労基法9条）があります。最低賃金法や労働安全衛生法，労災保険などの適用対象も，労働基準法と同じです。

（2）雇われて働く人と自営業者の境界線

　それでは，具体的にどんな働き方なら「事業に使用され」ていることになるのでしょうか。裁判例によると，仕事を頼む側が，仕事の進め方について具体

的な指示をしたり，勤務時間や勤務場所を指定したりしている場合には，「事業に使用されている」といえるとされています。また，働いて得る収入が「賃金」にあたるかどうかは，働いた時間に応じて収入額が算定されているかどうかが判断基準とされています。

たとえば，「業務委託契約」の名の下に，プログラミングの仕事をしているAさんとBさんがいるとします。

Aさんは，仕事の依頼者が指定した時刻に作業場所に出向き，用意されたパソコンを使って，監督者の指示の下で作業し，休憩なども監督者の許可を得て取っています。収入は働いた時間に応じて決まり，欠勤したり早退したりするとその分減収になる契約になっています。

Bさんは，自宅などで自分が買ったパソコンを使って自分のペースで作業を進め，気が乗らない時や他の用事で忙しい時に作業をサボっても誰にも文句は言われないし，納期までに指定どおりの仕様のプログラムを完成させて引き渡せば，約束どおりの報酬を払ってもらえることになっています。

この2人は，同じ名前の契約で同じような作業をしていますが，Aさんは仕事の場所と時間を指定され，具体的な作業の指示を受けて働いているので，「事業に使用されている」といえますし，報酬も働いた時間に応じて決まっており，「賃金」にあたるといえるので，労働基準法の適用対象として保護を受けられます。一方のBさんは，仕事を進めるプロセスには依頼者からの指示を受けていないことから，「事業に使用されている」とはいえませんし，報酬も，働いた時間ではなく，完成物の納品に対して支払われているので，賃金にはあたらないため，労働基準法の保護の対象ではありません。

このように，労働基準法などで守ってもらえるかどうかは，仕事を依頼する側と働く側の関係性や，働き方の実態によって決まります。契約書に「請負契約」などと書いておいても，客観的にみて，「雇われて働いている」といえる実態がある限り，雇い主は労働法上の様々な義務を守る義務を負うのです。

注
(1)　たとえば，特定の政治的信条に基づく書籍のみを刊行している出版社では，その政治的信条と対立する思想信条を有する従業員に仕事をさせることが困難なことが多い

です。そのような場合に限って，採用時に応募者の思想を尋ね，それを基準に採用・不採用を決めることは認められます。

(2) 飲食店や旅館などで，お客からチップや心付，ご祝儀を受け取ることがありますが，これは雇い主の支払う賃金ではありません。そのため，働く人が多額のご祝儀等を受け取って余裕のある暮らしをしていたとしても，雇い主の支払った賃金単独では最低賃金額を下回る場合は，最低賃金法違反にあたります。

(3) 特定最低賃金額を下回る賃金を払った場合は，最低賃金法には罰則がないものの，労働基準法の全額払い原則違反にあたり，30万円以下の罰金が適用されます。

(4) 正社員が仕事が休みの日に別会社で働く「兼業」や学生のアルバイトの掛け持ちのように，職場が2つ以上ある場合は，各職場での労働時間が法定労働時間より少なくても，合計が法定労働時間を超えると，超えた部分が時間外労働にあたります。

(5) 労働基準法では16歳以上なら働くことができますが，18歳未満の人には例外規定は適用されないため，法定労働時間を超えることはできません（労基法60条）。

(6) 臨時的な特別の事情があり，労使の合意がある時は，時間外労働の上限は年720時間以内まで緩められますが，時間外労働と休日労働の合計が月100時間未満，2〜6カ月平均80時間以内でなければならず，月45時間以上の時間外労働が許容されるのは6カ月間が上限です。

(7) 実は，2018年に改正されるまで，労働基準法には時間外労働の上限規制が存在せず，三六協定に定めた当該事業場における時間外労働の上限を超えてしまっても罰則がありませんでした。つまり，三六協定を結んでしまえば，雇い主は働く人にどれだけ長時間労働をさせても違法ではなかったのです。法律に上限規制の規定がないことは，行政機関が悪質な企業に介入するための法的根拠がないということでもあり，長時間労働が解決できない理由の一つになっていました。

(8) 「残業手当」などの名目で，実際の残業時間数に関係なく一律の残業代を支給する企業もあります。このような取り扱いは，「残業手当」の金額が，きちんと時間外労働の時間数を集計して正しく割増賃金を支払う場合の金額以上になっている場合に限り，適法です。

(9) 具体的には，待機時間の長さが実作業時間の合計以上であれば，「待機時間が長い」と判断されます。

(10) 職場に泊まり込みで長時間勤務する夜勤（宿直）業務は，監視・断続的労働に分類され，労働局長の許可があれば，法定労働時間の適用が除外されます。とはいえ，夜勤の実態は多様であるため，夜勤であればすべて許可されるわけではなく，夜勤時間帯にほとんど作業をする必要がなく，日勤から連続して夜勤するものではないこと，宿直手当が1日当たりの賃金の1／3以上であること，夜勤の回数が週1回であること，相当の睡眠設備の設置があること，の4つの条件を満たした場合にのみ，適用除

外が許可されます。

⑾　みなし労働時間が適用される業務が、客観的にみて法定労働時間以内に終わらないといえる場合は、三六協定を締結した上で、その仕事の実態に合った勤務時間を定めなければなりません。たとえば、その仕事を終わらせるのに1日9時間働く必要がある場合は、三六協定を締結し、勤務時間を9時間と定めて、1時間分の時間外労働の割増賃金を支払わなければなりません。

⑿　そのため、労働基準法違反でない範囲で連続勤務させられるのは、最長で12日間です。

⒀　ある休日に8時間を超えて働く（休日労働かつ時間外労働）ことがありますが、8時間を超えて働いた部分にも休日労働の割増率だけが適用されます。一方、休日労働が深夜の時間帯に及んだ場合には、休日労働の割増率と深夜業の割増率を合算されるので、60%の割増賃金が支払われます。

⒁　働く人の同意は、休日の振替をお願いしたい時ごとに得るだけでなく、就業規則といわれる会社のワークルールに「休日の振替を行うことがある」という規定を置いておくだけでもかまいません。働く人の意思と就業規則の関係は、詳しくは、第6章第3節で説明します。

⒂　会社によっては、「入社1カ月目で1日、2カ月目で2日」のように、勤続6カ月未満の従業員にも年次有給休暇の権利を認めているところもありますが、これは各会社が独自に、労働基準法よりも働く人に有利な制度を整えているものにあたります。

⒃　このような「利益を得る者がリスクも引き受けるべきだ」という考え方を報償責任といいます。

⒄　厚生労働省「脳・心臓疾患の労災認定」（令和4年10月版）（https://www.mhlw.go.jp/content/001004355.pdf、2023年2月10日アクセス）。

⒅　厚生労働省「精神障害の労災認定」（令和2年9月改訂）（https://www.mhlw.go.jp/bunya/roudoukijun/rousaihoken04/dl/120427.pdf、2023年2月10日アクセス）。

⒆　この2つの基準だけでは判断が難しい場合は、仕事をする人が正真正銘の自営業者といえる実態にあるかどうかも考慮対象となります。正真正銘の自営業者とは、自分で仕事道具を購入し、メンテナンス費用も払い、仕事の依頼主と対等な立場で交渉する（依頼主の言い分が気に入らなければ契約を断れる）存在です。また、収入に対する税金も、雇われて働いている人とは違う分類（事業所得）で申告するのが通常です。これらの要素が多いほど、労働基準法などによる保護の対象ではないと判断されることになります。

⒇　働いた時間や方法に関係なく、引き受けた仕事を完成させ、それに対して報酬が支払われるタイプの契約は、民法では「請負契約」といいます。請負契約は、仕事をする側の売り物は「請負った仕事の完成」であり、この点で、労力と時間を売る雇用契

約とは区別されます。

参考文献

池田真朗ほか（2020）『法の世界へ　第8版』有斐閣。

副田隆重ほか（2020）『ライフステージと法　第8版』有斐閣。

浜村彰ほか（2020）『ベーシック労働法　第8版』有斐閣。

水町勇一郎（2022）『労働法　第9版』有斐閣。

より詳しく知るために

・労働法全体をより詳しく知るには

　　東京労働局「知って役立つ労働法」（https://jsite.mhlw.go.jp/tokyo-roudoukyoku/
　　　content/contents/001261448.pdf，2022年12月26日アクセス）。

・職場における障害者への合理的配慮についてより詳しく知るには

　　厚生労働省「合理的配慮指針」（https://www.mhlw.go.jp/file/04-Houdouhappyou-
　　　11704000-Shokugyouanteikyokukoureishougaikoyoutaisakubu-shougaishakoyouta
　　　isakuka/0000078976.pdf，2022年12月26日アクセス）。

・メンタルヘルスについてより詳しく知るには

　　厚生労働省「働く人のメンタルヘルス・ポータルサイト　こころの耳」（https://ko
　　　koro.mhlw.go.jp/，2022年12月26日アクセス）。

・労災保険についてより詳しく知るには

　　厚生労働省ほか「請求（申請）のできる保険給付等——全ての被災労働者・ご遺族の
　　　方が必要な保険給付等を確実に受けられるために」（https://jsite.mhlw.go.jp/
　　　fukui-roudoukyoku/var/rev0/0041/3591/seikyu_pamph.pdf，2022年12月26日ア
　　　クセス）。

自営業と労働者——どんな働き方がよいのか　フリーランスという選択

雪子さん：先生，今日は私の進路相談なんですけど。

ふくろう先生：そうですか。雪子さんはいつも周りの心配ばかりしているけれど，自分のことを考えるのも，とても良いことですね。

雪子さん：はい，私も最近そう思います。それで，さっそくなんですけど，私，学校を卒業したらフリーランスで仕事したいです。

ふくろう先生：おやおや，慎重派の雪子さんにしては珍しいですね。

雪子さん：この前，ファッション雑誌の会社のインターンシップに行ってきたんですけど，オフィスをよく見ていると結構フリーランスの人も多くて。

ふくろう先生：ふむ。

雪子さん：みなさん知識やアイデアもすごくて，かっこよかったんです。いろんな出版社から引っ張りだこのカメラマンさんとか，人脈が豊富で取材力のあるエディターさんとか。

ふくろう先生：なるほど，そういう人たちに憧れるのも分からなくもありませんね。

雪子さん：ですよねー。

ふくろう先生：まあ，でもちょっと落ち着いて考えて下さい。その人たちだって，最初から売れっ子だったとは限りませんよ。どこかの出版社の社員として経験をたくさん積んで独立した人も多いのではないかな。

雪子さん：うーん，そうかもしれませんけど。

ふくろう先生：強みがないうちにフリーランスになっても，仕事も生活もうまくいかない可能性もありますよ。

雪子さん：そう言われると……。フリーランスのメリット・デメリットを，よく考えていなかったです。どこかの会社で従業員として働くのとは，違うんですよね。

ふくろう先生：そうですね。雪子さん，インターンシップで出会ったカメラマンさんは，どんなふうに仕事していましたか。

雪子さん：自前のカメラで撮った写真を送る感じです。

ふくろう先生：編集部も撮影内容などはある程度指定するでしょうが，撮影機材や撮影方法などの細かいことはカメラマンさんに任せているのではありませんか。

雪子さん：はい，たとえば「ガラスの器に季節の花を生けた写真3点」という指定なら，撮影する日や場所，花の種類とかはカメラマンさんにお任せでした。あと，確か撮影にどれくらい経費がかかったかとは関係なくて，「3点納品して〇

〇万円」みたいな設定でした。

ふくろう先生：そう，フリーランスと雇われて働くことの違いは，働く側の義務が，完成品を納品することなのか，指示に従って作業することなのか，働く側が受け取る報酬が完成品の代金なのか，作業したこと自体に対する対価なのか，ということなんです。フリーランスは，引き受けた仕事の完成までに，経費や時間をどれくらいかけるかは自分で決められますが，その代わり，長く働いても報酬の金額は変わりません。

雪子さん：働き方の違いだけなら，暮らしにそんなに影響しない気がするんですけど。

ふくろう先生：とんでもありません。雇われて働く人は，労働基準法などの法律で手厚く守られています。雇い主に指示された仕事量や作業ペースに従わざるを得ないし，仕事道具や作業環境も雇い主の一存で決まる危険があるからです。でも，フリーランスの人は，完成までのプロセスを自分で決められる代わりに，ほとんど守ってもらえないんですよ。

雪子さん：えーっと……。労働基準法って，労働時間とか賃金とかですよね。

ふくろう先生：それも大切ですが，他にも労働安全衛生法や男女雇用機会均等法，育児介護休業法，労災保険法や雇用保険法もあります。

雪子さん：それ全部，フリーランスだと適用されないんですか。

ふくろう先生：そうです。労災保険には一部の業種に特別加入という制度もありますが。

雪子さん：それじゃあ，フリーランスだと産休も育児休業もないし，契約を切られたら次の仕事が取れるまで貯金で食べていくしかないんですか…厳しいなあ。

ふくろう先生：仕事でケガや病気になった時も，雇われて働いている人なら治療費の全額が労災保険でカバーされますが，フリーランスだと風邪で病院に行くのと同じ国民健康保険しかありませんから，どうしても自己負担があります。フリーランスは自由に働ける代わりに，何かの事情で働けなくなるリスクや仕事を失うリスクにも，自分の責任で備えるということです。

雪子さん：そうなんですね。でも，仕事がなくなった時に何の保障もないと，依頼主の無理な注文に応えるしかない，ということもありえますよね。

ふくろう先生：よく気が付きましたね。フリーランスといっても，仕事がなければ食べていけない以上，依頼主の方が立場も強くなりがちです。本当に自由に働ける人ばかりではありません。複数の依頼主を常に確保すれば，1つの契約が打ち切りになっても大丈夫ですが，専属契約などの場合は，それも難しかったりします。

雪子さん：そうなると，サラリーマンとフリーランスとの間に，はっきり線引きすることはできないような…。

ふくろう先生：そのとおりです。ですから，労働基準法などの働く人を守る法律は，契

約の名称に関係なく，実態が「雇われている」といえるなら，保護の対象としています。依頼主が細かく指示を出して，働く側に仕事の進め方を決める自由がなく，報酬の決め方が働いた時間に比例するような計算方法であるなどの場合は，形式上はフリーランスでも，労働基準法などが守る「労働者」にあたります。

雪子さん：ちょっと安心しました。でも，間違いなくフリーランスだといえる人でも，差別禁止やハラスメント被害の防止は必要だと思いますし，少子化が問題だというなら，産休くらいはあってもいいんじゃないかと思います。

ふくろう先生：その考え方もよく分かります。今の法律は，雇われて働いている人には手厚い保護がありますが，よく見ると，雇われていない人にも必要そうな制度もあります。誰をどんな考え方でどう守っていくか，考えなおす時期に来ているのかもしれません。が，雪子さんは，まずは自分がどんな人生を過ごしたいか，よく考えて下さいね。

第6章 | 労働契約・雇用保険

　労働基準法などの法律が，賃金や労働時間などの労働条件には最低ラインを定め，それよりも働く人に不利な契約内容を禁止することで，働く人の健康と人間らしい暮らしを守っています。

　しかし，これらの法律は，契約内容が法律で定める最低ライン以上であれば，口出しすることはありません。そのため，「会社が勝手にボーナスを減らした」とか「転勤を命じられたけど，行きたくない」などの契約内容に関するトラブルや，「会社の経営合理化でリストラ対象となったけれど納得できない」といった問題には，労働基準法はあまり力になってくれません。

　実は，こうした雇用契約のトラブルに関する法律は，2008年に労働契約法が成立するまでは存在しませんでした。それ以前は，契約の基本ルールに従って，裁判所が個別の事例ごとに判断を行ってきました。同じような事例に関する裁判所の判断が積み重ねられ，トラブルの類型ごとのルールとして機能してきました。労働契約法も，裁判所が積み上げてきた判断ルールを踏まえた内容になっています。

　また，失業は人生における大きなリスクの一つですが，雇用保険は失業者の所得を保障し，再就職に向けた訓練などの給付を行います。

　雇用の状況は大きく変化し，以前は日本の雇用は正規雇用中心でしたが，バブル崩壊以後，非正規雇用が急速に増加しました。非正規雇用にどのような問題があるのか，どのような対策が講じられているかを説明します。さらに，家庭で育児や介護をしながら仕事をする人に対して，仕事との両立を支える仕組みについて解説します。

　本章では，雇用契約の成立から解約までに生じうる契約トラブルに関するルール，雇用保険の仕組み，非正規雇用をめぐる課題などを解説します。

1 採用内定

（1）採用内定とは

　採用内定という言葉を聞いたことがある人は多いでしょう。採用内定とは，企業の求人に対して応募してきた求職者に対し，企業が「あなたを○月○日付で雇います」という意思を伝えることです。

　採用内定を得てから入社日までの期間中，内定者は入社日から働く予定はあっても本格的には働いていない，中途半端な状態です。そのため，採用内定によって雇用契約が成立するのかどうかは，昔から議論されてきました。

　採用内定＝雇用契約が成立したといえるかどうかは，採用内定が取消された時，特に問題になります。日本の正社員，特に学校卒業予定者の採用では，数カ月かけてじっくりと選考が行われ，入社日よりもかなり前に採用内定が通知されることが少なくありません。逆にいうと，ある年度の卒業予定者に対する採用活動は，卒業の何カ月も前に終わってしまいます。採用内定が取消された時期によっては，卒業後にいきなり無職になりかねません。

　もしも採用内定によって雇用契約が成立しているのなら，企業による採用内定の取消は，契約の一方的な解約にあたります。解約は裁判で無効になることがあります。解約の無効とは，雇用契約は最初から解約されなかったものとして扱うという意味です。そのため，企業は就活生を雇用し，入社するはずだった日から判決日までの給与の全額を払わなければなりません。

　これに対して，採用内定時点では雇用契約はまだ成立していないなら，企業は雇用する義務はありません。採用内定の取消までの経緯の中に，企業側の不注意などがあった場合に，慰謝料などを支払うだけです。

（2）採用内定の意味の判断枠組み

　それでは，採用内定によって雇用契約が成立しているかどうかを判断するにはどうしたらよいでしょうか。

　雇用契約は，就活生と企業のどちらかが「雇用契約を結びたい」と申し込み（契約の申込み），申し込まれた方が「あなたと雇用契約を結ぶことを承諾しま

す」と答えた（申込みの承諾），という2つの事実が揃った時に成立します。採用活動の中で，就活生と企業との間にどのようなやりとりがあったのかを調べ，契約の申込みと，申込みの承諾にあたる言動が確認できれば，後者の言動があった時点で雇用契約が成立したと判断することができます。

　一般的な新卒一括採用の選考プロセスを例に挙げて，もう少し具体的に説明しましょう。まず，就活生がエントリーサイトなどで企業の求人情報を調べ，就職したいと思える企業に応募します。企業はエントリーした就活生の中から，筆記試験や面接試験などによって，少しずつ候補者を絞り込んでいきます。そして，最終的に採用対象者と確定した就活生にだけ内定通知を行います。採用内定を通知した後は，入社日まで研修会などを開催しても，さらなる選考試験などは行いません。このようなプロセスの場合は，就活生からの応募が契約の申込みであり，企業からの採用内定が申込みの承諾にあたりますので，採用内定時点で雇用契約が成立します。

　しかし，「採用内定」という名称の通知が企業から就活生に送られたとしても，その後にさらに選考試験が実施された場合は，企業は申込みの承諾をまだ行っていないので，雇用契約はまだ成立していません。また，採用内定通知後，就活生による意思表示（「内定承諾書」の提出など）を企業が求めているケースでは，採用内定通知が企業からの契約の申込みであり，就活生が承諾書を提出することが申込みの承諾にあたると判断される場合があります。

（3）採用内定の取消

　採用内定通知によって雇用契約が成立したと判断される場合，採用内定取消は，雇用契約の一方的解約にあたります。期間の定めのない雇用契約の場合，働く人も雇い主も，自由に解約することができます（民法627条）。この解約の自由は「解約権」とも呼ばれます。自由に解約できるといっても，いい加減な理由で解約権を行使し，採用内定を取消されては困ります。そこで出てくるのが，権利濫用法理というルールです。

　権利濫用法理とは，正当な権利であっても，行使する目的が不当な場合や，相手の正当な利益を大きく損なう結果を生じさせる場合には，その権利の行使の結果を否定する，というものです。たとえば，雇い主には指揮命令権がある

からといって，ある従業員を精神的に追い詰める目的で，意味のない文字列を100回書き写すよう命令することは，目的が不当であり，命令の結果その従業員の心の健康が損なわれかねないため，指揮命令権の濫用にあたります。

　採用内定の取消が雇い主の解約権の濫用にあたるかどうかは，主に内定取消の理由を考慮して判断されます。

　まず，内定取消の理由は，採用選考のプロセスでは知ることが困難な事実が判明し，その事実が内定を取消すに値するものでなければなりません。内定取消の理由が，採用選考のプロセスですでに把握していた事実だったなら，雇い主はその事実を知った上で採用したのですから，後から「やっぱり採用しない」は通用しません。また，内定取消の理由が内定通知後に判明した事実でも，履歴書の記入事項を工夫したり，面接で聞いたりすれば簡単に判明する性質のものなら，内定を取消すほど重要な情報なら最初からちゃんと調べるべきなので，やはり内定取消の理由とすることはできません。

　そして，内定取消の理由が採用選考中に知りようのなかった事実でも，第三者からみて，雇い主の「この人はうちの会社で雇えない」という判断もやむをえないといえるものでなければなりません。たとえば，学校を卒業できなかった，内定後に罪を犯して逮捕・起訴された，犯罪歴や処罰歴を隠していた，必要な免許や資格を取得できなかった（または失効した），内定者がケガや病気でいつ退院できるか分からなくなったなど，会社の一員として迎え入れられない事情が必要です。

　なお，内定者からの内定辞退については，法律上，特に理由の制限はありません。内定辞退を申し出た日から2週間が経過すると，自動的に雇用契約は消滅します。ただし，内定辞退の申し出の時期によっては，急いで代わりの従業員を探すために出費がかさむなど，雇い主に損害を与えてしまうかもしれません。そのような場合は，内定辞退そのものは認められるにしても，内定辞退によって雇い主に生じた損害を賠償する義務が発生することもあります。

2　契約上の権利と義務

　前節でも説明したように，「ある会社で従業員として働き，給与を受け取る」

という働き方は，雇用契約と呼ばれる契約にあたります。この契約は，働く人は会社の指示に従って働くことを雇い主に約束し，雇い主は給与を支払うことを約束するものです。

すべての契約では，自分が相手に対して約束した内容は守る義務があり，相手が自分に約束してくれたことは守ってもらう権利があります。この基本ルールを雇用契約に当てはめると，雇い主は給料を払う義務と働いてもらう権利があり，働く人は働く義務と給与をもらう権利がある，ということになります。

（1）「働く義務」の内容

ところで，働く人には契約上「働く義務」があるといっても，いつ，どこで，何をしなければならないのかが決まらないと，何をすれば働く義務を果たしたことになるのか分かりません。

もちろん，出勤すべき日あるいは曜日，始終業時刻，勤務場所などは，事前にある程度決定することはできます。しかし，日々の仕事のすべてを事前に具体的に決めることは不可能です。たとえば営業職の人が実際に仕事をするには，どの顧客を担当するのか，何を売り込むのか，どの顧客にいつ会いにいくのかを確定する必要がありますが，これらの要素は，せいぜい数週間後か，数カ月先までしか確定できません。

このように，「働く義務」の内容は，状況に合わせて雇い主が仕事の内容を具体的に指示し，それに従って働くこと，としかいえないのです。言い換えると，雇い主が働く人に対して持っている「働いてもらう権利」には，日々の仕事について具体的に指示する権限（指揮命令権）が含まれます。

このような「働く義務」の特徴が原因で，働く人には2つの問題が生じます。

1)「働く義務」を果たしたといえる状態とは

1つは，働く人の権利である「給与をもらう権利」への影響です。給与は働くことへの対価ですから，遅刻や欠勤などで働かなかった分については給与はもらえません（労働契約法第6条）。また，何か作業をした場合でも，その作業内容が契約で決めた業務と違っていたり，上司の指示を無視して勝手な作業をしていたりした場合は，契約に沿って「働く義務」を果たしたとはいえない（民法493条）ため，給与を払ってもらえません。

しかし，ちゃんと出勤したのに，上司から何も指示してもらえず，仕事ができなかった場合はどうでしょうか。すでに述べたように，「働く義務」の具体的な内容は，雇い主からの指揮命令によって確定します。指揮命令がないために具体的な作業ができないというのは，言い換えると，働く人が「働く義務」を果たせない原因は雇い主側にある，ということです。こうした雇い主側の事情で「働く義務」が果たせなかった場合は，契約の共通ルールに従って，働く人は具体的な作業ができなかった日についても「給与をもらう権利」を行使することができます（民法536条2項）。

　つまり，働く人は，雇い主からの指示があった場合はそれに従って働くこと，雇い主からの指示がない場合は，指示があり次第すぐに作業に取り掛かれる状態にあれば，「働く義務」を果たしたことになります。

2）「働く義務」の内容

　2つ目の問題は，個々の雇用契約で「働く義務」の内容がほとんど明確化されていない場合です。これは特に正社員として働く時に生じます。正社員として就職する時，研究職や医療専門職などの一部の例外を除いては，「総合職」「一般職」などの採用区分しか決まっていないことが少なくありません。具体的な職務や勤務地などは，採用区分の範囲で雇い主が決め，いったん決まった勤務地も数年おきに変わったりします。雇い主の指揮命令によって決まる「働く義務」の範囲が，日々の作業内容だけでなく，勤務地や職種などにまで及ぶとなると，働く人のプライベートにも大きな影響を与えかねません。この問題については，本章第3節で詳しく説明します。

（2）約束した覚えがなくても存在する義務

　雇用契約の中心は，働く人の「働く義務と給与をもらう権利」，雇い主の「給与を払う義務と働いてもらう権利」です。ただし，働く人と雇い主の権利や義務は，これだけではありません。契約の基本ルールの一つに，契約相手の信頼を裏切ったり正当な利益を害したりしないよう行動するべきであるという原則（信義誠実の原則，略して信義則。民法第1条第2項）があります。この原則は，働く人と雇い主の関係にも当てはまり，それぞれの正当な利益を守る義務がそれぞれに存在します。

1）雇い主の安全配慮義務

　まず，雇い主側の義務としては，働く人が仕事によって心身の健康を害することがないように配慮する義務（安全配慮義務）があります。

　働く人は生身の人間である以上，その生命と健康を保つことは，どんな時でも最大限尊重されるべき利益です。そのため，雇い主の指示に従って働くことが義務といえども，この義務の中に，ケガや病気，死亡するリスクまで含まれるとは通常は考えられません。また，雇い主に「働いてもらう権利」があるからといって，働く人の健康が守られない環境や仕事を押し付けて，働く人が死にかけても知らないふり，というのは誠実な態度とはいえません。こうしたことから，すべての雇い主には安全配慮義務があるのです。

　この義務は，雇用契約を結べば必ず発生するもので，雇い主に約束した覚えがなくても「そんな約束していない」と主張することはできません。契約書で「雇い主は安全配慮義務を負わない」と書いておいたとしても，安全配慮義務は存在します。

　安全配慮義務の具体的な内容は，仕事の内容や働く人の能力・健康状態によって異なりますが，代表的な例としては，作業用機械に事故防止装置を取り付ける，長時間労働にならないよう業務量を調整する，悪質なクレームは放置せず上司なども対応にあたる，上司や同僚のパワーハラスメントに適切に対処する，などが挙げられます。

　このように，安全配慮義務の具体的な内容は，労働災害の防止（第5章第6節）と重なります。また，雇い主が安全配慮義務を尽くさず，その結果，働く人がケガや病気になった場合は，労災保険法上の給付を受ける権利があると同時に，雇い主に対して，安全配慮義務の不履行を理由とする損害賠償請求を求めて民事訴訟を起こすことができます。

2）働く人の守秘義務・競業避止義務

　一方，働く人側に信義則によって認められる義務の代表例は，守秘義務（秘密保持義務）と競業避止義務です。

　雇い主が働く人を雇うそもそもの理由は，自社のビジネスを進めていくためです。雇い主にとっては，ビジネスが続けられ利潤が出せること，ライバル企業との競争に勝つことが重要な利益です。そのために，独自の工夫をした製造

ノウハウを構築したり，顧客のニーズに合わせたサービスを提供したり，新たな顧客開拓に取り組んだりしています。

　これらの企業活動に実際に従事するのは働く人です。そのため，働く人は，仕事をする中で，雇い主が持つ製造ノウハウや顧客情報など，企業秘密を知る機会があります。これらの情報は，雇い主が競争に勝つために秘密にしておきたいのは当然ですし，顧客情報の流出は大きな損害を生じさせます。このように，働く人が仕事で得た企業秘密を外部に漏洩すると，雇い主の経営に悪影響を与えてしまいます。そのため，働く人は，雇い主の正当な利益を守るため，仕事の過程で知った秘密を外部にもらさない義務があるのです。企業秘密が雇い主の重大な利益に関わるものである以上，働く人が約束した覚えがなくても，守秘義務は存在します。

　最近では，働く人が会社の仕事で得たスキルや人脈を活かして，より良い条件の会社に転職したり，会社に勤めながら副業をしたりするケースも増えてきています。転職や副業は，社会全体の人材活用という点ではメリットもありますが，雇い主にしてみれば，手間もお金もかけて育てた人材が競争相手になってしまう困った事態です。働く人は，自らのスキルを身に付けさせてくれた雇い主の経営を妨害しないよう，競争相手の企業に転職したり，競合他社として起業したりしないことが求められます。これが，競業避止義務です。

　ただし，働く人にも職業選択の自由があります。在職中の兼業はともかく，退職後も永遠に元の会社と同じ業種の企業に就職できないとなると，働く人の自由が制限されすぎます。そのため，競業避止義務に関しては，転職前に働く人が担当していた職務内容，転職先として禁止される業種の範囲，競業が禁止される年数，元の会社と競合するといえる地理的関係にあるか，競業禁止の代償措置があるかなどを考慮して，働く人が競合他社に転職してよいかどうかが判断されます。

3　就業規則

（1）就業規則とは

　本章第2節（1）「働く義務」の内容のところで説明したように，正社員と

して就職する場合，雇用契約を結んだ時点で働く義務の内容が明確になっていないことはよくあります。さらに，給与額など働く人の権利の内容も，管理職の転職などの一部の例外を除くと，交渉すらされません。

多くの場合，就職活動のプロセスで働く人に伝えられるのは，初任給の見込み額や転勤の有無，福利厚生のおおまかな内容程度で，より詳細な勤務条件，たとえば給与の計算方法や各種手当の支給条件などは「弊社規定による」で終わってしまいます（序章参照）。つまり，雇用契約の内容は，働く人と雇い主の交渉で一人ひとり決まるのではなく，雇い主が作った「弊社規定」に丸投げされているのが現状です。

この「弊社規定」は，法律的には「就業規則」と呼ばれています。就業規則の作成や変更にあたっては，雇い主は，その就業規則が適用される事業場の働く人の過半数代表の意見を聞かなければなりません。ただし，雇い主の義務は意見を聞くところまでで，働く人の代表者が内容に反対していても，見直さなくてもかまいません。就業規則の内容は，最終的には雇い主の意向だけで決めることができます。

（2）就業規則の内容と雇用契約

就業規則の内容に従って働くのが普通といっても，内容に納得がいかないこともあるでしょう。就職した時点では好待遇の就業規則だったけれど，数年後に就業規則が改正されて勤務条件が悪くなる，ということもあります。

では，働く人が「みんなは就業規則に従って残業しているけど，私は残業したくない」「成績トップなのだから，ボーナスをもっと払ってほしい」などと思っている時，雇い主は働く人の希望を却下して，就業規則どおりの働き方を強制できるでしょうか。

この問題は，古くから多くの裁判例があります。それらによると，「雇用契約の内容は就業規則の内容に従う」というのが日本の雇用慣行として確立していることから，就業規則の内容は，客観的にみて合理的である限り，働く人が納得できなくても，雇用契約の内容になるとされています。このルールは，現在は労働契約法第7条に取り込まれ，法律上のルールにもなっています。

このルールによって，就業規則で働く人の義務とされたものは，不合理な内

容でない限りは，働く人の雇用契約上の義務になります。給与は，就業規則で定められた計算方法で算出される金額のみ要求できます。

（3）就業規則の変更による勤務条件の引き下げ

それでは，就業規則が変更されて，給与が減ってしまった場合や，勤務時間が延長されたりした場合はどうなるでしょう。働く人は，「変更前の計算方法で払ってほしい」とか「前と同じ時刻に帰りたい」と主張できるでしょうか。

雇用契約の内容が就業規則の変更に連動して変更されるかどうかも，変更内容の合理性によって判断されます。この判断は，変更後の内容の合理性だけでなく，就業規則を変更することが雇い主にとって必要なものか，働く人にとってどのくらいのダメージなのか，他の勤務条件の改善や働く人のダメージを和らげる対策があったかなども考慮して行われます。

（4）就業規則と働く義務の内容

就業規則が定めるのは，給与や勤務時間だけではありません。多くの企業の就業規則では，残業や転勤，職種転換など，雇い主が働く人に何かを命令する権限なども定められています。これらの各種命令権についても，本節（2）で説明したルールが当てはまります。

つまり，雇い主が就業規則に「従業員は残業を命じられたら応じなければならない」とか「従業員は転勤を命じられたら応じなければならない」と書いておくだけで，働く人には残業や転勤に応じる義務が生じるのが原則です。例外的に，転勤命令や残業命令を拒否できるのは，次の2つの場合です。

1）雇用契約に就業規則と違う内容を定めている時

働く人の義務の範囲が雇用契約で就業規則の内容よりも狭められている場合です。就業規則があっても，雇い主が働く人の要望を聞き入れて，就業規則と違う契約内容にすることは自由です。ですから，働く人と雇い主が個別に交渉し，双方が納得すれば，「就業規則には残業規定があるけれど，この人には残業命令はしない」とか「全国に転勤する義務を定めているけれど，この人の転勤は○○県内だけでよい」など，働く人が応じなければならない命令の範囲を狭めることができます。働く人の義務の範囲を狭くした場合は，雇い主はその

範囲内でしか命令権がありません。

2）雇い主の命令が不当な時

2つ目は，雇い主の命令が命令権の濫用にあたる場合です。本章第1節（3）で説明したように，正当な権利であっても，行使の目的が不当な場合や相手の正当な利益を損なう場合には，その権利の行使の効果は否定されます（権利濫用法理）。このルールによって，雇い主の残業命令権や転勤命令権の範囲内であっても，その命令に応じると働く人の生活に重大な悪影響が生じる場合や，職場いじめや差別など不当な目的による命令だった場合には，働く人は命令に応じる義務はありません。詳しくは，次節（2）で説明します。

4　使用者の権利とその制約

（1）雇い主の権利

雇い主は，働く人に対して様々な権利を持っています。まず，「働いてもらう権利」の一環として，働く人に具体的な作業内容を指定する指揮命令権があります。前節（4）で説明した残業や転勤なども，就業規則に各種の命令規定を定めることで，雇い主は働く人に対して雇用契約上も命令権を持つことができます。また，無断欠勤や上司の指示を無視するなどの勤務ルール違反，横領などの不祥事によって，雇い主のビジネスに悪影響を与えた場合に懲戒処分を行うことも，雇い主の権利（懲戒権）として認められています。

そして，本章第1節（2）で説明したように，期間の定めのない雇用契約については，働く人も雇い主も，どのような理由で一方的に解約しても自由，つまり双方が解約権を持っています。雇い主側の解約権は，解雇権と呼ばれています。

（2）権利濫用法理による権利の制約

このように，雇い主は働く人に対して幅広い権利を持っていますが，本章第1節（3）で説明したように，正当な権利でも使う目的や使い方が悪い場合には，権利濫用法理によって，権利を行使しても無効になります。権利濫用法理による無効は，権利を行使しなかった状態に戻すという意味です。

たとえば，雇い主の業務命令に働く人が従わなかった場合，その業務命令が指揮命令権の濫用にあたるなら，業務命令は最初からなかった，つまり働く人が従うべき命令が存在しなかったことになります。さらに，雇い主が業務命令違反を理由に懲戒処分をしていた場合なら，そもそも業務命令がない＝命令違反もない＝懲戒処分の理由もない，となるため，その懲戒処分は懲戒権の濫用と判断され，懲戒処分も存在そのものがなかったことになります。

　それでは，代表的な雇い主の権利について，どのような場合が権利濫用にあたるのかをそれぞれにみていきましょう。

1）業務命令

　業務命令には，日々の業務内容を指定する，研修を受けさせる，出張や残業を命じるなど，様々な種類があります。会社のために必要な業務は，状況に応じて変わってくるし，誰にどんな業務をどう進めてもらうのが良いかは，経営者である雇い主が判断するものです。そのため，業務命令の内容は，雇い主の判断がある程度尊重されます。

　業務命令のうち，違法行為（窃盗，贈賄，暴行など）の命令や，嫌がらせや他の従業員に対する見せしめなど不当な目的による命令，働く人の心身の健康を大きく損なう内容の命令などは，業務命令権の濫用にあたると判断されます。

　なお，働く時の服装や髪型についてルールを定めている会社も少なくありませんが，服装や髪型は働く人にとっては自己表現の側面もあることから，働く人の担当業務をスムーズに行うのに必要な範囲を超える制限は，業務命令権の濫用にあたるとされることがあります。たとえば，外部の人と会う機会が少ない職場なのに，髪の長さや色，髭の整え方を詳細に規制したり，スーツの着用を義務づけることは，業務命令権の濫用にあたると判断される可能性があります。

2）配転命令

　配転とは，転勤（勤務地の変更）と配属部署・職種の変更の総称です。職種はそのままで勤務地だけが変わる場合，勤務地は変わらずに配属部署だけ変わる場合，勤務地も配属部署も変わる場合があります。

　働く人への配転命令が権利濫用にあたるとされるのは，次の3つの類型があります（東亜ペイント事件判決(1)）。

① 業務上の必要性がない

「この仕事はこの人にしかできない」というような高い必要性である必要はなく，欠員補充やローテーション人事など，他の人を配転しても差し支えないケースでも，配転命令の必要性は認められます。

② 不当な目的での命令

働く人を退職に追い込むために仕事が全くない部署（いわゆる「追い出し部屋」）に異動させる，報復人事や見せしめとして左遷ポストに異動させる，差別や職場いじめにあたる転勤などが代表的です。

③ 働く人への過度な負担

配転による経済的負担が「それくらい我慢すべき」といえるレベルを超える場合や，働く人に持病があり，配転すると治療が受けられなくなる場合，配転に応じると育児・介護と仕事の両立が不可能になる場合などに認められます。働く人の育児・介護への影響は，かつてはあまり考慮されませんでしたが，法律上も，仕事と私生活の調和は尊重されるべき利益と位置づけられるようになった（労働契約法第3条3項，育児・介護休業法第26条）ことから，最近では，働く人本人が育児・介護を主力として担っている場合には，配転命令の効力は慎重に判断されるようになってきました。

3）懲戒権

懲戒処分は，働く人が契約上の義務に反したり，雇い主に迷惑をかけたりした時に，雇い主が働く人に与えるペナルティです。懲戒権は，雇い主が経営者として当然に持っているものとされています。雇い主（＝経営者）は，事業をスムーズに展開するために，働く人や社内の設備を最適の状態に配置し，その状態を維持する権利があり，最適の状態を実現するために，必要なルールを定め，働く人がルールに違反したらペナルティを課すことも，経営管理上必要な権利と考えられているからです。

懲戒処分には，働く人に対する罰という側面もあることから，懲戒権の濫用の判断は，他の権利行使と比べて厳格に行われます。

まず，働く人がしてはならない行為（非違行為）の種類と，それぞれの行為に対する懲戒処分の内容があらかじめ明確に定められていなければなりません。また，ある従業員の非違行為に対する懲戒処分は，その非違行為より前から存

在するルールの範囲内でしか行うことはできず，非違行為より後で作ったルールに基づく懲戒処分は，権利濫用にあたると判断されます（不遡及の原則）。あいまいな懲戒規定しかなかった場合や，想定外の非違行為が起きてから慌てて懲戒規定を作ったり改正したりした場合は，それらの懲戒規定に基づく懲戒処分は無効になります。

　それから，1つの非違行為に対して，雇い主が懲戒処分を行えるのは1回だけです（二重罰の禁止）。いったん懲戒処分を行った後，「やっぱりあの程度では軽すぎたかな？」と追加の懲戒処分を行うことは認められません。ただし，勤務態度の悪い従業員に対して，最初は軽い懲戒処分に留め，改善を待っていたけれど，結局その従業員の態度が改まらなかったというような場合は，警告後の勤務態度も合わせて懲戒処分を行うのなら，二重罰にはあたらないと考えられています。

　もう1つ，働く人に非違行為があったことが明らかな場合でも，懲戒処分を行う前に，非違行為を行った本人に弁明の機会を付与しなければなりません。

　これらの一つでも欠けている懲戒処分は，懲戒権の濫用にあたり，最初からなかったものとして取り扱われます。

5　雇用関係の終了

（1）雇用契約の終わり方

　雇用契約という働く人と雇い主の契約関係は，いつかは終わりを迎えます。雇用契約の終わり方は，①有期契約の期間が満了する，②働く人と雇い主の合意によって解約される，③働く人・雇い主のどちらかが一方的に解約する，の3種類に分けられます。

1）有期契約の期間満了

　主に非正規雇用で働く人に関係があります。雇用契約を結ぶ時に契約の存続期間を決めた場合，その期間が満了すると自動的に契約は消滅します。契約満了日を過ぎたのに，働く人が勤務し，雇い主が給料を払っている場合は，満了前と同じ内容の雇用契約が新しく結ばれた（雇用契約が更新された），と考えるのが一般的です。たとえば，ある人が契約期間3カ月の雇用契約を結び，その

後5年間同じ雇い主のもとで働いていたとすると，契約期間3カ月の契約を20回結んだことになります。この特徴に由来する非正規雇用の問題については，本章第7節で説明します。

2）合意による解約

合意による解約とは，「雇用契約を解約したい」という意思表示と「解約を受け入れる」という意思表示が揃っているものです。たとえば，働く人が退職を願い出て雇い主がそれを承諾する場合や，雇い主が働く人に自主退職を打診し，働く人が了承して退職する場合です。

3）一方的解約

雇用契約の当事者の一方のみの申し出による解約のことで，雇い主による解雇と，働く人が雇い主の反対を押し切って退職する場合があります。

本章第1節で説明したように，期間の定めのない雇用契約の場合は，働く人も雇い主も，いつでも一方的に解約することができ，解約の意思を伝えてから2週間で雇用契約は消滅します。ただし，雇い主が働く人を解雇する場合は，解雇日の1カ月前に予告するか，1カ月分以上の給与を支払わなければなりません（労基法20条）。

就業規則などで退職の手続きについてルールが定められている場合は，働く人はそのルールを守らなければなりません。とはいえ，雇い主には，働く人が「辞めたい」と言っているのに辞めさせない権利はありませんから，「雇い主が許可しないと退職できない」とか「退職希望日の1年前までに退職を申し出なければならない」など，辞職の自由を損なうようなルールは認められません。

なお，有期契約の場合は，働く人は「〇月〇日までは働く」ことを，雇い主は「〇月〇日までは雇う」ことを約束しているので，お互いに契約期間を守る義務があります。そのため，よほどの事情がない限り，契約期間の途中で一方的に解約することはできません（民法第628条）。

（2）解雇権の制約

解雇は働く人の人生に大きな影響を与えます。労働基準法では，働く人が急な解雇で生活に困ることを防ぐために，解雇通知のタイムリミットを定めていますが，解雇の理由についてはルールが定められていませんでした。

だからといって，おかしな理由で解雇したり，何の理由もなく解雇してよい
わけではありません。本章第1節（3）（権利濫用法理による権利の制約）で説明
したように，雇い主の正当な権利ではあっても，権利の濫用にあたる場合には，
その権利行使の効果は否定され，権利を最初から使わなかった状態になります。
解雇の場合も，その解雇が解雇権の濫用にあたる場合は，解雇は最初からな
かったことになります。

　どのような解雇が解雇権の濫用にあたるかは，2つの基準で判断されます。
1つは客観的に見て合理的な解雇理由があるかどうかです。もう1つは，解雇
理由とされた事実の内容や，雇い主のビジネスに与えた影響の程度，その会社
での前例に比べて重すぎないか，などを考慮して，その従業員を解雇すること
が社会常識に照らして妥当といえるかどうかです。

　たとえば，放送局の若手アナウンサーが寝坊して早朝のニュース放送に間に
合わず，放送事故を起こしたことを理由に解雇された事例では，ニュースが放
送できなかった時間が短かったこと，雇い主も放送事故を防ぐ体制を整えてい
なかったこと，一緒に寝坊した他のスタッフが軽い懲戒処分で済んでいること，
過去に放送事故が理由で解雇された人がいなかったことなどから，解雇は無効
とされています（高知放送事件[2]）。

　解雇が無効ということは，解雇そのものがなかったことになりますから，働
く人はまた雇い主の会社に出勤することになり，雇い主は解雇した日から判決
確定の日までの賃金を支払う義務が生じます。

（3）整理解雇

　雇い主の会社の経営状態が悪くなるなどの理由で，雇用削減の目的で行われ
る「リストラ解雇」は，整理解雇といいます。急激な経済情勢の変化が背景に
ある場合などは，雇い主も働く人もその会社の全員が真面目に仕事していても，
雇用削減が必要になったりします。たとえば，リーマンショックなどの世界的
な金融危機，パンデミック下での物流の混乱で製造がストップするなどは，働
く人にも雇い主にもどうにもなりません。

　つまり，整理解雇は，働く人の勤務態度や成績，普段の言動に解雇に値する
事情がないにもかかわらず，解雇されてしまうという点に特徴があります。そ

のため一般的な解雇権濫用の判断方法を，そのまま整理解雇に当てはめてもうまくいきません。そこで，整理解雇の特徴に合わせた判断枠組みがつくられてきました[3]。

整理解雇が権利濫用にあたるかどうかは，4つの基準に照らして判断されます（整理解雇の4要件）。

1）人員を減らす経営上の必要性があるか

1つ目は，雇用を削減する経営上の必要があるかどうかです。今すぐリストラしないと倒産するというほど経営が追い詰められていなくてもよく，「斜陽産業だから今から企業規模を小さくしよう」というような理由でもよいし，「より効率的に儲けられる事業にシフトするから，今より従業員は少なくて良い」というような戦略的な見通しに基づくものでも，経営上の必要はあると判断されます。

2）解雇以外の人員削減策はなかったのか

2つ目は，解雇以外の雇用削減策を講じたかどうかです。雇用を削減するには，解雇以外にも様々な手段があります。経営に少し余裕があるなら，新規採用を停止して，定年退職や自己都合退職によって自然に従業員が減っていくのを待つこともできます。時間をかける余裕がない場合も，早期退職に応じてくれる従業員を探す，関連企業や取引先に頼んで移籍させてもらうなどの方法がありえます。これらの雇用削減策をどのくらい実施できるかは，雇い主の事情によって違いますが，その雇い主にとって可能な限りの方法で解雇を避けようと努力し，それでも雇用を維持できないとなってはじめて整理解雇を行ってもよいということです。

3）解雇対象者の選考は合理的か

3つ目は，整理解雇の対象者の選び方が合理的であるかどうかです。誰を解雇するか，逆にいうと，どのような人材は残すかは，リストラ実施後の経営戦略にも関わるため，解雇対象者の選び方の合理性は事案ごとに判断するしかありません。一般的には，それまでの勤務成績や懲戒処分歴など働きぶりに関わる基準や，解雇によって働く人が受けるダメージの程度などを考慮して，解雇対象者を選ぶのが合理的であると判断される傾向にあります。

4）働く人側と誠実に話し合ったか

　4つ目は，解雇に至る手続きの合理性です。どのような解雇でも，本来は，労働基準法が定める解雇予告（1カ月）を守りさえすれば問題ありません。しかし，整理解雇は，他の解雇と違って，働く人には何の落ち度もなくても解雇されること，一度に多くの人が解雇されることから，働く人たちがそれなりに納得できるよう，説明を尽くすことが雇い主の信義則上の義務として課せられています。具体的には，解雇が必要な理由を説明すること，解雇される人数や解雇対象者の選び方，スケジュールなどについて，労働組合などの働く人の代表者と協議することが，雇い主の義務です。これらの説明や協議を雇い主が怠った場合は，本当に解雇が必要な状況であっても，解雇が無効になります。

（4）退職勧奨

　退職勧奨とは，解雇ではなく，雇い主が働く人に退職するよう働きかけるものです。その実態は様々ですが，退職勧奨に応じるかどうかは，働く人の自由です。

　そのため，一般的には，働く人が退職勧奨に応じると，働く人自身が退職を決意したものと判断されるため，後から「断りにくかったから」と取り消したりはできません。また，働く人が退職する意思を示した以上，雇い主が一方的に行う解雇とは全く違うものなので，解雇権濫用法理によって働く人を守ることはできません。

　そうはいっても，退職勧奨は何でもしてよいわけではありません。退職勧奨のプロセスで，退職の働きかけを超えて，働く人を精神的に追い詰めて平常心での判断をできなくしたり，名誉感情を傷つけるような言動が雇い主側にあったりした場合は，働く人の心を傷つけたことに対する損害賠償（慰謝料）などを支払わなければなりません。たとえば，退職勧奨の対象者に対する長時間にわたる圧迫面接，人格攻撃や職務能力を否定するような言動，他の同僚の前での侮辱，退職勧奨を拒んだ場合の報復をほのめかす，などがあった場合がこれにあたります。

　ただし，先に説明したように，退職勧奨に応じて退職することは解雇ではないので，雇い主側に違法行為があっても，退職そのものが無効になることはあ

りません。したがって，退職したくない場合は，働く人自らが意思を強く持って退職勧奨に応じない以外に方法はありません。退職してもしなくても，雇い主側からの不当な言動については，働く人は民事訴訟で慰謝料を請求することはできます。

6 雇用保険

　働く人が仕事できなくなる場面としては，解雇や自己都合退職による失業，ケガや病気のために従来の仕事ができなくなる場合，育児や介護のために休業する場合があります。

（1）会社を辞めた

　解雇や退職によって失業した時の相談先は，公共職業安定所（ハローワーク）です。ハローワークは，求職中の人に職場を紹介するだけでなく，失業した人への所得補償（基本手当，いわゆる「失業給付」）や，再就職に向けた職業訓練などを担当する国の組織です。

　雇用保険による給付は，働く意欲と能力があるのに失業しており，かつ原則として離職前2年間に通算12カ月以上の雇用保険の被保険者だった人が対象です。

1）基本給付の受給申請

　基本手当を受給するには，まずはハローワークで求職の申込みを行い，その後で本人確認書類などとともに，離職票を提出します。

　離職票は，元の雇い主が提出する「離職証明書」を基にハローワークが発行します。離職票のもととなる「離職証明書」は，離職理由などが記載された書類で，離職する人も署名します。離職理由によっては，雇用保険の被保険者期間が12カ月なくても基本手当が支給されたり，基本手当が支給される日数（所定給付日数）が多くなったりするので，離職前にきちんと記載内容を確認する必要があります。雇い主が離職証明書に書いた離職理由と，働く人が認識している離職理由が食い違っている場合は，ハローワークが事実を調査・把握して判定します。

　また，ハローワークが発行した離職票は，原則として元の雇い主を通じて届

表6-1　雇用保険の基本手当日額

(2022年8月1日現在)

30歳未満	6,835円
30歳以上45歳未満	7,595円
45歳以上60歳未満	8,355円
60歳以上65歳未満	7,177円

出所：ハローワークインターネットサービス（https://www.hellowork.mhlw.go.jp/insurance/insurance_basicbenefit.html, 2022年8月26日アクセス）。

けられます。元の雇い主が夜逃げして連絡がとれない，離職票を渡してくれないなど，離職票が入手できない場合は，ハローワークに申し出て相談しましょう。

2）基本手当の支給決定

ハローワークで調査を行い，受給資格ありと認められれば，年齢や在職期間，離職理由などに応じた期間（最短で90日）は基本手当が支給され，その後4週間に1度まだ失業中かどうかの確認を受けます。所定給付日数に達した時点で，まだ再就職できていない場合も，再度ハローワークに失業中であることが認定されれば，引き続き基本手当を受給することができます。ただし，支給期間は原則として1年間です。

雇用保険の基本手当日額は表6-1の通りです。

3）教育訓練給付

雇用保険の加入期間など一定の要件を満たした人が厚生労働大臣の指定を受けた教育訓練を受講・修了した場合，その費用の一部が教育訓練給付金として支給されます。

教育訓練給付の対象となる講座には，図6-1のようなものがあります。

4）すぐには働けない時は

基本手当も教育訓練給付も，次の働き先を探している人に対する支援です。そのため，たとえばケガや病気の治療を理由に退職し，すぐには働けない人は支給対象ではありません。さらに，基本手当や教育訓練給付を利用できるのは，離職の日から1年以内に限られます。

働けない状態が1年以上続くと支給期間が終わり，再就職への支援を全く受けられなくなってしまうことになります。これを回避する方法として，支給期間の延長があります。離職から3年間は，支給期間を延長できます。延長手続きをしておくと，仕事ができる状態に回復してから基本手当や教育訓練給付を受けることができるのです。なお，働けない状態が続いている間は，労災保険または健康保険による所得補償の対象です。

図6-1　国からの支援を受けられる主な資格・講座リスト

輸送・機械運転関係の資格や講座
大型自動車第一種・第二種免許
中型自動車第一種・第二種免許
大型特殊自動車免許
準中型自動車第一種免許
普通自動車第二種免許，けん引免許
玉掛け・フォークリフト運転・高所作業車運転・
小型移動式クレーン運転・床上操作式クレーン運転・
車両系建設機械運転技術講習
移動式クレーン運転士免許
クレーン・デリック運転士免許

情報関係の資格や講座
Web クリエイター能力認定試験
Microsoft Office Specialist 2010, 2013, 2016
CAD 利用技術者試験，建築 CAD 検定
Photoshop クリエイター能力認定試験
Illustrator クリエイター能力認定試験
VBA エキスパート
Oracle 認定資格・LPIC などで ITSS レベル 1 の資格
Oracle 認定資格・LPIC などで ITSS レベル 2 の資格
シスコ技術者認定などで ITSS レベル 3 以上の資格
第四次産業革命スキル習得講座
（新技術・システム（クラウド，IoT，AI，データサイエンス），
高度技術（ネットワーク，セキュリティ）など）

専門的サービス関係の資格や講座
中小企業診断士，司書・司書補
社会保険労務士・税理士
行政書士，司法書士，弁理士，通関士
ファイナンシャルプランニング技能検定
キャリアコンサルタント

事務関係の資格や講座
実用英語技能検定，TOEIC，TOEFL
中国語検定試験，HSK 漢語水平考試
日本語教育能力検定試験
※語学試験については一定レベル以上を目標とする
建設業経理検定
簿記検定試験（日商簿記）

医療・社会福祉・保健衛生関係の資格や講座
同行援護従事者研修
介護職員初任者研修
介護支援専門実務研修等
特定行為研修，喀痰吸引等研修
福祉用具専門相談員，登録販売者試験
看護師，准看護師，助産師，保健師
介護福祉士（実務者養成研修含む）
美容師，理容師，保育士，栄養士
歯科衛生士，歯科技工士，社会福祉士
柔道整復師，精神保健福祉士
はり師，あん摩マッサージ指圧師
臨床工学技士，言語聴覚士
理学療法士，作業療法士，視能訓練士

営業・販売関係の資格や講座
インテリアコーディネーター
宅地建物取引士資格試験
調理師

製造関係の資格や講座
製菓衛生師

技術・農業関係の資格や講座
土木施工管理技士，管工事施工管理技士
建築施工管理技術検定
自動車整備士，電気主任技術者試験
測量士補

その他，大学・専門学校等の講座
修士・博士，科目等履修
履修証明プログラム
職業実践専門課程（商業実務，文化，工業，衛生，動物，
情報，デザイン，自動車整備，土木・建築，スポーツ，旅行，服飾・家政，
医療，簿記，電気・電子，ビジネス，社会福祉，農業など）
専門職大学院課程（ビジネス・MOT，教職大学院，法科大学院など）
職業実践力育成プログラム（保健，社会科学，工学・工業など）

最大70％で OK，
全額は 4 年間で
最大 224 万円

この制度は，人生100年時代を見据え，手に職となるスキルを身につけたい，
新しいキャリアを開拓したい，と考える人を応援するための制度です。

出所：厚生労働省ホームページ「教育訓練給付制度」（https://www.mhlw.go.jp/stf/seisakunitsuite/bunya
/koyou_roudou/jinzaikaihatsu/kyouiku.html，2022年8月26日アクセス），筆者改変。

（2）育児や介護で働けない

　育児や家族の介護で働けないときは，働く人には2つの選択肢があります。1つは仕事を辞めずに育児休業や介護休業を取得すること，もう1つは退職して育児や介護に専念し，働ける状況になったら再就職することです。

　育児休業や介護休業の期間中は，雇い主には給料を支払う義務はありません。その代わり，雇用保険から育児休業給付金や介護休業給付金が支給されます。育児休業給付金の支給額は，育児休業開始前6カ月間の給与総額を180で割った金額（休業開始前賃金日額）を基礎に算定されます。休業開始前賃金日額に休業日数をかけた金額に，育児休業開始後6カ月間は67％，6カ月経過後は50％をかけたものが，育児休業給付金の支給額になります。介護休業給付金の支給額は，育児休業給付金と同じ計算方法で算出されます。

いったん退職して育児や介護に専念する場合は，すぐに再就職しようとしていないので，雇用保険上の給付の対象ではありません。ただし，育児や介護が落ち着いたら再就職しようと考えている場合は，ケガや病気ですぐには働けない人と同じように，支給期間の延長手続を行えば，就職活動を始められる状態になってから基本手当や教育訓練給付を受給することはできます。

7　非正規雇用

バブル崩壊後，非正規雇用で働く人が増えるに従い，様々な問題が指摘されるようになりました。景気悪化を背景に，派遣契約が打ち切られて派遣で働いていた人が仕事を失うケースや，有期契約で働いていた人が突然の契約更新拒否に遭うケース，正社員と同じような仕事をしているのに非正規だというだけで処遇が低いなどの問題は，耳にしたことがあるでしょう。

ところで，非正規雇用という言葉は，法律に定義のある言葉ではなく，正社員ではない働き手を総称して用いる日常語です。一般的に，正社員は，雇用契約に期間の定めがなく，フルタイムで働き，雇い主の企業＝職場という人たちです。反対に，雇用契約に期間の定めがあったり，正社員より勤務時間が短かったり，派遣会社から派遣されていたりする人たちが非正規雇用（非正規労働者）と呼ばれているのです。

非正規雇用の割合は，図6‐2に示されているように，1980年代から大きく増加しました。特に女性については，雇われて働いている人の半分以上が非正規雇用です。

（1）雇用の不安定さ

期間の定めのない雇用契約で働いている非正規の人もいないわけではありませんが，多くの場合，非正規雇用の人の雇用契約には期間の定めがあります。

本章第5節の冒頭で説明したように，期間の定めのある雇用契約は，その期間が満了すると自動的に終了します。期間満了後に再び雇用契約が結ばれるかどうかは，働く人と雇い主の意向次第です。働く人が「もうこの会社では働きたくない」と思っていたり，雇い主が「もうこの人にはうちで働いてほしくな

図6-2 雇用形態別雇用者数 非正規の職員・従業員割合 （1984〜2019年）

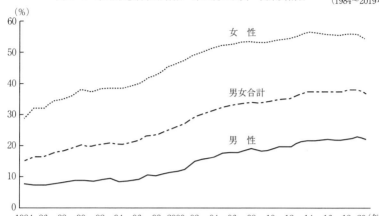

資料：2013年以降は総務省統計局「労働力調査」（基本集計，年平均），2002年以降2012年までは総務省統計局「労働力調査」（詳細集計，年平均），2001年以前は同「労働力調査特別調査」（2月）
出所：独立行政法人 労働政策研究・研修機構ホームページ（https://www.jil.go.jp/kokunai/statistics/timeseries/html/g0208.html，2022年8月26日アクセス）。

い」と思っているなら，次の契約は結ばない自由があります。

　つまり，ある雇用契約の期間満了後に，次の契約が結ばれる（契約の更新）のは，働く人と雇い主の両方がもう一度契約を結ぼうと合意した時だけなのです。そして，契約の更新が何十回行われても，期間の定めがある限り，次の契約の更新をするかどうかは，働く人と雇い主の自由であることは変わりません。

　この考えを徹底すると，契約の更新を重ねて勤続20年になったとしても，ある日突然雇い主から「次の契約はありません」と言われたら，働く人はなすすべもなく，受け入れるしかなくなってしまいます。

1）判例法理

　これに待ったをかけたのが，裁判所が積み重ねてきた判例法理です。

　まず，形式上は契約期間の定めがあっても，実態は期間の定めがない契約と同等であれば，雇い主による契約更新の拒否を無効とする判決が現れました。有期契約と最初の雇用契約を結ぶ時に，雇い主側から「長く働いてくださいね」「うちでは会社の都合で更新しなかったことはありません」などと説明され，きちんと契約内容の説明を受けたのは最初の契約だけで，その後は特に契約更新の意思確認などもなく雇用関係が続いていたという事例です（東芝柳町

工場事件⁽⁴⁾）。

　その後，契約更新にあたり意思確認が行われているなど，期間の定めのない契約と同等とはいえない場合も，働く人が雇用関係の継続を期待しても不思議ではないといえる事情があれば，雇い主が契約更新を拒否することはできない，とする判決もあらわれました（日立メディコ事件⁽⁵⁾）。

　これらの判決の示した考え方は，現在は労働契約法によって法律上のルールになっています（労働契約法第19条）。ただし，このルールは，契約を更新しない正当な理由がなければ，雇い主は次の契約を拒否できない，という意味にすぎません。「次の契約」の満了時には，再び契約更新が拒否されるおそれがあり，雇用を安定させる効果は限定的でした。

2）労働契約法

　期間の定めがある限り，雇用の不安定さは残ります。これを解決するために生まれたのが，無期転換権（労働契約法第18条）です。

　期間の定めのある雇用契約を，同じ雇い主との間で2回以上結び（＝1回以上更新し），勤続5年を超えた時点で，働く人は雇い主に対して「次に契約を結ぶときには，期間の定めのない契約にしたい」と申し込む権利が発生します。この権利を無期転換権といいます。

　1年契約なら6回目の契約期間中に，3年契約なら2回目の契約期間中に，無期転換権が発生します。なお，専門職のうち厚生労働省令が定める業務に従事する人，および60歳以上の人を除いて，3年を超える契約期間を定めることはできません（労基法14条1号）（図6-3）。

　働く人が無期転換権を行使したら，雇い主には拒否権はありません。申し込まれた時に進行中の雇用契約が満了するタイミングで，必ず期間の定めのない契約を結ばなければなりません。

　ただし，無期転換権は，あくまでも期間の定めのない契約にする権利で，正社員になるとか，正社員と同じ待遇になるという意味ではありません。たとえば，ある会社で，正社員の待遇は「月給制・週休2日制・昇進あり」で，期間の定めのある雇用契約で働いている非正規社員は「時給制・週休3日制・昇進なし」だった場合，無期転換権を行使しても，「時給制・週3日・昇進なし」というのは変わらないのです。

図6-3　無期転換申込権の発生・行使の要件等

【有期労働契約が5年を超えて更新された場合】

　契約期間が1年の場合，5回目の更新後の1年間に，契約期間が3年の場合，1回目の更新後の3年間に無期転換の申込権が発生します。

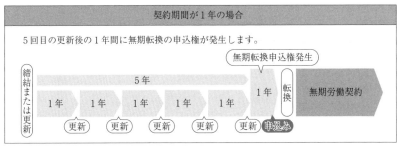

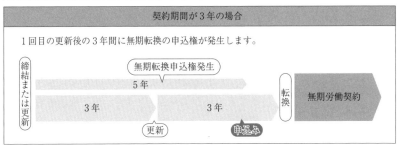

注：2013年4月1日以降に開始する有期労働契約が対象です。

出所：厚生労働省ホームページ（https://www.mhlw.go.jp/stf/newpage_21917.html，2022年8月26日アクセス）。

（2）処遇格差

　非正規雇用で働く人が，正社員で働く人に比べて，給与が安かったり，使える福利厚生が限られていたりする問題は，昔から存在していました。しかし，かつては，非正規雇用で働く人を正社員より不利に扱うことは，法律で禁止されていませんでした。裁判例の中に，正社員と非正規で働く人の賃金差が，仕事内容の違いを考慮しても大きすぎるのは違法だとするもの（丸子警報器事件など）が少しあったくらいです。[(6)]

　非正規雇用で働く人の処遇問題が長く解決できなかった背景には，働き方の違いは，性別や国籍に基づく差別と違って，「同じように働いている」と主張しにくいという特徴があります。仕事内容の違いと賃金差のバランスの妥当性は判断が難しく，どんな仕事をどの程度評価するかは，雇い主の判断をある程

度は尊重するべき事項でもあります。一口に非正規雇用といっても，正社員と全く同じ勤務日数・仕事内容の人もいれば，1日4時間・週2日しか働いていない人もいるなど，働く人の方の事情も様々です。

　そのため，法律で格差是正に取り組むにしても，完全に正社員と同じ働き方の人については処遇差別を禁止し，少しでも正社員と違う働き方の非正規の人については，仕事内容の違いと処遇格差の均衡（バランス）を求めるということになります。

　現在の法律では，非正規雇用で働く人の職務内容（仕事内容や責任の範囲），職務内容と配置の範囲（所属部署の変更や転勤の有無と範囲）が正社員と同じなら，正社員と同じ処遇にする義務が雇い主にあります（パートタイム・有期雇用労働法第9条）。

　一方，職務内容，職務内容と配置の範囲が，正社員と同じではない場合は，処遇格差をつけても違法ではありません。ただし，処遇格差には具体的で合理的な根拠が求められます。また，非正規雇用で働く人が処遇格差の理由を尋ねたら，雇い主はきちんと説明する義務があり（同法14条2項），理由を尋ねたことへの報復も禁止されています（同法14条3項）。

　処遇には，給与や各種手当に関するもの，キャリアアップのための研修，休暇制度，社員食堂などの福利厚生施設の利用など，様々なものが含まれます。これら一つひとつについて，待遇の性質や制度趣旨も考慮して，正社員と非正規雇用で働く人との間に差をつけることが合理的でなければなりません（同法8条）。たとえば，社員食堂のある会社で，会社と外のお店の往復で従業員が休憩時間を無駄にしないで済むようにという趣旨で社員食堂が設置されているなら，非正規雇用で働く人の利用を禁止する合理的理由はありません。

（3）労働者派遣

1）労働者派遣とは

　労働者派遣は，働く人，派遣会社，派遣先の3者からなる雇用のあり方です。働く人と雇用契約を結んでいるのは，派遣会社です。実際に働く職場は派遣先ですが，あくまでも派遣会社が雇い主です。

　労働者派遣では，働く人の給与は，派遣会社が派遣先から受け取った報酬が

元手になりますが，派遣先からの報酬の全額が働く人に支払われるわけではありません。派遣会社の人件費や営業活動の経費にあてる分を差し引いたものが，働く人への給与になります。こうしたお金の流れは，経費と称した不当なピンハネにつながる危険をはらんでいます。

そのため，雇い主が働く人を別の会社に送り込んで働かせること（労働者供給事業）は，原則として禁止されています（職業安定法第44条）。しかし，労働者供給とはいえ，職場を見つけ，給与を得る機会があることは，働く人にとってメリットがないわけではありません。そこで，1985年，一定の条件を満たした事業者に限り，労働者供給事業を例外的に許可する法律（労働者派遣法）が制定されました。労働者派遣法に基づいて特別に許可された労働者供給，それが労働者派遣なのです。

2）労働者派遣業の許可

労働者派遣を開業する時は，必ず厚生労働大臣の許可を得ていなければなりません。許可の有効期間は3年です。3年後に許可の更新手続を行い，更新が認められれば，その後は5年ごとの許可更新になります。派遣会社が労働基準法などに違反した場合は，許可の有効期間中であっても，許可が取消されることがあります。

また，労働者派遣を行ってよい業務には制限があります。港湾運送業務，建設業務，警備業務の3つについては，労働者派遣はできません。また，医師や看護師，薬剤師など医療関係の業務は，安定したチーム構成でないと適切な医療ができないおそれがあるなどの理由から，育児休業や介護休業などによる一時的な欠員の補充などの特別な事情がある場合を除き，労働者派遣を行うことはできません。

3）派遣会社の義務

労働者派遣で働く人の雇い主は，派遣会社です。ですから，賃金の支払義務は派遣会社にあります。労働基準法などを守る義務も，派遣会社にあります。ただし，労働時間や休日，安全衛生など，実際の職場の状況に左右されることがらについては，雇い主ではない派遣先にも法律を守る義務が課せられています。

さらに，派遣会社には，派遣先から受け取る報酬から差し引く経費等の割合

（マージン率）を公開する義務や，働く人のキャリアアップに向けた支援策を講じる義務，同じ人を同じ職場の同じ仕事に3年間派遣した場合には，派遣先に直接雇用を打診したり，次の派遣先を探したりして，雇用を安定させる措置を講じる義務が課せられています。

（4）派遣会社の雇用安定義務

派遣会社に雇用安定の義務が課せられているのには経緯があります。

労働者派遣で働く人は，まずは派遣会社に登録し，派遣の仕事がある時だけ雇用契約を結ぶことが少なくありません。契約派遣先が派遣会社との契約を更新しないと，仕事がなくなり，派遣会社と働く人の雇用契約もなくなります。

非正規雇用であっても，直接雇用で何年も同じ職場で働いている人なら，雇い主による更新拒否が無効とされる可能性があります。一方，労働者派遣の場合は，派遣先はあくまでも派遣会社のお客様で，働く人とは契約関係が一切ありません。何年も同じ人が同じ職場で働いていても，派遣先は派遣会社との契約を打ち切るだけで，働く人の雇用に対して何の責任も負わずに済むのです。

このように，非正規雇用の中でも特に雇用が不安定になりやすいといえます。そこで，労働者派遣法では，同じ人が同じ仕事で一定期間継続して派遣された場合，働く人が望めば派遣先が直接雇用する義務を定められていた時期がありました（2004年改正）。すると今度は，一定期間に達する前に派遣先が派遣契約を打ち切り，派遣先の業務は存続しているのに失業する人が続出する，という問題が起きました。働く人の雇用の安定には，直接雇用の義務づけは必ずしも有効ではなかったのです。その経験を踏まえ，労働者派遣で働く人が安定して仕事を得ることをサポートする義務を派遣会社に課し，その方法も複数の選択肢（派遣先への直接雇用の打診，新しい派遣先の紹介，自社での雇用など）の中から選ぶことができるようになっています。

（5）偽装請負・偽装派遣

ここまで説明したように，許可を得ない派遣は違法な労働者供給です。違法かどうかは，派遣会社を名乗っているかどうかとは関係ありません。たとえば，「請負契約」という名前の契約があったとしても，その実態が労働者供給にあ

たる場合は，違法です。

　請負契約では，請負った業務を完成させるのが受注者の義務です。清掃やシステム管理など，請負った内容によっては受注者の従業員が発注元の企業に出向く場合もあります。そのような場合も，正真正銘の請負契約なら，請負業者自身が従業員を指揮監督し，自ら用意した道具と材料を使って作業を進めます。

　逆に，名目上は請負契約であっても，その実態は，自称・請負業者は従業員を発注元に送り込むだけで，現場の作業に全く関与せず，従業員も発注元の指示に従って働いている場合は，請負契約を隠れ蓑にした労働者供給（偽装請負，偽装派遣）であると判断されます。

（6）非正規雇用の社会保険

　長期にわたる不景気の下で，非正規雇用で働く人が増えた理由は，雇い主から見て雇用削減がしやすいことや給与が安いことに加えて，各種の社会保険の対象者を少なくできるということもありました。

　労災保険だけは，正社員か非正規雇用かに関係なく，1人でも働き手を雇ったら，雇った人数分だけ，雇い主が全額負担して納付する義務があります。それに対して，労災保険以外の社会保険，すなわち厚生年金と健康保険，雇用保険は，かつては正社員をイメージして制度が設計されていました。非正規雇用で働く人たちのうち，厚生年金や健康保険に加入できるのは，正社員に近い働き方（週当たりの勤務時間が正社員の勤務時間の4分の3以上）の人だけでした。勤務時間はある程度雇い主が管理できるので，非正規雇用で働く人の週あたりの勤務時間を正社員の4分の3未満に抑えることで，雇い主は社会保険料を節約できたのです。

　厚生年金や被用者向けの医療保険に入れない人は，国民年金と国民健康保険に加入することになります。保険料は働く人が全額負担することになりますし，年金保険については国民年金と厚生年金では給付額に大きな差があり，現役時代の格差が老後にまで及ぶことになりかねません。また，雇用保険に入れないと，失業した時の生活保障や再就職のために受講できる職業訓練の幅に大きな制限が出てしまいます。

　こうした社会保険上の地位を改善するため，社会保険の適用範囲を拡大する

法改正が行われてきました。まず，雇用保険は，週当たりの勤務時間が20時間以上，かつ1カ月以上雇用される見込みがある人は，会社の規模に関係なく，加入対象になっています。厚生年金と医療保険の非正規雇用への適用拡大については，第1章で説明しています。

8　家庭と仕事の両立

　年次有給休暇の項でも触れたように，長い職業人生の過程では，私生活上も様々な役割を負う時期があります。ここでは，家庭生活上の責任である介護や育児，育児に先立つ出産について，仕事との両立を支える制度を説明します。

（1）妊産婦の保護

1）妊娠中の女性の保護

　よく妊娠は病気ではないといわれますが，様々な体調不良に見舞われがちであり，健康そのものではありません。働いている本人だけでなく，お腹にいる胎児の健康も守らなければなりません。そのため，労働基準法では，妊娠中の女性について，坑内で行われるすべての業務（労基法64条の2），重量物を扱う業務や有害ガスに晒される場所での就労（同法64条の3）など，母子の健康を損なう業務に従事させることを禁止しています。労働時間に関しても，働く人が希望すれば，雇い主は時間外労働や深夜業，変形労働時間制を適用することはできません。

2）産前・産後休業

　また，出産前後については産前休業，産後休業の制度が設けられています（労基法65条）。産前休業は，働く人の申し出により，出産予定日前の6週間（多胎妊娠の場合は14週間）までは休むことができる制度です。働く人の方は希望しなければ取得しなくても構いませんが，雇い主は働く人からの申し出があれば必ず，申し出どおりに産前休業を認めなければなりません。なお，出産が出産予定日より遅れた場合は，産前休業は実際の出産日まで延長されます。

　産後休業は，出産した日の翌日から8週間以内の女性を働かせてはならないという制度です。働く人が本心から「産後休業は要らない」と言っても，雇い

主は働かせてはなりません。働く人が職場復帰を希望し，医師が「もう働いても大丈夫」と認めた場合に限って，産後休業を6週間まで短縮することができます。

産前・産後休業の期間中は，雇い主は賃金を支払う義務はありません。その代わり，賃金の3分の2に相当する出産手当金が健康保険から給付されます。

（2）育児と仕事の両立

1）育児休業

産後8週間経っても，通える範囲の保育所に空きがないなどの理由で，職場復帰できない場合があります。そのような時に利用できるのが，育児休業の制度です。育児は，妊娠・出産と違って，男性も担うことができるので，育児休業を取得する権利は男性にも女性にもあります。

取得できる期間は，原則として子が満1歳の誕生日の前日まで（育児・介護休業法第5条1項）ですが，満1歳になっても保育所に入れないなどの事情があれば1歳6カ月まで，1歳6カ月になっても状況が変わらなければ2歳まで，休業期間を延長することができます。

育児休業期間中は，雇い主は賃金を払う義務はありません。その代わり，雇用保険から育児休業給付金が給付されます。育児休業給付金の金額は，6カ月間は休業前賃金の67%，7カ月目からは50%です。育児休業期間中は，厚生年金や健康保険などの各種社会保険料は納付しなくても納付したものとして扱われます。

育児休業をどれぐらい取っているかという取得率は，「令和3年度雇用均等基本調査」（厚生労働省）によれば，2021年，女性は85.1%，男性は13.97%でした（図6-4）。男性の育児休業取得率は2015年度までは3%未満であり，2019年度でも7.48%だったことを考えれば急速に上昇しています。ただし，男性では育児休業取得期間が「5日未満」が25%，「5日〜2週間未満」の人が26.5%と期間が短いことも課題です。2018年度には「5日未満」が36.3%，「5日〜2週間未満」が35.1%であったことに比べれば改善していますが，女性では「10〜12カ月未満」が30%，「12〜18カ月未満」が34.0%であることに比べると，男性の取得期間が短いことは際立っています。

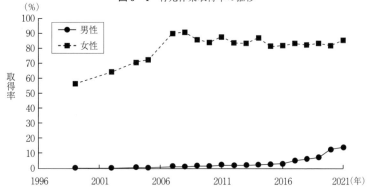

図6-4 育児休業取得率の推移

注：2011年度は岩手県，宮城県，福島県を除いた全国平均の数字。
出所：厚生労働省「令和3年度雇用均等基本調査」を基に筆者作成。

2）復職後の両立支援

　育児休業から復職し，子どもを保育所などに預けられるようになっても，子どもが生まれる前と全く同じように働けるわけではありません。保育所で預かってもらえる時間などによっては，残業ができなかったり，退勤時刻より前に会社を出ざるを得ないこともあります。

　そうした時でも仕事を続けられるよう，3歳未満の子を育てている人には，育児・介護休業法によって，短時間（6時間）勤務への変更や残業の免除を求める権利が与えられています。短時間勤務が難しい職種の場合も，雇い主は，フレックスタイム制度や企業内保育所の設置など，短時間勤務に替わる制度を導入して，育児と仕事の両立を支援しなければなりません。

　小学校入学前の子を育てている人には，時間外労働および深夜労働の免除を求める権利があり，子どもが病気になった時には看護休暇を取得することができます。子の看護休暇は，小学校入学前の子が1人の場合は年間5日，2人以上の場合は年間10日取得できます。ただし，雇い主は，働く人が子の看護休暇を取得した日の賃金を支払う義務はなく，雇用保険などからの所得補償もありません。

（3）介護と仕事の両立

　働く人にとって，家族のケアが必要な時というのは，育児だけではありません。自分の親や配偶者が要介護状態になることもあります。育児・介護休業法によって，家族の介護が必要になった時に，仕事との両立を支える制度が定められています。

1）介護休業

　家族が要介護状態になった時は，家族 1 人につき 3 回まで，合計93日間の介護休業を取得することができます。介護休業は，働くべき日に休む権利ですので，もともと働く義務のない休日は介護休業取得日に含めません。

　要介護状態とは，負傷，疾病または身体・精神上の障害により，常時介護が必要な状態が 2 週間以上続いていることです。目安としては，介護保険における要介護度 2 以上とされていますが，介護保険上の要介護認定を受けている必要はありません。要介護 2 以上に相当することが確認できれば，介護休業を取得できます。

　また，「家族」の範囲は，配偶者，子，父母，配偶者の父母，祖父母，兄弟姉妹，孫です。

　介護休業期間中は，雇い主は賃金を支払う義務はありません。その代わり，雇用保険から介護休業給付金が給付されます。介護休業給付金は，休業前の賃金の67％程度です。

　最長 2 年取得できる育児休業に比べて，介護休業は合計でも数カ月しか休むことができず，ずいぶん短いなと思う人もいるかもしれません。これは，働く人本人が介護を担うというよりは，介護保険によるサービスを利用することが前提になっているからです。制度の建前としては，介護休業は，介護保険の利用申請，ケアプランの打ち合わせ，利用するサービス事業者の確認など，介護と仕事の両立に向けた準備期間です。

2）復職後の支援

　介護保険によるサービスをフルに利用して復職したとしても，やはりそれ以前と同じように働けないことは十分ありうることです。雇い主は，育児休業から復帰した人向けの制度整備と同じように，家族を介護している人のために，短時間勤務制度，フレックスタイム制度や時差出勤などのうち，いずれかの制

度を導入しなければなりません。

　また，要介護状態の家族が1人の場合は年間5日，2人以上の場合は10日を限度として介護休暇を取得することができます。ただし，雇い主は，働く人が介護休暇を取得した日分の賃金を支払う必要はなく，雇用保険からの所得補償もありません。

注

⑴　東亜ペイント事件（最高裁第二小法廷昭和61年7月14日判決，『判例時報』〔以下，判時〕1198号149頁）。

⑵　高知放送事件（最高裁第二小法廷昭和52年1月31日判決，労判268号17頁）。

⑶　第四銀行事件（最高裁第二小法廷平成9年2月28日判決，判時1597号7頁）。

⑷　東芝柳町工場事件（最高裁第一小法廷昭和49年7月22日判決，判時752号27頁）。

⑸　日立メディコ事件（最高裁第一小法廷昭和61年12月4日判決，判時1221号134頁）。

⑹　丸子警報器事件（長野地裁上田支部平成8年3月15日判決，判タ905号276頁）。

参考文献

池田真朗ほか（2020）『法の世界へ　第8版』有斐閣。

副田隆重ほか（2020）『ライフステージと法　第8版』有斐閣。

浜村彰ほか（2020）『ベーシック労働法　第8版』有斐閣。

水町勇一郎（2022）『労働法　第9版』有斐閣。

より詳しく知るために

・有期契約の更新拒否（雇止め）についてより詳しく知るには

　厚生労働省「有期労働契約の締結，更新及び雇止めに関する基準について」（https://www.mhlw.go.jp/houdou/2008/12/dl/h1209-1f.pdf，2022年12月26日アクセス）。

・育児・介護休業法についてより詳しく知るには

　厚生労働省「育児・介護休業法　令和3年（2021年）改正内容の解説」（https://www.mhlw.go.jp/content/11900000/000909605.pdf，2022年12月26日アクセス）。

・有期契約の無期転換についてより詳しく知るには

　厚生労働省「有期契約労働者の無期転換ポータルサイト」（https://muki.mhlw.go.jp/，2022年12月26日アクセス）。

非正規雇用──バイト先の先輩が雇い止めされそう！

蓮くん：ふくろう先生，こんにちは。

ふくろう先生：こんにちは，蓮くん。今日はどうしたのかな。

蓮くん：僕のバイト先のフロア責任者の山田さんが退職するんです。

ふくろう先生：蓮くんは入学してからずっと居酒屋でアルバイトしているのでしたね。山田さんは，お引越しか何かかな。

蓮くん：いいえ，僕知らなかったんですけど，山田さんは3カ月契約の準社員で，次の契約はしないって店長から言われたそうです。

ふくろう先生：なるほど。その山田さんは退職には納得していますか。

蓮くん：口では仕方ないって言ってましたけど，納得はしてないと思いますよ。だって，前の店長には「辞めないでね」ってずっと言われてたんですから。

ふくろう先生：そうですか。期間の定めのある労働契約は，期間満了と同時に契約関係も終了するのが原則ですが，一定の条件を満たす場合は，雇い主は合理的な理由なく次の契約を拒否することはできません。山田さんは，前の店長には「辞めないでね」って言われていたんでしたね。

蓮くん：はい，前の店長の時はよく言われていました。僕たち学生バイトは，留学や進級で辞めちゃうことも多いから，割と「次の契約どうする？」って聞かれてましたけど，パートさんたちは，確認されてないと思います。

ふくろう先生：お店が辞めさせたパートさんもいませんでしたか。

蓮くん：僕は見たことないですね。昔，レジミスが多すぎて辞めさせられた人はいたって聞きましたけど，それ以外にパートさんでクビになった人はいないみたいですよ。

ふくろう先生：なるほど。そのような状況だと，形式上は3カ月の有期契約でも，本当はお店も働く人も永く雇用関係を続けるつもりだったといえる可能性が高いですね。お店側が「永く勤めてもらうつもりじゃなかった」と主張したとしても，山田さんが「長く働けそう」と期待してもおかしくない状況だといえそうです。だから，山田さんとの契約をお店の方から打ち切るなら，きちんとした理由が必要なはずです。

蓮くん：そうなんですね。あ，それってずっと雇い続けてもらえるってことですか？

ふくろう先生：ちょっと違いますよ。あくまでも「契約を打ち切る合理的な理由がないなら，次の契約を結びなさい」という意味ですから。

蓮くん：じゃあ，たとえば契約更新を拒否された人が裁判して勝っても，次の契約が終

わる時にまた更新する・しないでトラブルになっちゃうかもしれないですよね。

ふくろう先生：その可能性はありますね。雇い主側が「トラブルになって訴えられるような労務管理はしない」と考えて行動していれば，きちんとした理由がない限り次の契約を結ぶとは思いますが。

蓮くん：うーん，なんか今一つ安心できないです。

ふくろう先生：蓮君，もう少し安心しても大丈夫ですよ。有期契約を結んで5年以上働いている人は，次の契約のタイミングで期間の定めのない契約にする権利があります。この権利を使って無期契約にした後は解雇規制の対象になりますから，より雇用が安定しますよ。

蓮くん：へえー。確か，山田さんは僕が入った時に「3年目」って言ってて，僕が今3年生だから……権利はありますね。その権利を使うと，正社員になれるんですか。

ふくろう先生：いいえ，法律で定めているのは契約の期間がなくなるというところまでです。賃金が時給制か月給制か，週何日働くか，転勤はあるか，などを変えることは求めていません。もちろん，雇い主と働く人で話し合って，無期契約に変わるのを機に正社員になるのは自由です。

蓮くん：そうなんですか。僕は，山田さんのやってきた仕事を考えると，店長より給料よくてもいいっていうか，むしろ実質的な店長と思うんですけど，待遇は変えられないんですね。

ふくろう先生：そうとも限りません。山田さんの勤務時間数は正社員の人と同じですか。

蓮くん：だいたい正社員の人の方が2時間くらい早く出勤してると思います。帰る時間は同じですけど。

ふくろう先生：それなら，短時間労働者にあたりますね。正社員と短時間労働者とで，仕事の内容や範囲が違う場合は待遇差があっても構いませんが，仕事の違いと待遇の違いのバランスを保つように努力しなければなりません。短時間労働者の契約が期間の定めのないものなら，短時間労働者だというだけで待遇差別をすることは，法律で禁止されています。

蓮くん：そうなんですね。「正社員じゃないから」って，最初から諦めちゃダメですね。

ふくろう先生：そうですね。仕事の違いをはかるのはとても難しいことですが，非正規は理不尽を我慢しなければならないという時代は終わりつつあります。

蓮くん：ちょっと安心しました。さっそく山田さんに話してみます。

注　非正規雇用については第6章で説明しています。

<table>
<tr><td>第7章</td><td>少子化対策
──子どもを授かった時・
　子育てに悩んだ時の支援</td></tr>
</table>

　本章では，少子化対策を取り上げます。これまでの章を読んでもらえば，年金をはじめとして，社会保障制度は若い世代が高齢世代を支えるかたちになっていることを理解してもらえたと思います。このため，日本で少子化が長く続いたために働く世代が大きく減少することは，社会保障制度の将来にも影を落としています。

　本章では，まず長期化した少子化の状況とこれまでに講じられた対策を振り返ります。そして，今はどのような支援があるのかについて説明します。子どもを授かった時，子育てに悩んだ時にどのような支援を受けることができるかを知ることは，支援策を活用するために重要です。これまでの章で説明した保育サービスや児童手当，育児休業などについては，本書のどこで書いているかを示しますので，読み返してみてください。

　少子化対策は1989年頃から重要だと言われ，様々な対策が講じられていますが，それでも少子化傾向に歯止めはかかっていません。本章の後半では，どうして少子化が止まらないのか，日本の社会保障にどんな課題があるのかについて考えたいと思います。

1　少子化の状況

　最初に，少子化の状況をデータに基づいて確認したいと思います。日本の状況をよく把握するために国際比較も行います。また，都市部と地方の関係についても説明します。都市部は地方からの人口流入によって人口が維持されてきたので，地方の出生動向が回復しないと都市部の人口も減少するという構図になっています。

（1）長期化している少子化——第三次ベビーブーマーの不在

　日本で少子化が意識されるようになったきっかけは，1989年のいわゆる1.57ショックです。平成になる前から子どもは減少していましたが，戦後で最も合計特殊出生率の低かった丙午の年を下回ったことで少子化が深刻なことが認識されました。合計特殊出生率は統計上の1人の女性が生涯に産む子どもの数です。合計特殊出生率は2005年に最低の1.26となった後に少し上昇しますが回復したとはいえず，2020年には1.33となっています。また，出生数は減少を続け，2020年には戦後最も少ない84万835人にまで落ち込んでいます。このような合計特殊出生率と出生数の推移を示したものが図7－1です。

　また，年齢別の人口を図にした人口ピラミッドをみると，長期化した少子化の影響がよく分かります。

　図7－2をみると，年齢別に最も人口が多いのは70～75歳あたりの第一次ベビーブーマーだと分かります。そして，その子どもである第二次ベビーブーマー（1971～74年生まれ）は50歳前後です。それでは第三次ベビーブーマーはどこにいるでしょうか。第二次ベビーブーマーは人口が多いことから，その子どもたちの世代も年齢別の人口が多くなることが自然ですが，第三次ベビーブーマーはどこにもいないことを人口ピラミッドは示しています。第二次ベビーブーマーがなぜ子どもを多く持たなかったかについては様々な見方がありますが，バブル崩壊後に大学を卒業して就職氷河期に当たり，非正規雇用の比率が上がり，経済的に安定しなかったことが影響していると考えられます。

（2）先進国の中でも合計特殊出生率の低い日本

　一般的に途上国では子どもが多く，先進国では子どもが少ない傾向がみられますが，他の先進諸国の出生動向はどうなっているのでしょう。

　表7－1に示されているように，先進諸国全体としても合計特殊出生率は2を下回っています。また，韓国とシンガポールは日本よりも合計特殊出生率は低いですが，日本の合計特殊出生率は先進諸国の中でも低いことが分かります。高齢化の背景には平均寿命の伸びもありますが，少子化傾向が強いことは日本の高齢化のスピードが欧米諸国よりも速い原因となっています。

図7-1　合計特殊出生率と出生数の推移

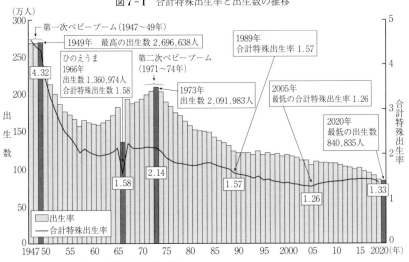

資料：厚生労働省「人口動態統計」を基に作成。
出所：『少子化社会対策白書 令和4年版』5頁。

図7-2　2015年の人口ピラミッド

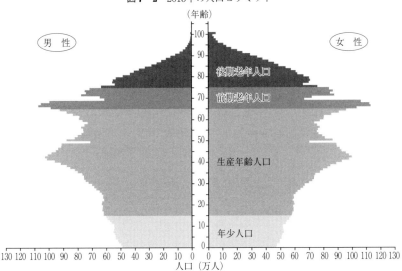

資料：1965～2015年：国勢調査，2020年以降：「日本の将来推計人口（平成29年推計）」。
出所：国立社会保障・人口問題研究所ホームページ（https://www.ipss.go.jp/site-ad/TopPageData/2015.
png，2022年8月26日アクセス）。

表7-1　合計特殊出生率の国際比較

国及び地域名	最新年次	合計特殊出生率
日　本	2020	1.34
韓　国[1]	2020	＊0.84
シンガポール[1]	2020	1.10
フランス[2]	2019	＊1.86
ドイツ[2]	2019	1.54
イタリア[2]	2019	1.27
スウェーデン[2]	2019	1.71
イギリス[2]	2018	1.68
アメリカ[1]	2020	＊1.64

資料：(1)　当該国からの資料による。
　　　(2)　Eurostat Statistics Database による。
注：日本の数値は概数，＊印は暫定値である。
出所：厚生労働省「令和3年度『出生に関する統計』の概況」23頁。

（3）都道府県別の合計特殊出生率の状況

　次に都道府県別の状況をみたいと思います。2021年の都道府県別合計特殊出生率の上位5つと下位5つは，それぞれ以下のようになっています。

- ・上位5県（5番目は同数のため6県）：沖縄県1.79，宮崎県1.61，熊本県1.58，鹿児島県1.56，島根県1.55，福井県1.55
- ・下位5都道府県：東京都1.12，北海道1.19，京都府1.2，奈良県1.23，宮城県1.25

　このように最も高い沖縄と最も低い東京では合計特殊出生率にかなり開きがあります。このため，少子化の状況を考えるには，日本全体の合計特殊出生率だけではなく，都道府県別の出生動向をみることも必要だと思われます。これまでの都道府県別の合計特殊出生率の推移をまとめたものが表7-2です。

　表7-2をみると，東京など都市部の合計特殊出生率は低く，地方の合計特殊出生率は比較的高かったことが分かります。それでは都市部の人口はどうして減少しなかったかといえば，地方から若者が流入することで人口が維持されてきました。しかし，表7-2からは地方の合計特殊出生率も低下しつつあることが分かります。近年，地方では子どもが減少して，小学校や中学校が廃校になるところも増えています。また，保育については待機児童はいないものの，逆に保育所が定員割れで赤字になって閉所に追い込まれる問題があります。地方の子どもが減少すれば，都市部に流入する若者が減少し，やがて都市部の人口も維持できなくなると思われます。

（4）少子化による影響

　少子化が長期化したことにより，様々な影響が出はじめています。1つ目は高齢化の進行です。少子化と高齢化は一見，直接の関係はないように思えるか

表 7 - 2　都道府県別の合計特殊出生率の推移

都道府県	昭和45年	50年	55年	60年	平成2年	7年	12年	17年	19年	20年	21年
全　国	2.13	1.91	1.75	1.76	1.54	1.42	1.36	1.26	1.34	1.37	1.37
北海道	1.93	1.82	1.64	1.61	1.43	1.31	1.23	1.15	1.19	1.2	1.19
青　森	2.25	2	1.85	1.8	1.56	1.56	1.47	1.29	1.28	1.3	1.26
岩　手	2.11	2.14	1.95	1.88	1.72	1.62	1.56	1.41	1.39	1.39	1.37
宮　城	2.06	1.96	1.86	1.8	1.57	1.46	1.39	1.24	1.27	1.29	1.25
秋　田	1.88	1.86	1.79	1.69	1.57	1.56	1.45	1.34	1.31	1.32	1.29
山　形	1.98	1.96	1.93	1.87	1.75	1.69	1.62	1.45	1.42	1.44	1.39
福　島	2.16	2.13	1.99	1.98	1.79	1.72	1.65	1.49	1.49	1.52	1.49
茨　城	2.3	2.09	1.87	1.86	1.64	1.53	1.47	1.32	1.35	1.37	1.37
栃　木	2.21	2.06	1.86	1.9	1.67	1.52	1.48	1.4	1.39	1.42	1.43
群　馬	2.16	1.99	1.81	1.85	1.63	1.56	1.51	1.39	1.36	1.4	1.38
埼　玉	2.35	2.06	1.73	1.72	1.5	1.41	1.3	1.22	1.26	1.28	1.28
千　葉	2.28	2.03	1.74	1.75	1.47	1.36	1.3	1.22	1.25	1.29	1.31
東　京	1.96	1.63	1.44	1.44	1.23	1.11	1.07	1	1.05	1.09	1.12
神奈川	2.23	1.95	1.7	1.68	1.45	1.34	1.28	1.19	1.25	1.27	1.28
新　潟	2.1	2.03	1.88	1.88	1.69	1.59	1.51	1.34	1.37	1.37	1.37
富　山	1.94	1.94	1.77	1.79	1.56	1.49	1.45	1.37	1.34	1.38	1.37
石　川	2.07	2.08	1.87	1.79	1.6	1.46	1.45	1.35	1.4	1.41	1.4
福　井	2.1	2.06	1.93	1.93	1.75	1.67	1.6	1.5	1.52	1.54	1.55
山　梨	2.2	1.98	1.76	1.85	1.62	1.6	1.51	1.38	1.35	1.35	1.31
長　野	2.09	2.05	1.89	1.85	1.71	1.64	1.59	1.46	1.47	1.45	1.43
岐　阜	2.12	2	1.8	1.81	1.57	1.49	1.47	1.37	1.34	1.35	1.37
静　岡	2.12	2.02	1.8	1.85	1.6	1.48	1.47	1.39	1.44	1.44	1.43
愛　知	2.19	2.02	1.81	1.82	1.57	1.47	1.44	1.34	1.38	1.43	1.43
三　重	2.04	1.99	1.82	1.8	1.61	1.5	1.48	1.36	1.37	1.38	1.4
滋　賀	2.19	2.13	1.96	1.97	1.75	1.58	1.53	1.39	1.42	1.45	1.44
京　都	2.02	1.81	1.67	1.68	1.48	1.33	1.28	1.18	1.18	1.22	1.2
大　阪	2.17	1.9	1.67	1.69	1.46	1.33	1.31	1.21	1.24	1.28	1.28
兵　庫	2.12	1.96	1.76	1.75	1.53	1.41	1.38	1.25	1.3	1.34	1.33
奈　良	2.08	1.95	1.7	1.69	1.49	1.36	1.3	1.19	1.22	1.22	1.23
和歌山	2.1	1.95	1.8	1.79	1.55	1.48	1.45	1.32	1.34	1.41	1.36
鳥　取	1.96	2.02	1.93	1.93	1.82	1.69	1.62	1.47	1.47	1.43	1.46
島　根	2.02	2.1	2.01	2.01	1.85	1.73	1.65	1.5	1.53	1.51	1.55
岡　山	2.03	2.05	1.86	1.89	1.66	1.55	1.51	1.37	1.41	1.43	1.39
広　島	2.07	2.05	1.84	1.83	1.63	1.48	1.41	1.34	1.43	1.45	1.47
山　口	1.98	1.92	1.79	1.82	1.56	1.5	1.47	1.38	1.42	1.43	1.43
徳　島	1.97	1.89	1.76	1.8	1.61	1.52	1.45	1.26	1.3	1.3	1.35
香　川	1.97	1.96	1.82	1.81	1.6	1.51	1.53	1.43	1.48	1.47	1.48
愛　媛	2.02	1.97	1.79	1.78	1.6	1.53	1.45	1.35	1.4	1.4	1.41
高　知	1.97	1.91	1.64	1.81	1.54	1.51	1.45	1.32	1.31	1.36	1.29
福　岡	1.95	1.83	1.74	1.75	1.52	1.42	1.36	1.26	1.34	1.37	1.37
佐　賀	2.13	2.03	1.93	1.95	1.75	1.64	1.67	1.48	1.51	1.55	1.49
長　崎	2.33	2.13	1.87	1.87	1.7	1.6	1.57	1.45	1.48	1.5	1.5
熊　本	1.98	1.94	1.83	1.85	1.65	1.61	1.56	1.46	1.54	1.58	1.58
大　分	1.97	1.94	1.82	1.78	1.58	1.55	1.51	1.4	1.47	1.53	1.5
宮　崎	2.15	2.11	1.93	1.9	1.68	1.7	1.62	1.48	1.59	1.6	1.61
鹿児島	2.21	2.11	1.95	1.93	1.73	1.62	1.58	1.49	1.54	1.59	1.56
沖　縄	…	2.88	2.38	2.31	1.95	1.87	1.82	1.72	1.75	1.78	1.79

出所：厚生労働省ホームページ（https://www.mhlw.go.jp/toukei/saikin/hw/jinkou/suii09/brth4.html,
2022年 8 月26日アクセス）。

もしれませんが，高齢化は総人口に占める高齢者の比率の上昇ですから，少子化が続くことによって総人口が減少すると，高齢者が増加しなくても高齢化が進みます。実際には平均寿命が伸びることと少子化の影響が合わさって，日本の高齢化を加速させてきました。総人口に占める65歳以上人口の比率である高齢化率は，1990年には12.1％でしたが，2019年には28.4％にまで急速に上昇しています。『厚生労働白書 令和2年版』は，平成の時代は急激な高齢化が進行した30年間であったと総括しています。

　2つ目は，働く世代の減少です。生まれる子どもの数が減少を続けているため，現役世代も減少しています。15歳から64歳までを生産年齢人口と呼びますが，日本の生産年齢人口は戦後一貫して増えていたものの，1995年の8,726万人をピークに減少に転じました。2015年には7,728万人になっていて，既に約1,000万人減少しています。さらに，2017年の「将来推計人口（中位推計）」によれば，生産年齢人口は2040年には6,000万人を下回って5,978万人となり，2060年には5,000万人を割り込み，2065年には4,529万人にまで減少すると予測されています。言い換えれば，1995年には約9,000万人いた生産年齢人口は，2065年にはそのほぼ半数にまで減少することが見込まれています。

　生産年齢人口がこのように大きく急速に減少すると，働く人の数も大きく減少すると考えられます。そうなると，働く人の賃金から負担される社会保険料の収入は大きく減少し，さらに所得税などの税収も減少することになります。また，労働力の不足は経済成長自体にも負の影響を及ぼします。さらに，過疎地では人口の減少が進み，消滅するまちが出てくるおそれもあります。

2　これまでの少子化対策

　少子化を止めるために，これまでに様々な対策が講じられてきました。ここでは，どのような対策が講じられてきたのか振り返り，どのような課題があったのかを考えます。

（1）エンゼルプラン・新エンゼルプラン
　最初の本格的な少子化対策は，1994年12月に文部，厚生，労働，建設の4大

臣（いずれも当時）の合意によって策定された「今後の子育て支援のための施策の基本的方向について」（エンゼルプラン）です。エンゼルプランは，子育てを夫婦や家庭の問題だけではなく国や地方自治体はもとより，企業，職場や地域社会の役割でもあるという認識のもと，今後10年間に取り組むべき基本的な方向と重点を定めています。その内容をみると，保育サービスの拡充だけではなく，育児休業を気兼ねなく取ることのできる環境整備や労働時間の短縮の推進など仕事と育児の両立支援，放課後児童対策の充実や育英奨学事業の充実を含めた育児の経済的支援も盛り込まれるなど，少子化に関する様々な要素に配慮した包括的な計画になっています。また，エンゼルプランの期間の途中に，少子化対策推進基本方針に基づく重点施策の具体的実施計画として1999年12月に大蔵，文部，厚生，労働，建設，自治の6大臣（いずれも当時）の合意によって5カ年計画の新エンゼルプランが策定されました。

　この2つのプランによって，保育所入所児童数は1994年4月の159万人から2004年4月には197万人に増加しました。また1994年度と2004年度の実績を比べると，延長保育を実施する保育所は2,230カ所から1万3,086カ所へ，放課後児童クラブ数は4,520カ所から1万2,188カ所へ，さらに地域子育て支援センターは236カ所から2,786カ所に増加しました。育児休業の給付水準も2001年から40％に引き上げられました。

（2）待機児童対策

　2つのプランによって保育所の入所児童数は大きく増加し，さらに2002年度から3年間で保育所の受入児童数を15万人増やす「待機児童ゼロ作戦」が実施されました。しかし，それでもなお保育所に入所できない待機児童数は増加しました。このため，2008年2月に「新待機児童ゼロ作戦」を厚生労働省は策定し，10年後も目標として保育サービスの利用児童数100万人増，放課後児童クラブの登録児童数145万人増を掲げました。

　このように待機児童対策は何度も計画が立てられ，保育所の定員数は実際に増加してきました。保育所等関連状況取りまとめ（2021年4月1日現在[2]）によれば，毎年保育所等の定員は増加し，2012年度には224万178人でしたが，2021年度には301万6,918人にまで増加しています。

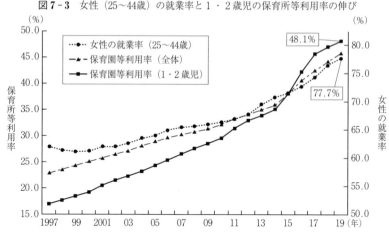

図7-3 女性（25〜44歳）の就業率と1・2歳児の保育所等利用率の伸び

資料：総務省「労働力調査」等を基に厚生労働省保育課で作成。
出所：厚生労働省子ども家庭局保育課「保育を取り巻く状況について」2021年，12頁。

　それでも待機児童問題が続いたのは，育児をしながら働く女性が増えて，保育所への入所を希望する子どもが増えたからだと思われます。図7-3に示されているように，25歳から44歳の女性の就業率は右肩上がりに上昇し，それとともに1・2歳児の保育所等利用率も上昇しています。

　このように，今では1・2歳児の半分近くが保育所等を利用しています。日本では子どもの出産を機に仕事を辞める女性が多かったのですが，育児をしながら働く女性が増えたことが分かります。女性が出産を機会に仕事を辞めることなく能力を活かして働くことは男女の共同参画という理念から望ましいことですし，生産年齢人口が大幅に減少していく中で労働力不足を防ぐことにつながり，社会の要請に応えることでもあります。ただし，保育所等の定員を増やしてもニーズの増大に追いつかなかったために，なかなか待機児童問題が解消しなかったと考えられます。

　それでも保育サービスの拡充が続けられた結果，待機児童の人数は減少に転じました。待機児童数と保育所等利用率の推移を図時したものが図7-4です。

　図7-4に示されているように，2021年4月1日時点での待機児童数は5,634人であり，前の年から6,805人減少しています。新型コロナウイルス流行の影響もあると思われますが，待機児童数はウイルスの流行前から減少傾向にあり

図7-4　保育所等待機児童数及び保育所等利用率の推移

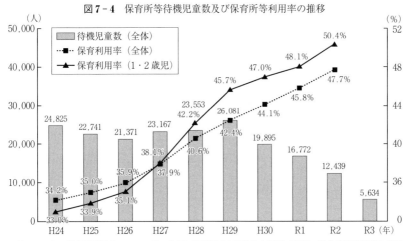

注：2021年の保育所利用率については，前年に国勢調査を実施した関係で直近の就学前児童数が今後公表される予定であるため，集計を行っていない。

出所：厚生労働省「保育所等関連状況取りまとめ（令和3年4月1日現在）」3頁。

ますし，2021年の保育所等を利用する児童の数は前の年に比べると約5,000人増加していますので，待機児童問題はついに解消に向かっていると考えられます。

（3）育児休業

育児と仕事の両立のために，子どもが満1歳になるまで育児休業を取ることができます。しかし，育児休業制度の詳しい内容は第6章で説明したように，女性は8割以上が取得していますが，男性の取得率は約14%にとどまっています。女性が能力を発揮して働くことができるようにするためには，男性がもっと育児休業を取るべきです。そのために，男性も育児休業を取りやすい雰囲気に職場が変わることが重要です。

（4）幼児教育の無償化・給付型奨学金の創設

3歳から5歳までの幼児教育については，2019年10月から無償化され，保育所や幼稚園に通うための自己負担はなくなりました。3歳未満の子どもについても，住民税非課税世帯は自己負担がなくなりましたが，住民税が課税されない条件は自治体によって違うものの，かなり所得の低い家庭に限定されます。

育児の経済的負担の中で最大のものは教育費ですが，最近まで国の奨学金は貸付であり，しかも利息を払うものが中心でした。2020年4月から返済の必要のない給付型奨学金が始まったのは画期的といえます。ただし，対象者は住民税非課税世帯及びそれに準ずる世帯とされました。

　このように，最近になって育児の経済的負担を軽くしようとする対策が講じられました。上述したように1994年のエンゼルプランには育児の経済的負担を軽くするという方向性は打ち出されていましたが，10年間の計画期間の間には実現せず，一方，行政改革や規制緩和の流れの中で国公立大学の授業料は引き上げられました。育児の経済的支援を行うには財源が必要ですが，日本の財政赤字は深刻です。エンゼルプランから25年経った2019年になって消費税の引き上げに合わせて財源が確保され，ようやく本格的な育児の経済的支援策は動き出しました。

3　出産・育児についてどのような支援があるのだろうか

　これまでに行われた少子化対策について振り返りましたが，現在では出産・育児について，どのような支援があるのでしょう。出産や育児の支援は福祉，医療，雇用など様々な分野にまたがりますので，これまでに説明してきたものも多くあります。その場合はどこで説明しているかを書きますので，読み返してもらえればと思います。

（1）妊娠・出産に関する支援

　従来は妊婦検診などの母子保健の支援，医療など出産の支援，児童福祉による育児支援など縦割りの制度による支援が行われていました。しかし，現在では子育て世代包括支援センターを拠点として，図7-5に示されているように，妊娠から出産，産後まで切れ目のない支援を行う体制をつくることとされています。

　ところで，出産は病院で行うことが多いために医療保険が適用されると思われがちですが，もし異常分娩などであれば医療保険が適用されるものの，妊娠や出産自体は病気ではないため，日本では医療保険は適用されません。ただし，出産にかかる経済的負担を軽くするため，医療保険から出産一時金が給付され

図7-5　妊娠，出産，産後までの切れ目のない支援体制

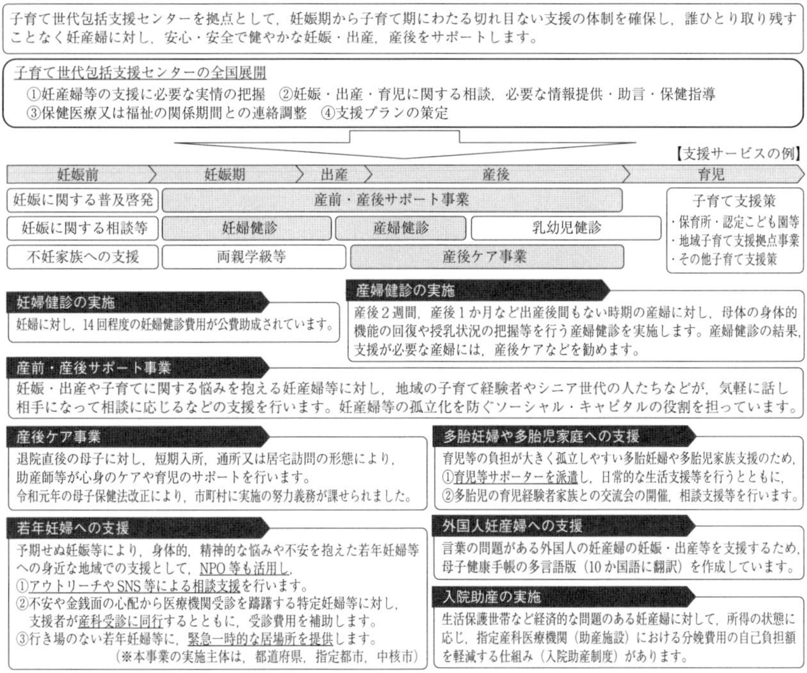

子育て世代包括支援センターを拠点として，妊娠期から子育て期にわたる切れ目ない支援の体制を確保し，誰ひとり取り残すことなく妊産婦に対し，安心・安全で健やかな妊娠・出産，産後をサポートします。

子育て世代包括支援センターの全国展開
①妊産婦等の支援に必要な実情の把握　②妊娠・出産・育児に関する相談，必要な情報提供・助言・保健指導
③保健医療又は福祉の関係期間との連絡調整　④支援プランの策定

【支援サービスの例】

妊娠前	妊娠期	出産	産後	育児
妊娠に関する普及啓発	産前・産後サポート事業			子育て支援策 ・保育所・認定こども園等 ・地域子育て支援拠点事業 ・その他子育て支援策
妊娠に関する相談等	妊婦健診	産婦健診	乳幼児健診	
不妊家族への支援	両親学級等	産後ケア事業		

妊婦健診の実施
妊婦に対し，14回程度の妊婦健診費用が公費助成されています。

産婦健診の実施
産後2週間，産後1か月など出産後間もない時期の産婦に対し，母体の身体的機能の回復や授乳状況の把握等を行う産婦健診を実施します。産婦健診の結果，支援が必要な産婦には，産後ケアなどを勧めます。

産前・産後サポート事業
妊娠・出産や子育てに関する悩みを抱える妊産婦等に対し，地域の子育て経験者やシニア世代の人たちなどが，気軽に話し相手になって相談に応じるなどの支援を行います。妊産婦等の孤立化を防ぐソーシャル・キャピタルの役割を担っています。

産後ケア事業
退院直後の母子に対し，短期入所，通所又は居宅訪問の形態により，助産師等が心身のケアや育児のサポートを行います。
令和元年の母子保健法改正により，市町村に実施の努力義務が課せられました。

多胎妊婦や多胎児家庭への支援
育児等の負担が大きく孤立しやすい多胎妊婦や多胎児家族支援のため，
①育児等サポーターを派遣し，日常的な生活支援等を行うとともに，
②多胎児の育児経験者家族との交流会の開催，相談支援等を行います。

若年妊婦への支援
予期せぬ妊娠等により，身体的，精神的な悩みや不安を抱えた若年妊婦への身近な地域での支援として，NPO等も活用し，
①アウトリーチやSNS等による相談支援を行います。
②不安や金銭面の心配から医療機関受診を躊躇する特定妊婦等に対し，支援者が産科受診に同行するとともに，受診費用を補助します。
③行き場のない若年妊婦等に，緊急一時的な居場所を提供します。
（※本事業の実施主体は，都道府県，指定都市，中核市）

外国人妊産婦への支援
言葉の問題がある外国人の妊産婦の妊娠・出産等を支援するため，母子健康手帳の多言語版（10か国語に翻訳）を作成しています。

入院助産の実施
生活保護世帯など経済的問題のある妊産婦に対して，所得の状態に応じ，指定産科医療機関（助産施設）における分娩費用の自己負担額を軽減する仕組み（入院助産制度）があります。

・上記の事業等のほか，医療保険から出産育児一時金として原則42万円が支給されます。
・国の制度以外でも，各自治体において，独自事業が実施されています。

出所：男女共同参画会議重点方針専門調査会（第23回）資料3　厚生労働省説明資料「厚生労働省における妊娠・出産，産後の支援の取組」2頁（https://www.gender.go.jp/kaigi/senmon/jyuuten_houshin/sidai/pdf/jyu23-03.pdf，2022年8月26日アクセス）。

ます。妊婦健診も医療保険は適用されませんが，自治体による助成が行われていて，助成額は自治体によって違います。2018年4月時点の厚生労働省の調査によれば，全国平均では10万5,734円ですが，12万円以上を補助する自治体が286ある一方，8万円未満の自治体も33あります。

出産年齢が上がっていることもあり，子どもを望んでも授からない不妊に悩んでいる人は多くいます。不妊治療に対しては医療保険を適用することも議論されていますが，本書を書いている時点では適用されていません。ただし，不妊治療に対する助成措置は2021年1月1日から拡充されました。以前は夫婦の合算所得730万円未満という所得制限がありましたが撤廃され，助成額は1回15万円から1回30万円に引き上げられ，助成回数も「生涯で通算6回まで」か

ら「子ども一人について6回まで」に増えました⁽⁵⁾。

なお，不妊治療の助成を受けられるのは妻の年齢が43歳未満の場合です⁽⁶⁾。ど
うして年齢に上限があるかといえば，年齢が上がると不妊治療が成功しにくく
なるからです。妊娠・出産に関する社会保障としては，このほかに第6章で説
明した母性保護のための産前・産後休業制度もあります。

（2）保　　育

保育については第4章で説明していますので，ここでは簡単に振り返ります。
保育所は，かつては親が亡くなったり病気である子どもをケアする通所施設で
したが，今では親が働いている間に子どものケアをする場所という性格が強ま
り，働く母親が増えたことから，多くの子どもが利用するサービスになってい
ます。保育所に入所する必要があるかどうかは客観的な基準で判断されます。
保育料は応能負担の考え方に基づき，親の所得に基づいて決まります。3歳以
上の保育料は無償化され，3歳未満は住民税非課税世帯については自己負担が
ありません。保育所に空きがないために入所できない待機児童の問題を解消す
るために，土地を確保しにくい都市部でもサービスを増やすことができるよう
に地域型保育事業がつくられました。またサービス内容が似ている保育所と幼
稚園は一つの制度に統合され，両方の機能を持つ子ども園もできました。

（3）育児休業

育児をしながら働く親は，転勤や出張，残業に対応しづらいことなど制約が
生じます。特に子どもが生まれたばかりの頃は付きっきりで世話をする必要が
あります。このため，仕事を休んで育児に専念できるように育児休業制度があ
ります。育児休業制度の詳しい内容は第6章で説明していますが，もっと多く
の男性がもっと長く育児休業を取るように促進していくことが課題です。

（4）育児の経済的支援

育児の経済的支援策として，まず育児世帯に現金給付を行う仕組みがありま
す。中学校修了までの子どもを育てる世帯に現金給付を行う児童手当とひとり
親世帯に現金給付を行う児童扶養手当について，第4章で説明しました。また，

育児の経済的負担を軽くするためにいくつかの対策が行われています。まず，自治体の取り組みとして，子どもの医療費の自己負担分について助成が行われています。そして育児の費用として最も大きいのは教育費ですが，本章で述べたように，最近になって給付型奨学金制度がつくられました。さらに2019年には3歳以上の幼児教育が無償化され，3歳未満については住民税非課税世帯の自己負担は免除されることになりました。

4　少子化対策の課題──どうして少子化に歯止めがかからないのだろうか

　ここまでみてきたように，エンゼルプランや新エンゼルプランなどによって保育サービスの拡充は実行されましたし，仕事と育児の両立支援策も実施され，最近になり，育児の経済的支援も行われています。それでは，どうして少子化は止まらないのでしょうか。少子化傾向が続く理由としては，非婚化や経済状況など様々な要素が考えられますが，ここでは主に社会保障の視点から考察します。

（1）待機児童だけが保育の問題だったのか

　育児支援をめぐる課題としては，待機児童が大きく取り上げられてきました。核家族化が進んで近くに祖父母がいないことなどによって，親以外に子どもの面倒をみてくれる育児協力者がいないと，小さい子どものいる夫婦が共働きをしようと思えば，あるいはシングルペアレントが働こうとすると，保育所は欠かすことができません。さらに，少子化によって兄弟姉妹がいないなど家族が縮小し，人間関係が希薄化して近所付き合いが薄くなったことなどから，育児協力者を見つけることは従来よりも難しくなっています。このため，確かに待機児童は重要な課題です。

　政府も待機児童解消に重点的に取り組み，本章でも説明したように待機児童は減少してきましたが，合計特殊出生率は上昇していません。それはなぜでしょうか。短期的には新型コロナウイルスの感染が拡大した影響もあると思われます。しかし，図7-4に示されているように，待機児童は新型コロナウイルスの感染が拡大する前の2018年頃から大きく減少していますが，合計特殊出

表7-3　都道府県別待機児童数　　（2016年4月1日現在）

	都道府県	保育所等数か所	定員人	利用児童数人	待機児童数人		都道府県	保育所等数か所	定員人	利用児童数人	待機児童数人
1	北海道	610	43,460	36,005	46	25	滋賀県	253	24,404	23,554	339
2	青森県	402	29,182	26,112	0	26	京都府	244	27,656	25,570	64
3	岩手県	335	23,873	22,186	194	27	大阪府	656	65,266	65,937	801
4	宮城県	325	21,038	19,579	425	28	兵庫県	532	46,188	44,298	715
5	秋田県	238	19,995	17,046	33	29	奈良県	170	19,987	18,330	175
6	山形県	330	25,208	23,710	0	30	和歌山県	147	16,281	13,511	4
7	福島県	278	21,108	19,343	398	31	鳥取県	214	18,831	17,260	0
8	茨城県	671	57,539	52,290	382	32	島根県	304	22,760	22,146	38
9	栃木県	364	30,827	26,681	126	33	岡山県	210	17,728	16,353	35
10	群馬県	309	30,294	29,187	5	34	広島県	291	24,546	20,227	0
11	埼玉県	1,157	83,412	80,125	897	35	山口県	292	22,237	20,152	65
12	千葉県	786	66,587	62,184	1,246	36	徳島県	215	17,251	15,490	60
13	東京都	3,055	230,935	225,017	8,327	37	香川県	139	13,305	11,998	3
14	神奈川県	480	38,677	37,958	465	38	愛媛県	268	20,536	17,675	16
15	新潟県	526	47,082	39,791	0	39	高知県	185	14,365	10,216	0
16	富山県	209	20,491	17,701	0	40	福岡県	554	54,137	52,084	797
17	石川県	248	26,224	22,313	0	41	佐賀県	287	24,520	22,831	18
18	福井県	284	27,611	25,152	0	42	長崎県	323	21,049	20,299	4
19	山梨県	252	25,081	19,993	0	43	熊本県	496	36,940	34,900	233
20	長野県	499	52,613	42,334	0	44	大分県	243	16,545	15,324	20
21	岐阜県	394	41,044	33,590	23	45	宮崎県	321	22,758	20,884	0
22	静岡県	440	36,940	35,368	189	46	鹿児島県	430	27,394	27,963	144
23	愛知県	819	101,006	82,881	202	47	沖縄県	430	35,251	36,547	1,977
24	三重県	443	44,352	38,875	101		都道府県計	20,658	1,754,514	1,608,970	18,567

注：(1)　都道府県の数値には政令指定都市・中核市は含まず。
　　(2)　保育所等数：保育所，幼保連携型認定こども園，幼稚園型認定こども園，地方裁量型認定こども園，小規模保育事業，家庭的保育事業，事業所内保育事業，居宅訪問型保育事業。
　　(3)　（参考）地方単独保育施策は，保育所の入所申込が提出され入所要件に該当しているが，地方公共団体の単独保育施策（いわゆる保育室）に入所しているため待機児童に含まれない児童数。
出所：厚生労働省「保育所等関連状況取りまとめ」（平成28年4月1日）。

生率は回復していません。

　一つには，待機児童は主として都市部の問題だったということがあります。表7-3は，まだ待機児童数がなかなか減少しないでいた2016年4月1日現在の都道府県別待機児童数です。表7-3に示されているように，東京都の待機児童数が8,327人にのぼるのに対し，青森県，山形県，新潟県，富山県，石川県，福井県，山梨県，長野県，鳥取県，広島県，高知県及び宮崎県の待機児童

数は0人となっているなど，地方では待機児童の数は多くありませんでした。このため，待機児童対策は東京都をはじめとする都市部の少子化対策として重要ではあるものの，地方の少子化対策としては必ずしも重要とはいえないことが分かります。⁽⁷⁾

　そして，表7-2から分かるように東京都をはじめとして都市部の合計特殊出生率は常に低い傾向があり，都市部の人口は地方からの若者の流入によって維持されてきたことを考えれば，地方の少子化傾向に歯止めをかけることが重要です。このように考えると，待機児童対策は女性が活躍できる社会にするために重要ではあるものの，待機児童が解決すれば少子化を止められるわけではないといえます。

（2）育児の経済的支援は十分だったのか——労働市場の変化

　それでは，待機児童対策以外の少子化対策として，どのような対策が重要だと考えられるのでしょうか。手厚い育児支援で知られるフランスでは，育児の経済的支援が充実しています。しかし，少子化の原因については様々な要素が考えられるため，お金の問題ではないという意見もよく聞かれます。確かに公共事業のようにお金をいくらかければGDPがこれくらい上がるというようなことは育児の経済的支援についてはいえません。しかし，経済的な理由から理想の子ども数を持つことを諦めている人は多くいます。2015年に公表された「第15回出生動向基本調査報告書」（国立社会保障・人口問題研究所）によれば，夫婦が理想の子ども数を持たない理由は表7-4の通りです。

　表7-4をみると，理想の子ども数を持たない理由として最も多くの人が回答したのは「子育てや教育にお金がかかりすぎるから」であり，全体の56.3%の人が理由として挙げています。2010年に行われた第14回調査では60.4%，2005年に行われた第13回調査では65.9%の人が理由として挙げていたことから，少しずつ減少してはいますが，なお半分以上の人が理想の子ども数を持たない理由として経済的な負担を挙げていることが分かります。このように経済的な負担から子どもを持つことをためらうのは，高度経済成長期のように将来豊かになるという見通しが立たないことが背景にあると思われます。バブル崩壊後に終身雇用が揺らぎ，非正規雇用が大幅に増加し，実質賃金は低下を続けてい

表7-4 妻の年齢別にみた，理想の子ども数を持たない理由
（予定子ども数が理想子ども数を下回る夫婦）

（複数回答）

妻の年齢	（客体数）	経済的理由			年齢・身体的理由			育児負担	夫に関する理由			その他	
		子育てや教育にお金がかりすぎるから	自分の仕事（勤めや家業）に差し支えるから	家が狭いから	高年齢で生むのはいやだから	欲しいけれどもできないから	健康上の理由から	これ以上、育児の心理的、肉体的負担に耐えられないから	夫の家事・育児への協力が得られないから	一番末の子が夫の定年退職までに成人してほしいから	夫が望まないから	子どもがのびのび育つ社会環境ではないから	自分や夫婦の生活を大切にしたいから
30歳未満 (51)		76.5%	17.6	17.6	5.9	5.9	5.9	15.7	11.8	2.0	7.8	3.9	9.8
30～34歳 (132)		81.1	24.2	18.2	18.2	10.6	15.2	22.7	12.1	7.6	9.1	9.1	12.1
35～39歳 (282)		64.9	20.2	15.2	35.5	19.1	16.0	24.5	8.5	6.0	9.9	7.4	8.9
40～49歳 (788)		47.7	11.8	8.2	47.2	28.4	17.5	14.3	10.0	8.0	7.4	5.1	3.6
総 数 (1,253)		56.3	15.2	11.3	39.8	23.5	16.4	17.6	10.0	7.3	8.1	6.0	5.9
第14回(総数)(1,835)		60.4%	16.8	13.2	35.1	19.3	18.6	17.4	10.9	8.3	7.4	7.2	5.6
第13回(総数)(1,825)		65.9%	17.5	15.0	38.0	16.3	16.9	21.6	13.8	8.5	8.3	13.6	8.1

注：対象は予定子ども数が理想子ども数を下回る初婚どうしの夫婦。理想・予定子ども数の差の理由不詳を含まない選択率。複数回答のため合計値は100％を超える。予定子ども数が理想子ども数を下回る夫婦の割合は，それらの不詳を除く30.3％である。
出所：国立社会保障・人口問題研究所「現代日本の結婚と出産：第15回出生動向基本調査報告書（独身者調査ならびに夫婦調査）報告書」2017年，74頁。

ます。頑張って働いても豊かになれるとは限らないという労働市場の変化が育児の経済的負担への心配を高めたと考えられます。

　前述したように，日本でもエンゼルプランに育児の経済的支援は盛り込まれていましたが，財源が確保できず，なかなか実施されませんでした。エンゼルプランから約25年経ち，消費税の増税に合わせてようやく3歳以上の幼児教育の無償化などが行われました。この間，所得制限がなく給付額の大きい子ども手当が導入されましたが，ばら撒き給付だという批判を浴びて撤回されました。子ども手当撤廃後の児童手当は所得制限が引き上げられて対象世帯が増加するなど，以前の制度より充実したものになりましたが，欧州諸国では対象年齢が18歳以上であり，親の所得制限がなく，給付額も大きいことを考えると，見劣りすることは否定できません。また，保育料についても2019年に3歳児以上の幼児教育が無償化されるまでは，所得の高い世帯では自己負担の比率が10割というケースも少なくありませんでした。さらに，育児の経済的な負担として最

も大きいものは教育費ですが，行財政改革の
一環として，国公立大学の授業料は引き上げ
られました。こうしたことを考えると，育児
の経済的支援は十分だったのかという疑問が
生じます。

　育児世帯への経済的支援を予算の視点から
みてみましょう。OECD（経済協力開発機構）
は児童手当，保育サービスなどの家族関係政
府支出が GDP（国内総生産）の何％を占める
かについて国際比較を行っていますが，欧米
諸国と日本を比べると表7-5のようになり
ます。

表7-5 家族関係政府支出の対
　　　　GDP 比（2015年）

日　　本	…	1.31%
フランス	…	2.93%
イギリス	…	3.47%
スウェーデン	…	3.53%
ド イ ツ	…	2.22%
アメリカ	…	0.64%

注：アメリカのデータは2011～2015年の
　　平均値であり，また家族関係支出の
　　対 GDP 比率は支出のみの数値であ
　　り，税制による控除等は含まれない。
出所：「選択する未来2.0第7回会議資料
　　③」3頁の図より筆者作成。

　このように，アメリカは日本よりも対 GDP 比が低くなっていますが，欧州
の主要国に比べると日本は家族関係の政府支出が少ないことが分かります。政
府が支出を行うためには財源が必要ですが，フランスでは育児支援などの家族
給付のために賃金に比例して拠出する独自の財源があります。日本では財政赤
字が深刻である一方，増税などの負担増には反対意見が強く財源の確保ができ
なかったこと，また限られた財源から育児の経済的支援を行うことに世論が冷
たかったため，育児の経済的支援がなかなか実施できなかったと考えられます。

　高度成長期のように賃金がどんどん伸びる時期なら，育児の経済的支援がな
くとも問題はなかったかもしれません。しかし，第二次ベビーブーマーはバブ
ル経済が崩壊し，企業が採用を控えた時期に大学を卒業し，もともと年齢当た
りの人数が多かったところに採用数が減少したことから就職氷河期と呼ばれる
厳しい就職状況になりました。その結果，正規雇用の仕事を望んでも得られな
いなど経済的に不安定な状況に置かれ，以前の世代よりも育児の経済的支援を
必要としていたのではないかと考えられます。労働市場が変化し，育児世代の
置かれている経済的な状態が変化したことに対応した十分な育児の経済的支援
が行われなかったことは，日本の少子化が長期化した原因となったと考えられ
ます。

（3）　男性が育児しにくい環境——政府だけの問題ではない

　日本では，女性の育児休業率は約8割であるのに対して，男性では上昇傾向にあるものの約14％にとどまり，また取得日数も短いことを第6章で説明しました。このため，仕事を休んで育児を母親と分担しているといえる男性は少ないのが現状です。その結果として育児の負担は母親一人にかかり，ワンオペ育児ともいわれる状態になっていることは少子化の原因にもなっていると考えられます。

　それでは，なぜ父親は育児休業を取得しないのでしょう。2021年6月に内閣府が公表した調査結果によれば，既婚者の20～30代の男性の育児取得希望状況については42.2％が「取得しない」，17.1％が「1週間未満」などと回答し，1カ月以上と回答したのは8.4％にとどまっていますが，その理由は図7-6の通りです。

　図7-6によれば，約4割の人が「職場に迷惑をかけたくないため」を，約3割の人が「職場が，男性の育休取得を認めない雰囲気であるため」を理由として挙げています。このため，育児休業による収入の減少については雇用保険からの給付が充実してきていますが，男性が育児休業を取れるようにするためには，職場の雰囲気が重要だと思われます。政府は男性社員が育児休業や育児目的休暇を取りやすいように，男性社員が育児休業や育児目的休暇を取った企業に助成する両立支援等助成金（子育てパパ支援助成金）の制度をつくるなど，企業に働きかけをしています。しかし，男性が育児休業を取りにくい雰囲気を本当に変えられるのは，働いている人たち自身ではないでしょうか。たとえば，女性が育児休業を取ることは普通のことになりましたが，男性が育児休業を取ることに理解のある職場ばかりではありません。また，保育所に子どもを迎えに行くために，同僚は残って仕事をしていても父親が早く帰ることについて，どれくらいの理解があるでしょうか。育児をすることは社会に役に立つことだから職場も支援すべきだというふうに意識が変われば，育児をする親が同僚の視線を気にして，場合によっては罪悪感を感じることは減ってくると思います。少子化対策は政府だけで実行できるものではなく，社会の意識が変わる必要があります。

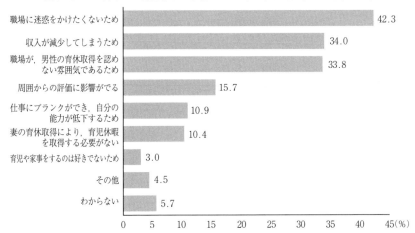

図7-6　1カ月以上の育児休暇を取得しない理由（既婚者〔20〜30代〕男性）

出所：内閣府「第3回 新型コロナウイルス感染症の影響下における生活意識・行動の変化に関する調査」2021年，29頁。

（4）育児支援は続けることが重要

　育児支援について注意すべきなのは，効果がすぐに出にくいことです。たとえば減税によって設備投資を促進すれば，企業はすぐに反応します。しかし，子どもは授かりものですから，生産設備を増強して生産量を増やすように子どもが増えることはありません。

　また，育児支援を充実したことが広く知られるようになるにも時間がかかります。若い世代は企業経営者のように，自分に有利なものはないかと政府の対策を常にウォッチしているわけではありません。さらに，実際に育児支援策の対象となった親たちから「育児は国も支援してくれて，心配したよりも大変じゃなかったよ」などの感想が広まってから，ようやく効果が表れてくると思われます。

　比較的最近になって少子化対策に取り組んだ事例として，ドイツの事例をみたいと思います。筆者は在ドイツ日本国大使館に書記官として勤務する機会がありましたが，近年のドイツでは少子化対策に力が入れられています。図7-7に示されているように，ドイツは日本よりも早く少子化傾向となり，1985年には合計特殊出生率は1.37にまで落ちこんでいます。その後少し持ち直すもの

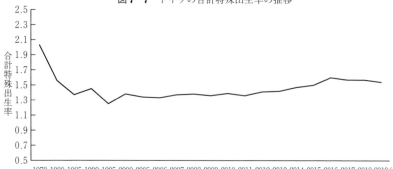

図7-7　ドイツの合計特殊出生率の推移

合計特殊出生率

2.5
2.3
2.1
1.9
1.7
1.5
1.3
1.1
0.9
0.7
0.5

1970 1980 1985 1990 1995 2000 2005 2006 2007 2008 2009 2010 2011 2012 2013 2014 2015 2016 2017 2018 2019 (年)

出所：国立社会保障・人口問題研究所「人口統計集2022」に基づき筆者作成。

の，1995年には1.25となり，2000年代は1.3台で推移しました。しかし，2012年の合計特殊出生率は1.4台に回復して2015年には1.50となり，2016年には1.60にまで上昇しました。その後若干減少しますが，1.5は上回っています。

このようにドイツではいったん落ち込んだ出生動向が回復していますが，その背景には育児支援策の充実があります。ただし，育児支援策が充実されたのは出生動向の回復した2010年以降ではありません。3歳未満の子どもへの保育サービスの強化を図った保育整備法（TAG）が成立したのは2005年のシュレーダー政権のときであり，児童手当が増額されたのも2000年代前半です。そして2005年には総選挙でシュレーダー首相の社会民主党が敗れ，キリスト教民主・社会同盟が第一党となり，メルケル政権が誕生します。しかし，政権が変わっても少子化対策の充実は続けられます。メルケル政権では2007年に両親手当（Elterngeld）が導入されました。両親手当は育児のために週30時間を超えて就労しない親に対して以前の所得の3分の2を給付する仕組みであり，給付額は上限が月額1,800ユーロ，最低保障額が月額300ユーロとされ，所得制限はありませんでした。両親手当が創設される前の育児手当には所得制限があり，金額も月額300ユーロと少なかったので，大幅に拡充されたといえます。メルケル政権の当時の連邦家庭大臣は，その後女性初の欧州委員長となるフォン・デア・ライエン氏ですが，TAGの推進や両親手当の導入に加え，「ドイツは子どもに優しくなる（Deutschland wird kinderfreundlich）」というキャンペーンも展開して世論に訴えました。

　このように2000年代にドイツでは育児支援が拡充されましたが，上述したように合計特殊出生率は1.3台に低迷し，中でも2009年と2011年には前年よりも低下しています。ドイツの出生動向が回復するのは2012年以降です。育児支援を充実させてから10年近くたって，ようやく効果が現れたことになります。

　ここで注目すべきなのは，育児支援を充実しても合計特殊出生率が上昇しなかったにもかかわらず，ドイツでは育児支援政策が継続されたことです。しかも2005年には政権交代が起きたのに，育児支援は拡充が続けられました。すぐに効果が現れなくても育児支援を粘り強く続け，政権が交替しても政策が継続されたことは，日本も学ぶべき点だと思います。

（5）育児を社会全体で支える意識

　育児支援に関する日本の課題としては，社会全体で支える意識が低いこともあります。たとえば子ども手当が撤回された時，他人の子どもを育てるためになぜ自分が負担しなければいけないのかという声がメディアを通じて多く聞かれました。育児に冷たい社会の意識が，日本で少子化に歯止めがかからない理由の一つになっていると思われます。

　少子化対策以外の社会保障をみても，日本では高齢者の負担軽減は手厚いものの，子どもの負担はあまり軽減されていません。たとえば，ドイツの医療保険制度では18歳未満の子どもは親の所得にかかわらず，薬剤費と入院費以外は自己負担がありません。日本では自治体によって子どもの医療費の助成が行われていますが，所得の低い世帯に対象が限定されることも少なくありません。

　これまでの章で説明してきたように，世代間扶養による年金制度だけでなく，医療保険や介護保険についても現役世代が高齢世代を支える構図になっています。かつてのように子どもが親を支えるのではなく社会全体として支える，言い換えれば，自分の子どもでなくても他人の子どもも自分の老後を支えてくれる仕組みになっています。それなのに税金を投入して育児の経済的支援を行うことに世論が後ろ向きなのは残念に思われます。社会保障の将来の持続可能性を考えれば，もっと子どもを産み育てやすい国にする必要があります。

　2013年に社会保障制度改革国民会議がまとめた報告書では，この問題に正面から向き合っています。以下，報告書の一部を引用します（社会保障改革国民会

議報告書〔平成25年8月6日〕より抜粋）。

「（4）　給付と負担の両面にわたる世代間の公平
　①　すべての世代を対象とした社会保障制度へ
　　　少子高齢化の進行と現役世代の雇用環境が変化する中で，これまで
　　の日本の社会保障の特徴であった現役世代への給付が少なく，給付は
　　高齢世代中心，負担は現役世代中心という構造を見直して，給付・負
　　担の両面で世代間・世代内の公平が確保された制度とすることが求め
　　られる。
　　　社会保障の持続可能性にとってとりわけ重要なことは，子育て中の
　　人々など若い人々が日々の暮らしに安心感を持ち，将来に対し，夢と
　　希望が持てることであり，社会保障制度改革は，こうした視点から取
　　り組む必要がある。将来に対し，夢と希望を抱くことができる社会保
　　障を構築することによって，若い人々も納得して制度に積極的に参加
　　することができる。
　　　こうした観点から，若い人々も含め，すべての世代に安心感と納得
　　感の得られる全世代型の社会保障に転換することを目指し，子ども・
　　子育て支援など，若い人々の希望につながる投資を積極的に行うこと
　　が必要である。こうした取組を通じて，若い人々の負担感ができる限
　　り高まることのないようにすることが重要である。」

　この報告書を受けて全世代型社会保障という考え方が打ち出され，子育て支
援をはじめとする現役世代への給付の拡充が必要だと認識されるようになりま
した。そのことが上述した幼児教育無償化や給付型奨学金の創設につながって
います。育児の経済的負担の中で最も大きいのは教育費ですから，奨学金の充
実は少子化対策として重要です。それでもなお日本は欧州諸国に比べれば社会
からの育児への支援は少ない状態です。児童手当は欧州諸国の方が充実してお
り，国立大学の授業料はドイツでは無料ですし，フランスでも実費負担程度で
す。さらにドイツでは医療保険の患者自己負担が18歳未満は基本的に免除され
ていることに加え，育児世帯の介護保険料は軽減されています。[8]

筆者は仕事でドイツに3年間住む機会がありましたが，子どもは将来の税や保険料を負担してくれる存在だから，育児の負担は社会全体で支えるという意識は共有されていると感じました。そのような意識があるからこそ，児童手当などの育児の支援策に親の所得が低いことが条件になることはありません。日本では育児の負担を社会全体で支えるという意識は残念ながら共有されているとは思えず，そのことが児童手当や3歳未満の保育料，さらに給付型奨学金の対象についても所得の低い人に限定されることにつながっているように思われます。しかし，日本でもかつては「子どもは社会の宝」といわれていました。先人の知恵にならい，子どもを社会の宝として，育児を社会全体で支える意識が広まることが望まれます。

注

(1) より正確な説明をすれば，ある期間（1年間）の15～49歳までの女性の年齢別出生率を合計したものであり，期間合計特殊出生率と呼ばれます。実際に一人の女性が生涯に産む子どもの数ではなく，統計上の数字になります。

(2) 厚生労働省プレスリリース（2021年8月27日付）（https://www.mhlw.go.jp/stf/newpage_20600.html，2022年8月26日アクセス）。

(3) 出産一時金は2022年8月現在では42万円ですが，出産に必要な費用には足りないのではないかという視点から増額が議論されています。

(4) 「妊婦健康診査の公費負担の状況について（平成30年4月1日現在)」（https://www.mhlw.go.jp/stf/houdou/0000176691_00001.html，2022年12月27日アクセス）。

(5) 妻の年齢が40歳以上43歳未満の場合の助成回数は子ども一人について3回までとされています。

(6) 対象者は原則として法律婚の夫婦ですが，生まれた子の福祉に配慮しながら事実婚にある者も対象とされます。

(7) 待機児童だけが少子化対策ではないと考えられることの詳細については，『人口減少を乗り越える──縦割りを脱し，市民と共に地域で挑む』（藤本健太郎，法律文化社，2018年）に述べています。

(8) 育児の経済的支援に関する日本とドイツの比較の詳細については，『人口減少を乗り越える──縦割りを脱し，市民と共に地域で挑む』（藤本健太郎，法律文化社，2018年）に述べています。

参考文献

鈴木眞理子編著（2002）『育児保険構想——社会保障による子育て支援』筒井書房。

藤本健太郎（2018）『人口減少を乗り越える』法律文化社。

松田茂樹（2013）『少子化論』勁草書房。

吉川洋（2016）『人口と日本経済』中央公論新社。

より詳しく知るために

・保育など子育て支援の仕組みをより詳しく知るには

　内閣府「子ども・子育て支援新制度なるほど book」（https://www8.cao.go.jp/shoushi/shinseido/event/publicity/naruhodo_book_2804.html，2022年8月26日アクセス）。

・育児休業，介護休業をより詳しく知るには

　厚生労働省「育児・介護休業法のあらまし」（https://www.mhlw.go.jp/stf/seisakunitsuite/bunya/000103504.html，2022年8月26日アクセス）。

出産と育児の支援──子どもが生まれるけど不安だよ！

蓮くん：（小さな声で）子どもは可愛いよな。でも育児は大変なのかなあ。

雪子さん：あれ，蓮くん？

ふくろう先生：蓮くん，どうかしましたか。

蓮くん：あ，先生，雪子さん，こんにちは。

ふくろう先生：私の前も素通りして，何か思い詰めているのかな。暗い顔でぶつぶつ
　　　　　　　言っていましたよ。

蓮くん：僕も参加している町のサッカークラブの先輩の奥さんが妊娠したんです。

ふくろう先生：それはおめでとう。子どもは授かりものですからね，先輩もチームのみ
　　　　　　　んなも気遣ってあげて下さい。

蓮くん：先輩も喜んでます。でも，まだ若いから，ちゃんと育てられるかどうか不安も
　　　　大きいみたいなんです。どちらの実家も頼れないみたいで，まだ給料も安いか
　　　　ら……。

ふくろう先生：子どもを育てるには，お金も人手も必要ですから。

雪子さん：妊娠や出産は医療保険が利かないから，全額自費と聞いたことがあります。

ふくろう先生：妊娠や出産は病気ではないという位置づけで，医療保険は適用されませ
　　　　　　　ん。ただし妊婦検診には自治体から助成がありますし，出産費用は，健
　　　　　　　康保険や国民健康保険からの出産育児一時金があります。病院が代理受
　　　　　　　領する手続きをしておけば，退院時の支払い額をかなり抑えられますよ。

蓮くん：妊婦検診の助成額も全国一律ですか？

ふくろう先生：いいえ，自治体によって金額や所得制限の有無も違います。医療や福祉
　　　　　　　も地方分権が進んで，自治体である市町村が決める事柄が増えましたか
　　　　　　　ら，出産や子育てへの支援内容は地域によって異なります。

雪子さん：出産もお金がかかりますが，育てるのもお金がかかりますよね。赤ちゃんは
　　　　　おむつもたくさん使うし，服もすぐ小さくなっちゃうし。チャイルドシート
　　　　　も人数分要りますよね。

蓮くん：僕は地元の公立中学だったけど，制服や指定の通学バッグとかあって，結構か
　　　　かってた記憶があります。親の予想より背が伸びちゃって，中3の2学期に制
　　　　服を買い替えてもらったり，申し訳なかったな。

ふくろう先生：子育ての経済的支援には，児童手当があります。所得制限はありますが，
　　　　　　　3歳未満の子どもは月額1万5,000円，3歳から中学校を卒業するまで
　　　　　　　の間は月額1万円（第3子以降は1万5,000円）が給付されます。

雪子さん：月に１万円ですか。子育てにかかる経費のほんの一部って感じですね。

ふくろう先生：そうですね。児童手当は所得の多くない家庭の子育て費用の一部を補助する仕組みです。また，ひとり親世帯は平均所得が低くて支援の必要性がより高いので，児童扶養手当も給付されます。

蓮くん：そういえば，先輩のところは共働きなんですけど，「保活」っていうんだったかな，育休明けにちゃんと保育園に入れるようにいろいろやってるみたいです。

ふくろう先生：保育所が足りなくて，空きが出るのを待っている待機児童は長い間の懸案でした。政府も継続して保育所の定員を増やしてきましたが，共働きが増えることなどで入所希望者は増え続けていました。でも最近は待機児童の人数は随分減ってきています。

雪子さん：それじゃあ皆が安心して保育所を使えるようになったんですね。

ふくろう先生：そうですね，待機児童は都市部に多かったので，都市部で子どもを預けて働くことができない問題は解消に向かっていると思います。ですが，子どもが減少している地域では保育所が定員割れを起こして閉所するケースも少なくないようです。

蓮くん：無事に保育園に入れたとしても，先輩も奥さんも地元が遠いから，子どもが熱を出して登園できない時に助けてもらえる人を思いつかないって言ってました。

雪子さん：新しい感染症が流行している時とか，保育所の先生や子どもに感染者が出たら，保育所まるごと休みになることもありうるよね。

ふくろう先生：日本では困ったときに頼れる人がいない社会的孤立が広がっています。子育て中は周囲の助けが重要です。保育所など公的なサービスだけではなく，子どもを短い時間面倒を見てくれるとか，親の都合がつかないときだけ保育所に送迎するとか，ちょっとした支援があるかないかで育児の大変さは大きく違います。

雪子さん：困ったときに相談できる相手がいるかどうかも重要ですよね。

ふくろう先生：そうですね。子どもは高熱が出ることも多いですし，発育には個人差があるものですが，親は多くの悩みを抱えます。そうしたときに信頼できる相談相手がいることはとても重要です。育児相談などの公的な体制づくりも重要ですが，地域社会で育児を支える意識が広まることは大切だと思います。

　注　保育サービスについては第４章，待機児童など少子化対策については第７章で説明しています。

終　章	これからの社会保障

　ここまで，年金や医療，介護，労働法など社会保障の様々な分野について説明してきました。このところ自己責任が強調されることが多く，困った時に社会には頼れない，自分で何とかするしかないと思い込んでいる人も少なくないと思われますが，実際には，他の先進諸国と比べても見劣りすることのない社会保障が日本にはあります。しかし，社会保障は複雑で分かりにくいと言われることが多く，実は社会が助けてくれることを知らない人も多いと思います。ですから，本書ではできるだけ優しく説明するよう努力したつもりです。人生で遭遇する様々なリスクに対して，社会保障のいろいろな制度が助けになることを少しでも多くの人に感じてもらえれば嬉しく思います。

　一方，日本の社会保障には課題も多くあります。非正規雇用が増加し，共働き世帯が増加するという働き方の変化に対応すること，少子化や非婚化の進行に伴う家族の急速な縮小にどう対応するかも課題です。また，少子化対策の章で説明したように全世代型の社会保障への移行がなかなか進まないこと，対象者ごとの縦割りで発達してきた制度をどのように地域や家族を重視する方向に変えていくのかなど，難しい課題は山積しています。もともと社会保障は国によってあり方が違い，時代によって姿を変えていく仕組みですから，これからも変化を続ける必要があります。

　社会的孤立や新型コロナウイルス感染症のように新しい課題も生じています。

　そして，筆者が非常に重要だと思っているのは，制度の分かりやすさです。社会保障は生活に身近な制度なのに分かりにくいという声をよく聞きます。せっかく良い制度をつくっても，複雑で分かりにくいと，なかなか利用されないのではないかと思います。

　本章では，これからの社会保障について考えていきます。

1　雇用の変化への対応

　社会保障は時代によって姿を変えてきた仕組みです。貧しい人を救う救貧から始まり，病気や失業によって貧困に陥ることを防ぐ防貧の機能を持つようになり，家庭の変化に応じて育児や介護を社会サービスとして提供するようになりました。

　近年，バブル経済が崩壊した後に雇用の状況が大きく変化し，終身雇用が揺らぎ，非正規雇用が増加しました。その結果，第1章でみたように年金制度は一家の生計の柱が正規雇用で働くことを前提にした仕組みでしたので，家計の柱が非正規雇用になった場合にはうまく機能しない問題が生じました。この問題に対応するため，第1章でみたように最近の法律改正によって非正規雇用への厚生年金の適用拡大が行われましたが，雇用あるいは労働市場の変化に社会保障が対応することの重要性は浮き彫りになりました。待機児童についても，第7章でみたように雇用の状況が変化して働く母親が大きく増えたことに対応しきれなかったことが原因です。また，日本では欧州諸国に比べると育児の経済的支援がなかなか充実しませんが，高度経済成長期のように頑張れば賃金が伸びる時代とは違い，実質賃金は低下を続け，一生懸命働いても所得が伸びないワーキングプアが存在するような労働市場の変化に対応できなかったという見方もできます。

　これからも雇用の状況は変化を続けるでしょう。たとえば，ウーバーイーツなどの個人請負の自営業者が増えています。個人請負は，雇われて働く労働者と違って解雇されることはありませんが，失業保険が適用されないだけではなく，医療保険や年金の保険料は全額自己負担になるなど，社会保障で守られる部分が小さくなります。個人の判断で独立するのは良いのですが，企業が社会保険料などの負担を軽くするために従業員を個人請負に移行させるケースがあるとすれば問題です。被用者保険の非正規雇用への適用が拡大することによって，こうしたケースが増えるおそれはあると思われます。

　また，新型コロナウイルス感染防止を機にテレワークを行う企業が増えました。感染が落ち着いたら対面の仕事に戻る企業も多いとは思われますが，実際

にやってみるとテレワークで仕事ができることに気付き，オフィスの賃料を節約し，育児や介護をしながら働く人材を活用するためにテレワークを本格的に取り入れる企業も出てくると思われます。テレワークには良い点も多くありますが，勤務時間の管理が難しいことから，下手をすると残業が増える危険性も指摘されています。

　また，ディープラーニングなどの技術の進歩に伴い，介護など人手が足りない業界では AI（人工知能）の活用が進むと思われます。AI の活用は生産年齢人口が急減する日本にとって福音となる可能性もありますが，一方，AI に取って代わられて失業する人が増加することへの警鐘も鳴らされています。失業した本人がいくら努力しても仕事が見つからないようなケースが増えた場合，従来の失業給付だけではなく，基本的な所得を保障するベーシックインカムのような仕組みを検討する必要が生じるかもしれません。

2　新型感染症への対応

　新型コロナウイルスは私たちの生活に大きな影響を及ぼしました。厚生労働省によれば日本では約2,834万人が感染し，約5万5,000人の方が亡くなっています。NHK によれば，世界全体では6億人以上が感染し，死者は66万人を超えています。感染の波は繰り返し寄せてきて，感染者が急増した時期には病床がひっ迫し，海外では病院に多くの患者や家族が詰め寄せる状態になったこともメディアで報じられました。また，外出の自粛が繰り返されたことによって，特に飲食業や観光業などの非正規労働者では仕事を失う人も増えました。

　感染症と人類の戦いの歴史は古く，中世のヨーロッパで黒死病と恐れられたペストや江戸時代の日本で多くの人が亡くなった天然痘など，様々な感染症が脅威となってきました。このような感染症の脅威に対して，ジェンナーの種痘をはじめとして感染症を予防するワクチンが生み出され，ペニシリンや感染症の原因となる細菌に効く抗生物質が発見され，感染症に対抗できるようになっていきます。結核は戦後の日本でも多くの死者が生じた感染症ですが，その特効薬である抗生物質のストレプトマイシンが発見され，1980年には WHO が天然痘の根絶宣言を出すなど，感染症は以前ほど怖くないと思われるようにな

りました。

　しかし，1970年代頃から，エボラ出血熱やエイズなど，これまでに経験したことのなかった新興感染症が次々に現れています。感染症の原因となる細菌やウイルスは高等生物とは違い，遺伝子の変異が起きやすいため，新種の大腸菌であるO-157や新型インフルエンザのように，従来から知られている細菌やウイルスの新種も出現します。また，薬が効かない耐性菌が出現し，再び流行するようになった再興感染症もあります。

　新型コロナウイルスは，従来から風邪の原因として知られているコロナウイルスから生じた新種のウイルスです。コロナウイルスは遺伝子変異が特に起きやすいため，感染して免疫が付いた人にも，また新しいウイルスが感染してしまい，なかなか集団免疫（集団の中の多くの人が感染して免疫を得ることによって，感染症が流行しなくなること）が成立しません。また，開発されたワクチンが効きにくいような変異が生じることも厄介です。この原稿を書いている時点（2022年5月）ではまだ流行していますが，多くの人が対策に取り組んでいて，治療薬の開発も進んでいますので，遠くないうちに終息するものと期待します。

　ただし，感染症対策はこれで終わりではありません。経済がグローバル化して多くの人が飛行機などで日常的に国境を越えて移動するようになったため，感染症は以前よりも早く世界中に広がるようになっています。また，地球温暖化に伴い，感染症を媒介する蚊の生息域が広がりつつあることも感染症の脅威を高めています。新型コロナウイルスの教訓を生かして，病床の確保だけではなく，感染症のための専門家を養成し，感染症の専門機関の機能を充実し，ワクチンや治療薬の開発体制も整えるなどの総合的な対策が望まれます。

3　働く女性を支える社会保障へ

　これからの社会保障の課題としては，働く女性を支援することも挙げられます。現在の社会保障には，サラリーマンの夫に扶養される妻は保険料の負担をしなくても基礎年金が受け取れる第3号被保険者（忘れてしまった人は第1章を読み返してみてください）や，同じように自分で保険料を負担する必要のない医療保険の家族被保険者の仕組みなど，専業主婦を優遇する仕組みがあります。

男女共同参画が進む以前は，能力のある女性が仕事で活躍することは簡単ではなく，女性の貧困の問題を防ぐために，こうした仕組みには合理性があったと思われます。

　しかし，雇用における男女の機会均等を定めた男女雇用機会均等法が1986年に施行され，女性の総合職が増えるようになってから35年が経ちました。未だに日本では女性の管理職の比率が低く，雇われて働く女性の半分以上は非正規雇用であることなど，女性が本当に社会で活躍できていない問題はありますが，女性が働くことは普通のこととなりました。労働政策研究・研修機構によれば，⁽³⁾1980年には専業主婦は1,114万世帯，共働き世帯は614万世帯であり，専業主婦世帯は共働き世帯の約2倍いました。しかし1990年代には専業主婦世帯と共働き世帯はほぼ同じくらいの数になり，その後は一貫して共働き世帯が増加して専業主婦世帯は減少し，2021年には共働き世帯は1,247万世帯，専業主婦世帯は566万世帯であり，共働き世帯は専業主婦世帯の2倍以上となっています。

　第1章でみたように，働く世代である生産年齢人口は今後さらに大幅に減少することが予測されていますので，人手不足の深刻化を防ぐために女性が能力を活かして働くことは社会のニーズともいえます。経営における多様性を重視するダイバーシティの考え方からも，今後は女性の管理職を増やす企業は増えていくと思われます。このため，専業主婦を優遇するような社会保障の仕組みは改めていく必要があると思います。

4　家族の縮小にどう対応するのか
——家族ベースのままにするか・個人ベースにするか

　現在の社会保障の仕組みは，家族を基本として考えられています。たとえば年金制度では40年間平均賃金で働く夫と専業主婦の家庭を標準的な家庭として給付が設計されています。しかし第1・3章でもみてきたように50歳時点の男性の未婚率は3割弱にまで上昇し，一生結婚しない人は急速に増えています。女性の未婚率はまだ2割弱と男性より低いですが，やはり急速に上昇してきています。

　図終−1に示されているように，1980年以降に結婚しない人は大幅に増加し

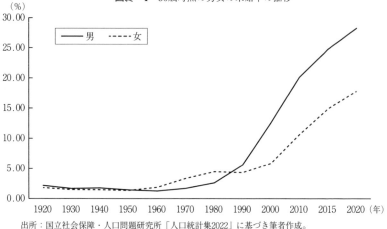

図終-1　50歳時点の男女の未婚率の推移

出所：国立社会保障・人口問題研究所「人口統計集2022」に基づき筆者作成。

ています。また，ひとり親世帯も増加しています。こうした社会の変化に合わせようとすれば，社会保障も家族ベースから個人ベースに転換することが自然な発想です。しかし，個人ベースに社会保障をつくりかえるのは簡単ではありません。まず，年金については個人ベースにすると，今までは夫婦の年金を合算することを前提に老後の老後保障を考えていたのに，一人の年金で暮らせるような給付設計が求められます。老齢厚生年金は平均で月額15万円弱ありますから，老後の所得保障の柱として機能します。しかし，老齢基礎年金は満額でも月額約6万5,000円ですから，生活保護よりも低い金額になり，老後の暮らしを支えるには給付水準が低いと言わざるを得ません。また，第2号被保険者に扶養されている配偶者の保険料負担をなくしている第3号被保険者制度をどうするかが課題となります。医療保険についても，専業主婦などの配偶者に扶養されている配偶者と子どもは，家族被保険者として保険料を負担することなく給付を受けられている仕組みをどうするか考える必要があります。

　もし個人ベースに年金制度を改めるとするなら，国民年金（基礎年金）の給付水準を上げる必要があります。そのための財源をどこに求めるのか，ということが難題です。日本の財政は巨額の赤字を抱えていますから，安易に国債を財源にすることには問題があります。国債は借金であり，誰かが返してくれるわけではありませんから，将来の国民が負担することになります。少子化が長

期化したために生産年齢人口が急速かつ大幅に減少することは第7章でデータを紹介しました。人数の減る将来の世代に借金を押し付けることには賛成できません。そう考えれば，保険料を上げるか増税をすることになります。保険料は年金の主な財源ですが，賃金に課される保険料を引き上げることは企業の立場からみると人を雇うコストの増大になるため，雇用への悪影響が懸念されます。何度も引き上げられる年金の保険料に対して，どこまで引き上げるのかという不安も生じていました。このため，2016年の年金改革で保険料に上限が設定されています。このように考えると，基礎年金を増額するための財源は税が有力になります。しかし，基礎年金の財源の半分を税でまかなうことは決めても，財源がなかなか確保できず，消費税の引き上げによってようやく実現したことを第1章で説明しました。年金制度を個人ベースに改めるには，増税に対する国民の理解を得ることが必要になります。

5　社会的孤立への対応

　家族の縮小は，相談できる家族が少なくなっていることも意味します。地域社会や職場での人間関係の希薄化も合わさって，いざという時に相談できる人のいない社会的孤立の進行が心配されています。

　社会的孤立の影響が大きいと思われるのは，日常生活を送るためにも周囲の助けが必要な高齢者や，育児や介護を担う人たちです。介護の社会的孤立を防ぐ必要性は第3章でみました。家族の人数が多かった頃は，育児や介護をしながら働く時には親や兄弟姉妹の助けを得られる場合が多かったのですが，今では一人きりで育児や介護をしながら仕事をしなければならない人も多く，仕事との両立は難しくなっていると思われます。出産を機に仕事を辞める女性が多いことから育児と仕事の両立支援は社会的な課題として認識され，第7章でみたように対策も講じられています。今後，介護と仕事の両立支援を充実することも課題だと思います。

　また，育児や介護に関わっていない若い人でも，仕事で悩んだ時に相談する相手がいないことは，うつ病の増加につながったり，職場でのハラスメントの被害を深刻化させるおそれがあります。

昔のような大家族に戻ったり，濃密な近所づきあいをすることは難しいと思われますので，困った時に助け合える人間関係を地域で築いていくことが求められます。地域によって状況は大きく異なることから，医療や年金のように全国一律の仕組みではうまく機能しないと思われます。また，地域を変えることができるのは地域住民だけですから，行政機関が主導するよりも，住民が中心となる地域の助け合いの活動やコミュニティカフェなどを行政機関が支援する形が考えられます。

6　子どもを大切にする社会へ

　日本では少子化が長期化したことにより，第7章でみたように高齢化が進行し，生産年齢人口（15〜64歳）が減少しています。2017年の将来推計人口（中位推計）によれば，1995年には約9,000万人だった生産年齢人口は，2065年にはそのほぼ半数にまで減少すると予測されています。働く年代の人の数がこのように大きく減少すると，働く人の賃金から負担される社会保険料の収入は大きく減少し，所得税などの税収も減少することになり，社会保障財政の将来の持続可能性が揺らぐことになります。働く人が減少することは経済成長にもマイナスの影響を及ぼし，さらに過疎地の人口減少が進み，消えてしまうまちが出てくることも懸念されます。

　このため，育児支援を充実して少子化傾向に歯止めをかけることが重要だと考えられます。日本の育児支援政策については第4・7章でみてきましたが，残念ながら，欧州諸国に比べれば充実しているとはいえません。日本の社会保障の給付は高齢者に偏り，負担は働く世代に偏っていたことは社会保障改革国民会議の報告書でも指摘され，世代間のバランスの取れた全世代型の社会保障への転換がうたわれています。しかし，財源が確保できないこともあり，予算をかけた育児支援策はなかなか拡充されません。

　育児を包括的に支援するためには，児童手当や保育所などの育児を直接支援する政策だけではなく，医療費の自己負担や社会保険料の負担軽減など，社会保障の様々な場面で育児世帯を支援していくことが重要だと考えられます。子どもは大人よりも熱を出すことも多く，医者にかかることが多いため，医療費

の負担は小さくありませんが，日本では高齢者の方が負担は軽減されています。これに対し，第7章で紹介したドイツでは薬剤費と入院費以外は子どもの医療費は無料であり，介護保険についても育児世帯の保険料率は低くなっています。手厚い育児の経済的支援で知られるフランスでは，育児支援のための様々な現金給付があることも知られています。日本の育児支援策は，まだまだ充実する余地は多くあります。大人が中心になっていたこの国や社会のかたちを「こどもまんなか」に変えていく司令塔として2023年4月に発足するこども家庭庁の活躍を切に期待します。

　日本で育児支援が充実しない背景には，世論が冷たいこともあります。日本では政府が育児支援を行うとすると，特に現金給付などの経済的支援についてはばら撒きという批判が生じ，所得の高い世帯は支援する必要がないという意見が多く聞かれます。欧州諸国並みに給付額を引き上げて所得制限を撤廃した子ども手当は多くの批判を浴びて撤回されました。当時は人口の多い第二次ベビーブーマー（1971～1974年生まれ）がまだ30代であり，不運にも大学卒業時に就職氷河期にあたり，非正規雇用の増大などによって経済的に不安定な第二次ベビーブーマーには育児の経済的支援が重要だったのではないかと思うと，非常に残念に思います。

　日本で本当に人口減少を防ごうと思い，育児支援を充実するためには，育児は親だけに負担させるのではなくて，社会全体で支えるという意識を広めることが必要だと思います。残念ながら高齢者の介護を他人事だと思う人は少ないのに対して，育児は他人事だと考える人は多く，なぜ自分の税金で他人の子どもを支えるのかという不満が生じるように思えます。しかし，誰にとっても身近である年金や医療，介護の将来の財政を支えるのは子どもたちです。他人の子どもであっても自分の老後を支えてくれることをもっと多くの人に認識してもらうことが必要だと考えます。日本でもかつては「子どもは社会の宝」といわれていました。先人の知恵にならい，子どもを社会の宝として育児を社会全体で支える意識が広まれば，充実した育児支援が実現すると思います。

　2023年1月現在，岸田総理が次元の異なる少子化対策に取り組むと宣言し，児童手当の所得制限撤廃などが議論されており，少子化対策の抜本的な充実が期待されます。

7　分かりやすい社会保障へ

　これからの社会保障に重要なこととして，最後に分かりやすさを挙げたいと思います。自己責任が強調され，困ったことがあっても助けてくれないと思い込んでいる人が増えていますが，本書で説明してきたように，日本では困っている人を支援する社会保障の仕組みが整備されています。ただし，社会保障の仕組みを知らないと，本来受けられる支援が受けられないことになりかねません。たとえば医療保険の3割負担や介護保険の1割から3割の自己負担には，所得の低い人への負担軽減措置がありますが，申請しないと対象になりません。障害年金を受給できるのに申請しない場合，通勤中のケガで労災が申請できるのに医療保険を適用している場合など，いろいろな場合が想定されます。さらに，制度改正によって負担が増える場合には，急に負担が増えないようにする経過措置が講じられるのですが，精緻に設けられた経過措置は残念ながら分かりにくくなりがちです。申請すれば負担が増えない経過措置があっても，対象となる人が理解できなくて申請しなければ発動しません。

　筆者も法令改正には何度か携わりましたが，法令改正は間違いのないこと，誤解の余地のないことが重視されてきました。そのことが行政への信頼感を高めてきた点はあると思われます。しかし，特に国民の生活に直結した社会保障制度では，分かりにくい制度は機能しにくいと考えられます。このため，多くの人にとって分かりやすいシンプルさも，これからの社会保障の仕組みでは重要なポイントになると思います。

注
⑴　厚生労働省「データからわかる──新型コロナウイルス感染症情報」（https://covid19.mhlw.go.jp/，2022年12月27日アクセス）。
⑵　NHK「世界の感染者数・死者数（類計）」（https://www3.nhk.or.jp/news/special/coronavirus/world-data/，2022年12月27日アクセス）。
⑶　労働政策研究・研修機構「早わかり　グラフでみる長期統計」（https://www.jil.go.jp/kokunai/statistics/timeseries/html/g0212.html，2022年8月26日アクセス）。

参考文献

石田成則・山本克也編著（2018）『社会保障論』ミネルヴァ書房。

荻島國男・山崎泰彦・小山秀夫編著（1992）『年金・医療・福祉政策論』社会保険新報
　　社。

椋野美智子・田中耕太郎（2022）『はじめての社会保障』有斐閣。

本沢巳代子・新田秀樹編著（2022）『トピック社会保障法』信山社。

より詳しく知るために

・社会的孤立をより詳しく知るには

　藤本健太郎編著（2014）『ソーシャルデザインで社会的孤立を防ぐ——政策連携と公
　　私協働』ミネルヴァ書房。

あ と が き

　本書を読んでくださった皆さん，社会の仕組みのイメージは読む前とは何か変わったでしょうか。制度の細かい部分は分かりにくく感じた方もいるかもしれません。それでも，「困った時も，何とかなるんだな」「社会って助け合いなんだな」と感じていただけたなら幸いです。

　各章末のケーススタディに登場した「ふくろう先生」は頼れる相談相手でした。現実の社会にも「ふくろう先生」たちがいます。最後に掲載した「困った時の相談先」の，専門知識や豊富な経験を持った人たちです。

　相談というアクションを起こしているのは，いつも雪子さんや蓮くんです。「ふくろう先生」は自分から困りごとはないかと訪ねて行ってはいません。現実世界で皆さんを助けてくれる相談機関も，制度設計の特徴や人手と時間の制約から，困っている人を探し出して助けることはしない（できない）ことがほとんどです。ですから，皆さんもトラブルに巻き込まれてしまった時は，気軽に相談に行ってください。大切なのは，自分だけで頑張ることではなく，信頼できる相談先に助けを求めて声を上げ，問題を解消することなのです。

　この本で説明した制度の数々は，時代の変化に応じて少しずつアップデートして，今のかたちにたどり着きました。そして，これからもアップデートされなければなりません。そのためには，多くの人の「声」が必要です。

　また，この本で知ったことを詳しく知りたいと思った人のために，各章末に「より詳しく知るために」を付けています。深く学び，考えることは，自分を助ける力にも，身近な人が困っている時に「ふくろう先生」のように他者を助ける力にもなります。

　少しでも，皆さんのこれからの暮らしの力になれれば幸いです。

2023年2月

藤本真理

困った時の主な相談先

（2023年2月1日現在）

年　　金

全国の相談・手続き窓口の検索サイト（日本年金機構ホームページ）

（https://www.nenkin.go.jp/section/soudan/index.html）

医療保険

（１）全国健康保険協会（協会けんぽ）

中小企業の労働者とその家族が加入する医療保険者

各都道府県支部の所在地・連絡先

（https://www.kyoukaikenpo.or.jp/）

（２）健康保険組合

大企業やそのグループ会社で設立されている医療保険者

（３）市町村国民健康保険

他の医療保険者に加入していないすべての住民が加入する医療保険者

介護保険

（１）地域包括支援センター

市町村が日常生活圏域（中学校区を基本）ごとに設置している高齢者の総合相談窓口（全国で約5,000）

（２）市町村の介護保険担当課

労働関係

労働条件が悪すぎる時（賃金が低い，残業が多すぎるなど）

（１）労働基準監督署

全国の労働基準監督署の住所と電話番号（厚生労働省ホームページ）

（https://www.mhlw.go.jp/stf/seisakunitsuite/bunya/koyou_roudou/roudou kijun/location.html）

（２）労働組合

連合なんでも労働相談ダイヤル（0120 - 154 - 052）

（３）行政の相談窓口

会社との契約トラブルが起きた時

1 行政機関：助言やあっせん

（1）地方労働局

（2）都道府県労働委員会など

2 法テラス：国によって設立された法的トラブル解決のための総合案内所

（https://www.houterasu.or.jp/index.html）

働けなくなった時

1 会社を辞めた

ハローワーク：雇用保険の基本給付の受給申請

2 育児や介護で働けない

職場に相談（育児休業も介護休業も権利として取得できる）

3 ケガや病気で働けない，働く人が死亡した

（1）労働基準監督署：労災保険の申請（仕事が原因のケガ・病気だけでなく，

通勤中のケガ・死亡も対象になる）

（2）労災保険相談ダイヤル（厚生労働省委託事業）「0570－006031」

（3）保険給付以外のサポート

社会復帰促進事業

被災労働者等援護事業

社会福祉関係

児童福祉

1 児童福祉一般

児童相談所：児童福祉の専門機関

全国の児童相談所の住所と電話番号（厚生労働省ホームページ）

（https://www.mhlw.go.jp/stf/seisakunitsuite/bunya/kodomo/kodomo_kosoda
te/zisouichiran.html）

2 児童虐待に対応する無料電話「１８９」

3 保育や児童手当などに関すること

市町村の担当課

障害福祉

※地域によって違いますので，市町村の障害福祉担当課に確認してください

1 一般的な相談，一般住宅への入居の相談

市町村の障害福祉担当課，指定特定相談支援事業者，指定一般相談支援事業者

2 障害福祉サービスなどの利用計画の作成に関する相談

市町村の障害福祉担当課，指定特定相談支援事業者，指定障害児相談支援事業者

3　障害者本人が障害福祉サービスの利用契約などができない場合

　　市町村の障害福祉担当課，基幹相談支援センター

4　障害者の就業面と生活面の一体的な相談

　　障害者就業・生活支援センター

　　全国の障害者就業・生活支援センターの住所と電話番号（厚生労働省ホームページ）

　　　（https://www.mhlw.go.jp/content/11704000/000928244.pdf）

5　専門的な職業リハビリテーションなど

　　地域障害者職業センター

　　全国の地域障害者職業センターの住所と電話番号

　　（独立行政法人　高齢・障害・求職者支援機構ホームページ）

　　　（https://www.jeed.go.jp/location/chiiki/index.html）

生活保護

1　生活に関する悩み（お金，仕事，住宅など）の相談（生活困窮者自立支援制度）

　　全国の相談先の住所と電話番号（厚生労働省ホームページ）

　　　（https://www.mhlw.go.jp/content/000707280.pdf）

2　生活保護の受給の相談

　　市町村の福祉事務所または都道府県の郡部福祉事務所

索　引

著者紹介

藤本健太郎 （ふじもと・けんたろう） 序・1・3・4・7・終章

1967年生まれ。

1991年，東京大学経済学部経済学科卒業。厚生省（当時）入省。年金局企業年金国民年金基金課企画係長，社会・援護局企画課長補佐，大臣官房政策課長補佐等を歴任。1999年，在ドイツ日本国大使館一等書記官／二等書記官。2002年，内閣官房行政改革推進本部特殊法人等改革推進室参事官補佐。2004年大分大学教育福祉科学部准教授。現在，静岡県立大学経営情報学部教授。

主 著：『日本の年金』（日本経済新聞社，2005年）。
　　　　『孤立社会からつながる社会へ』（ミネルヴァ書房，2012年）。
　　　　『ソーシャルデザインで社会的孤立を防ぐ』（編著）（ミネルヴァ書房，2014年）。
　　　　『人口減少を乗り越える』（法律文化社，2018年）。
　　　　『社会保障論』（共著）（ミネルヴァ書房，2018年）。

藤本真理 （ふじもと・まり） 5・6章・困った時の主な相談先・
ふくろう先生のケーススタディ1〜8

1978年生まれ。

2007年，九州大学大学院法学府博士後期課程単位取得退学。三重大学人文学部講師を経て，現在，三重大学人文学部准教授。

主 著：『ソーシャルデザインで社会的孤立を防ぐ』（共著）（ミネルヴァ書房，2014年）。
　　　　『ロードマップ法学』（共著）（一学舎，2016年）。

玉川　淳 （たまがわ・じゅん） 2章

1965年生まれ。

1990年，京都大学法学部卒業。厚生省（当時）入省。2004年，三重大学人文学部助教授，2010年，厚生労働省医政局看護職員確保対策官，2012年，医療経済研究機構研究主幹，2014年，内閣官房社会保障改革担当室参事官，2015年，内閣官房一億総括推進室参事官，2016年，厚生労働省政策評価官。現在，神奈川県立保健福祉大学保健福祉学部教授。

主 著：『大コンメンタール薬物五法Ⅰ』（共著）（青林書院，1994年）。
　　　　『大コンメンタール薬物五法Ⅱ』（共著）（青林書院，1996年）。
　　　　『在宅ケアと諸制度』（在宅ケア学②）（共著）（ワールドプランニング，2015年）。

働く人のための社会保障入門
──君を守る社会の仕組み──

2023年 3 月30日　初版第 1 刷発行　　　　　　　　　　〈検印省略〉
2024年 8 月30日　初版第 2 刷発行

定価はカバーに
表示しています

著　　者	藤	本	健太郎
	藤	本	真　理
	玉	川	淳
発 行 者	杉	田	啓　三
印 刷 者	坂	本	喜　杏

発行所　　株式会社　ミネルヴァ書房
607-8494　京都市山科区日ノ岡堤谷町 1
電話代表　(075)581-5191
振替口座　01020-0-8076

© 藤本・藤本・玉川, 2023　　冨山房インターナショナル・新生製本

ISBN 978-4-623-09533-9

Printed in Japan